U0798363

历史新阅读丛书

晋朝那些事儿

壹

【魏晋风度卷】

昊天牧云 著

中国工人出版社

目录

第一章
野心家的奋斗史

被迫出山

讲到晋代，就不能忽略司马懿。如果没有他，中国历史上就不会有晋朝，李白就不会写出“晋代衣冠成古丘”这句诗。

在很多人的心中，只要出现诸葛亮，就一定会出现司马懿这个反面人物。在大部分人的意识里，诸葛亮是与“足智多谋”连在一起的，而司马懿却是跟“阴险狡诈”混作一处。

可以说，他成为很多人心目中的不良分子，完全是罗贯中让他成为诸葛亮的主要对手的缘故。

当然，客观地讲，他是不是个坏分子，谁也说不清。不过，有一点大家的看法是一致的：他是个聪明绝顶的人——能把诸葛亮玩得吐血而死，那智商当然是没得说了。

在那个像乱麻一样纷争的时代里，有一个聪明的脑袋就是最大的资本，或者可以说，那时，聪明就是第一生产力。

作为三国时代的政治家，他免不了会有很多敌人。很多人都只把诸葛亮当成他的首席敌人，但我相信，他心目中的头号对手并不是诸葛亮。

他心目中的头号敌人肯定是曹操。

下面我们先来看看司马懿和曹操的关系。

首先，他和曹操的关系是员工和老板的关系。

其次，他和曹操的关系也是潜在的对手关系。

他成为曹操的员工时，是 29 岁。

他是世家公子。他的老祖是汉初的功臣，叫司马卬，生于那个波澜壮阔的秦末时代，先后在赵国当过大将，在项羽的阵营里当过高官，最后坚定地跟随刘邦，属于汉代的老一辈重臣。此后，司马氏的子孙世代都当汉朝的高级官员，而且做得很顺利。世家的作用在那时是巨大的。那时做事很讲究出身。刘备本是个编草鞋、摆地摊的小生意人，后来要争天下，还得把自己编成是中山靖王的后代呢。后来他称帝时，那份大臣们的劝进表里，领衔的就是马超。马超当时在刘备的圈子里绝对不是最有发言权的人，但因为他的出身是刘备的下属中最厉害的，所以他的名字就排在最前面，其他如张飞、诸葛亮等实际上最厉害的人物也只能跟在他的后面。

司马氏没犯政治错误，但汉朝的第一把手们却不断地犯这样那样的错误，最终使汉家的天下让张角弄得一塌糊涂。

对于大部分人来说，天下太平的时候，还可以喝粥过日子，天下乱成一锅粥时，可能连粥都喝不上，说不定还要搭上一条命。不过对某些人来说，天下大乱正是他们发家的良机，这个时候正是他们走上历史舞台的最佳时机。这些人大多都有“与天斗其乐无穷、与地斗其乐无穷、与人斗其乐无穷”的性格。如果不是天下大乱，司马懿也许只能像他的祖先们那样，当一个贵族到天荒地老。但这天下一乱，发家的机会就向他直逼过来。

跟他的老祖先司马卬一样，司马懿也生于一个动荡的时代，而且这个时代比司马卬时更加波澜壮阔。当然，他出生的时候，是汉灵帝光和二年（179 年），离那个波澜壮阔的时代还有一段距离。那时他的老爸司马防是洛阳令，年龄 31 岁，而他后来的老板曹操这时已经 24 岁。

司马懿不但有一个好老爸，还有一个好哥哥。他一共有七个兄弟，他是老二。他的哥哥叫司马朗，比他大 8 岁，还很年轻时就已经出名。到司马懿 13 岁的时候，长安城中发生了诛董卓事件，汉家天下开始走向混乱时代。那时，他的老爸在外当官，家长就由他的哥哥担任。司马朗后来虽没有司马懿这么有成就，但当时也是个有学问的人，家里的弟弟都是由他教育成长起来的，而且这些弟弟也都是好学生。司马朗有很多朋友，这些朋友后来都做到很大的官。他们常来找司马朗聊天。当时南阳太守杨俊见到司马懿，就说这小子以后有出息。司马朗的另一个朋友干脆就对他说："君弟聪亮明允，刚断英特，非子所及也。"

有了这么多人的评语，司马懿想不出名都难。那时成为公务员是看你的知名度，基层知道你之后，就向上级推荐，然后经过考核，考核过关，你就可以成为公务员。而且当时天下大乱，各路诸侯都知道人才的重要性，因此在战场上大打出手、相互打得满地找牙的同时，也在进行人才争夺战。只要你有点名，马上就会有人过来请你出去一起打天下。像司马懿这样的人，迟早都是会出来干一番事业的，而且，按道理说，他出来应该是很顺利的。可事实上，他的出山还是出现了一些波折。

他的智商跟诸葛亮不分上下，而他出来的情形居然也跟诸葛亮差不多，都是老板去请几次才懒洋洋地出来。不过，诸葛亮出来时赚足了风头，而他却差点丢了性命。

诸葛亮是刘备去请的，说是"凡三往，乃见"，去了三次才见得着。见面之后，诸葛亮就把话题扯开，在差不多"为秋风所破"的茅草屋里，帮刘备规划了一幅宏伟蓝图，把刘备说得当场泪奔起来，然后马上宣布"两人的关系如鱼得水"。从这点来看，诸葛亮出山是积极的，而且是做过充分准备的，只等刘备来上演一出"三顾茅庐"的戏之后，接着来一段出山宣言（即《隆中对》——如果没有准备，不思考许久，增删多次，他能隆中对吗），最后就跟刘备去了。

请司马懿的是刘备的死对头曹操——这就注定了他要成为诸葛亮的死对头。曹操是有名的爱才之人，只是他的家底比刘备厚，不像刘备那样，身边除了关羽、张飞几个好汉之外，做什么事都得“亲自”出马。曹操手下的人很多，他只派了个跑腿的去请司马懿出来。那时曹操刚在官渡大败袁绍，创造了历史上的经典战例，个人事业正如日中天，很多人都看好曹操，跑着去投奔。所以那时去当曹操手下的员工，应当是“人才”们最好的选择。

没想到，司马懿不是诸葛亮，一请就出来。

青年时期的司马懿对汉朝皇帝还是有一点儿感情的。他那时有点看不惯曹操的做法，又有点看不起曹操是阉官的后代，再加上局势不明朗，因此，曹操叫他出来时，他硬是不理曹操。

他说，他已中风，下不了床。

曹操一听，你才多大年纪就中风了？你骗谁啊？

曹操很不爽，就派个人半夜去侦察。

不知是曹操派的人太不专业露了马脚，还是司马懿有先见之明，知道曹操要在半夜派人来侦察，他硬是躺在床上“坚卧不动”，直挺挺地睡了个素觉。据说那个侦探还用针刺进司马懿的身体，司马懿居然还是“坚卧不动”，脸上一点表情也没有。

曹操看到他这样，就先放了他一马。

但曹操最终还是没放过他。

曹操知道这家伙是个人才，要是让他跑到敌人的阵营里，那只会给自己添麻烦。因此，他当了丞相之后，又派人去叫司马懿出来。这回曹操的官大了，说话、做事根本不给你什么理由。那个去请司马懿的人直接对司马懿说：“若复盘桓，便收之。”意思是：你若还扭扭捏捏，我就把你抓起来，然后再处理你。

司马懿听了这话，知道再“中风”下去，脑袋搬家的可能性就太大了。为了保住脑袋，他只好去曹操那里报到。

曹操给他的职位是“文学掾”（这个掾就是主管意思），是个主管丞相府文书以及教育的官员，还让他跟曹丕共事。

司马懿就是这个时候开始了他的政治生涯。

这一年，是建安十三年（公元208年），司马懿29岁，算起来，年纪已经不小了。

履险如夷

应该说，在整个三国时期，曹操和刘备看人的眼光是不错的。

曹操不久就知道司马懿不简单，他在发现司马懿有王佐之才的同时，还发现他是个有野心的家伙。曹操曾对他下过很不好的评语。曹操当年的原话是："司马懿非人臣也，必预汝家事。"

你想想，"非人臣"这样的话从曹操嘴里说出，说明已经很严重了。严重到什么地步？严重到曹操可以找个借口把司马懿杀掉的地步了，而曹操要找个借口杀人并不难。

他这话是对曹丕说的。

他说这句话的目的，就是要曹丕提防这个家伙，当心这个家伙以后要断送曹家的天下。那时曹操虽然不过皇帝的瘾，但他相信他的儿子会当这个皇帝的，而且他也一直为他的儿子打这个基础。因此就提醒一下他的这个儿子。

曹操虽然看透了司马懿，但在这个事上居然没有践行"宁教我负天下人"的重要论断，而只是对儿子说了一下。也许他自以为已经说过了，儿子应当把他的话认真地贯彻下去。我估计一定是曹操那时只想做个好人，不想当逼死人才的刽子手。就像他不想当皇帝而让他的儿子去当皇帝一样，想让儿子去杀司马懿。因为曹操知道，司马懿的脑袋很好用，但他不给司马懿兵权，司马懿的脑袋再怎么好用，若没有兵权，他的任何一个儿子都可以玩转这个司马懿。

谁知，有时父亲看儿子就是看得不那么透。曹操没有想到，司马懿最终会控制住曹丕。

也许是曹丕在酒后或者在梦中把他老爸的话复习了一遍，让司马懿听到了，或者是司马懿这个人的脑袋特别聪明，从曹操看他的目光中就知道曹操对他不放心，因此就特别小心谨慎。

司马懿的聪明不像别人。他知道，现在这个天下是曹家的天下。曹家是“三分天下有其二”。刘备和孙权就巴掌大的一块地皮，迟早要被曹家弄得全面崩盘。再从软实力上比较，曹操要比那两个家伙厉害多了。曹操早已大权在手，是当时国家的实际最高领导人，可他却没有像人们想象的那样自己当皇帝，而是还当他的丞相。哪像刘备和孙权？你看看刘备，儿子的名字一个叫刘封，一个叫刘禅，这个封和禅合起来是什么？就是封禅。“封禅”这个工作只有皇帝才有资格做。这家伙口口声声都是振兴汉室，其实颠覆汉室自己当皇帝才是他的本意。而孙权的老爸干脆就把那个皇帝的公章藏起来，让所有人都知道这家伙想当皇帝想得要死。从这点上看，曹操要比他们深刻得多。所以，只有蠢材才往这两家跳。

可司马懿能这样做吗？

司马懿既不跳槽，也不下岗，更不会学孙膑，而是继续当曹家的员工。他好像什么事也没有一样，专门跟曹操套近乎。

他这么做，肯定是做过一番论证的。他肯定认为，他这辈子要玩曹操是玩不转的，但玩曹操的后代却没什么难度。

事实上他的这个避强就弱的策略非常成功。

那时曹丕正跟他的弟弟争夺接班人之位，正需要像司马懿这样的人才帮忙。因此，两人很快就成为好朋友。虽然史书上说刘备得诸葛亮如鱼得水，但事实上，曹丕和司马懿的关系才是真正的鱼水关系。

曹操想不到，本来自己提醒曹丕要提防司马懿，后来反被曹丕说服自己。曹操很多次想找理由整治一下司马懿，可曹丕硬是出来死保这个曹家的掘墓人。司马懿当然也知道曹操想整治他，他知道，曹操要杀他，容易得很。因此，他一面在曹丕的保护之下努力工作，一面在曹操面前夹着尾巴做人。

《晋书》上说他在这段时期里，“勤于吏职，夜以忘寝，至于刍牧之间，悉皆临履，由是魏武意遂安”——连割草喂牛喂马的事都亲自去打点，而且半夜三更都还在牛栏边转。曹操看到他都跟专业兽医一样了，心中的疑虑就一点点地消掉了。

不过，他在曹操的身边不光夹着尾巴做人，在适当的时候也出来贡献一下自己的脑力劳动，而且是在关键时刻出来的。他这么做，是要让曹操尤其是曹丕知道他的存在。否则，在那里只吃闲饭，曹操心里必定又会怀疑他在打埋伏，而曹丕会觉得他没有用。曹操一怀疑，就什么事都能做出来；曹丕一觉得他没用，他的保护伞就没有了。

所以，他必须有所表现，而且要表现得与众不同。只有这样，才能让他在曹操的眼皮底下生存，并为以后打下良好的基础。

司马懿刚进曹营时，大概没什么野心，但他看到曹操也是一步一步地成长为一个连皇帝也不放在眼里的丞相的——曹操能够这样，他凭什么不能够这样？他觉得自己与曹操相比，也不比他差多少。他虽然不能写出“对酒当歌，人生几何”这样的诗句，但并不表明他算不了人生这道几何题。

他算得比谁都好。

他通过自己的努力，慢慢地为日后的发展打下了基础。

他在曹操手下当员工时，不断地在适当的时候发表自己的看法，而且多次得到曹操的采纳。

最著名的就是迁都问题。

那时，曹操的都城在许昌。

建安二十年（公元215年），刘备那个把兄弟关羽不知哪来的勇气，硬是孤军一旅，也不请成都大本营配合一下，就攻打襄樊。

驻守襄樊的人是曹操的族弟曹仁，被关羽扁得缩在城里，气不敢出。曹操派于禁带七支部队去支援，谁知这个于禁更是个倒霉鬼，仗还没打几场，就被大水一冲，连自己都做了关羽的俘虏，副将庞德落在水里，成为关羽的刀下鬼。于禁这七支援兵，不但救不了曹仁，反而把关羽的事业推向高潮，攻曹仁攻得更急。

在曹仁摇摇欲坠的时候，许昌城里也人心惶惶起来，连曹操都觉得关羽马上就要攻破襄樊，举着大刀杀到许昌来了。因此，很多人都劝曹操迁都，避开关羽的锋芒。曹操也有些动摇起来。

司马懿却认为此时不宜迁都。他说，我们挡不住关羽，但可以让孙权来嘛。

曹操一听，觉得有道理。他马上给孙权写了一封信。

孙权对荆州早就虎视眈眈，时时恨不得把荆州划入东吴的版图，只是忌惮关羽厉害，一时找不到机会，好不容易等到关羽带着所有家当去攻打曹操，在跟几个死党商量大半天后，派吕蒙抄了关羽的老窝。关羽只得回师，不但没救了老窝，反而上演了一出走麦城的大戏，被东吴兵捕获归案。

这样一来，许都又是一片和谐盛世，过程、结局跟司马懿预算的一样了。

司马懿绝对是个狠抓机遇的高手。他知道，曹操虽然对他没那么提防了，但曹操最著名的特点就是疑心重。因此，他在曹操的身边，永远在等待一个绝妙的机会，让曹操对他彻底放心。

机会终于来了。

这个机会是孙权为他做铺垫的。

孙权当时因为在两个势力的边界制造摩擦，刚刚被曹操痛扁了一顿，心里超不爽，便给曹操写了一封信说，我斗不过你了，我向你投降了。现在天下谁也不是你的对手了，你可以挺着胸脯当皇帝了。

曹操接了这封信后哈哈大笑，说，这小子想把我放到火炉上烤呢。

别的人看到曹操这么批评孙权，一定会说，老大英明，一眼就看穿了敌人的把戏。

可司马懿不是别人，他却对曹操说："汉运垂终，殿下十分天下而有其九，以服事之。权之称臣，天人之意也。虞、夏、殷、周不以谦让者，畏天知命也。"

曹操一听，看了司马懿一眼，见他说这话时一脸的诚恳，从此对司马懿就不再那么有意见了。

曹操这时太得意，他彻底忘记了司马懿是个表演艺术家。

司马懿直到这时才在心里偷偷地松了口气，觉得自己脑袋的安全系数又高了一点。

天天在这样的人手下打工，没有超常的心计能活下去吗？至于那个诸葛亮，虽然是他的敌人，但他远在四川盆地，再怎么磨刀霍霍，一时半会儿也不会杀到中原来取他的脑袋。而曹操想杀他，那是想杀就杀。从这个方面来说，与其说他是曹操的员工，不如说他是曹操笼子里的一只鸡或者一只鸭。

如果上天要他在诸葛亮和曹操之间选谁先死，他肯定会二话不说选曹操。

当然，他不能杀死曹操，但他可以等，把曹操等死。司马懿在这方面确实运气不错，他不光把曹操等死了，连诸葛亮也被他等死了。

时运终于来到

在关羽的头被割下来之后不久，曹操的头又痛起来，然后也跟着死去。

曹操死的时候，司马懿已经 41 岁。

曹操咽完最后一口气的那天，司马懿却大大地舒了口气:“终于熬了过来!”

他整整熬了十一年。

曹操在的时候，司马懿从头至尾都是低调做人。在曹操死的当天，司马懿就露了一手。

那时，曹操手下的一帮人听说曹操死了，个个都不知道该怎么办，又看看曹丕，一脸的粉嫩，现在正是内忧外患的关键时刻，曹操偏偏与世长辞，先不说外部刘备、孙权这两个敌对势力正摩拳擦掌，就是内部那些持不同政见者也有出来夺权的可能。如果在这个时候表错态、站错队，那可是关系到前途的大事。所以，曹操一死，曹营里都是人心惶惶。司马懿又抓住了这个机会，在大家都在观望的时候，出来主持全局，按照程序，把曹操的丧事办得有模有样，使得曹营那一班人马的脸又恢复血色，然后把曹操的灵柩带到邺城入土了事，帮曹丕渡过难关，让曹氏阵营又出现一个安定团结的新局面。

曹丕松了一口气。

整个曹营也松了一口气。

到了这时候，他们都知道，松这口气实在不容易。他们更知道，让他们松这口气的就是司马懿。

不过，真正松一口气的是司马懿。曹操一死，司马懿知道自己可以安全地活下去了。这些年来，他帮曹丕出了不少计谋，最终使得曹丕在夺嫡大战中占了上风，然后又在非常时期帮曹丕稳住阵脚，曹丕对他只有感激。他和曹丕的关系更上一层楼，两人的关系是真正的“如鱼之有水”。

司马懿这时已41岁，他不能再夹着尾巴做人了。

曹操这个大石头一搬，司马懿就像被长期压着的弹簧一样，反弹了过来，大步走上历史舞台，唱他的主角戏。

曹操一死，曹丕就要求汉献帝“禅让”。汉献帝不禅也得让禅，让了还可以当个“山阳公”有吃有喝，要是不禅让，就只有等着被曹丕处理了。

于是，历史的步伐就一脚迈进了曹魏时代。

曹丕废汉称帝，与其说是曹家进入了历史的全盛时期，不如说是司马家已悄悄地唱响了晋代衣冠的序曲。因为，从此之后，司马懿在三分天下有其二的北方阵营里走到历史的前台，长袖善舞，基本上全唱了主角。

曹操疑心重，曹丕的疑心也重。但两人疑心的侧重点不同。曹操老是怀疑别人要算计他，对自己的人倒是很放心。他重用的人，大多都姓夏侯和姓曹。而曹丕却老是放心不下自己的兄弟，对司马懿这样的人却放心得很。他一当上全国第一把手，马上大力提拔司马懿。一年之内让司马懿从尚书转督军、御史中丞，封安国乡侯。黄初二年（221年），督军官罢，迁侍中、尚书右仆射。尚书右仆射，就是尚书省的长官，地位仅次于尚书令。

这种提拔速度，在当时很少有人能够做到。

到了这个时候，谁都不怀疑司马懿已经成为曹丕最亲密的战友了。

而司马懿的提拔空间还很大。

黄初五年（公元224年），曹丕南巡到东吴边界的时候，让司马懿留守许昌，把后面的事务全部交给司马懿，同时，对司马懿改封向乡侯，转抚军、假节，领兵五千，加给事中、录尚书事。司马懿知道这时曹丕已经离不开他了，因此就讲一下风格，来个“固辞”，似乎死活不愿提拔一样。但曹丕却硬要他接受，还说：“这个提拔不是让你享受，而是要你来帮我分忧呢。”

只要东吴那边一有动静，司马懿总是有好果子吃。先是孙权一封信，让他抓住个机会，释了曹操对他的疑心。而曹丕又总是爱到东吴边界去逛——大概隔着长江南望，可以带来很多灵感吧，因此，虽然蜀国也是曹丕的敌人——而且是更危险的敌人，曹丕却从不去蜀魏边界的崇山峻岭，硬是接连去江边视察。他去一次江边，就提拔一次司马懿。当然，曹丕爱到东吴那里找孙权的麻烦并不仅仅因为他是诗人的原因，而是他的心里实在不服孙权。他不服的根源全来自曹操。曹操曾经在长江边上，有感而发了一句有名的语录：“生子当如孙仲谋。”如果他说这话的时候，是一个人在黄昏里感叹一下，那也没什么，可他偏偏是在很多手下人面前说出来。他说出这几个字时，觉得心里松了一口气。可曹丕的心头却压上了一座大山。在他看来，这话不是说他不如孙权吗？而且后来曹操快死的时候，还反复提醒他，不要去惹孙权，没有绝对把握，不要动孙权的主意。他虽然在曹操说这些话的时候，表示一定遵照曹操的话，把曹操的指示贯彻到地老天荒。可他心里却郁闷得很，时时刻刻想把孙权搞定，向死去的曹操证明一下，自己比孙权厉害得多。因此，他上任之后，最想干的事就是带兵到江边跟孙权较量一下。实在不能大打一场，吓一吓江东鼠辈，心里也会觉得很爽。

曹丕在黄初五年南巡，但孙权却不应战，他只是检阅了一次部队就跑了回来。第二年，曹丕大概觉得上次实在没有达到目的，便又带部队过去，创造机会痛扁孙权一下才过瘾。因此，他决定“大兴舟师”去征东吴。这一下，孙权被弄得没睡好觉，司马懿却又得了好处。曹丕又让他总领后方的事务，而且把他当作萧何。曹丕下的原文是："吾深以后事为念，故以委卿。曹参虽有战功，而萧何为重。使吾无西顾之忧，不亦可乎！"这信就是说，你不用打仗，但你比打胜仗更重要，你的工作是打胜仗的保证。

大家拿着文件一阅读，不费什么工夫，都能体会出曹丕对司马懿的信任。

曹丕征吴，没征出什么可以彪炳青史的战功来，可对司马懿的信任又上了一个新的台阶。曹丕自广陵还洛阳，还没来得及做别的事，就又给司马懿下了个文件："吾东，抚军当总西事；吾西，抚军当总东事。"让他当许昌的第一把手，主政首都，而且还特别强调，他去西边的时候，东边的事由司马懿说了算；他在东边的时候，西边的事由司马懿全权处理。这简直是在跟司马懿分享第一把手的权力了。

司马懿还有个运数，就是每当曹家阵营第一把手倒大霉的时候，他的运气就会猛砸过来。曹操一死，他就得到曹丕的大力提拔。现在，曹丕又追随他的老爸说挂就挂掉了。

曹丕其实还很年轻，才 39 岁。可他太不注重养生之道，把大量精力投入酒色上。大家都知道，曹家父子有一个共同的爱好，就是喜欢泡妞，而且对这个问题看得很开。还记得那个甄氏吧？这个甄氏是个有名的美女，本来是袁绍的儿媳妇，曹丕老早就知道这个美女，因此在消灭袁家之战结束后，第一步就是带着部队冲到袁氏住宅，把这个美女保护起来，然后向曹操提出跟她结婚。如果是别人，肯定不会同意这门婚事，可曹操一看，这个美女不错，可以配得上我儿！批准得很干脆。那个曹植一见，这个嫂子长得这么让他魂不守舍。几天之后，他马上写了一篇《洛神赋》，把这个嫂子赞美了一番。甄氏后来年纪大了，曹丕就一脚把她踢开了。这家伙除了政事就是喝酒和泡妞，这么多年下来，他对酒色的兴趣越来越高，但身体却越来越受不了了，可他还是天天在透支着自己的生命，终于在他 39 岁这个人生的黄金时段结束了。

曹操文学水平不错，他的儿子也有水平，这方面都比司马懿高出不止一个档次。可他们的养生之道就比司马懿差多了。从曹丕以后，几个皇帝都活得不长。曹丕只在龙椅上坐了六年，在他差不多死的时候，他把司马懿和曹真、陈群等人叫到崇华殿南堂，让他们做曹家第二代领导人的助手，还对他的继承人说："不管谁挑拨离间，你都不能怀疑这三个大臣。"曹丕都把话说到这个份上了，曹叡除了尊重这几个老家伙之外还有什么话说？

初获兵权

而事实上，曹叡对司马懿更加信任。曹叡当上第一把手的时候，司马懿改封舞阳侯。不久，孙权以为曹叡好欺负，便又带着几个死党包围江夏，还派诸葛瑾、张霸并攻襄阳。曹叡一接到报告，马上就派司马懿带兵去对付。

这是司马懿第一次获得战斗的指挥权，心里的高兴肯定无法形容。但他却不动声色，带着部队开往前线。孙权似乎只会制造点摩擦而没有别的能耐，一看到司马懿的部队杀过来，就又跑回江东。司马懿接着一仗就把诸葛亮的哥哥诸葛瑾打败，还把张霸的头砍了下来。司马懿的这次胜利，让曹叡高兴得不得了，马上就封司马懿为骠骑将军。司马懿就是从这个时候开始成为将军的。而且曹叡干脆让他驻扎在宛城，加督荆、豫二州诸军事。骠骑将军加"督荆、豫二州诸军事"是个什么概念？这说明他手里有权又有兵了。

曹叡这个后来被称为魏明帝的人，不但对司马懿没有任何怀疑，而且对那个孟达居然也放心得很。

孟达就是那个从刘备身边投降过来的人。

孟达的嘴巴很对曹叡的胃口，又是个帅哥。曹叡一见就喜欢上他的"姿才容观"了，天天跟这个家伙玩。

曹叡跟孟达一好，又给司马懿创造了获得大权的条件。

司马懿的眼光跟曹操是同一个档次的，他一看到这个孟达，就知道这家伙不是什么好人，多次劝曹叡不要信任这样的人，更不能让他当领导干部。可曹叡硬是不听，让孟达当了新城太守，而且封侯，这还不算，居然还来个“假节”——有这个资格的人是可以在战时砍下违犯军令者的脑袋的。

这个权力虽然不算很大，平时得老老实实地把尚方宝剑挂着，可到了打仗的时候，就得听他的了，而新城又是在边界，想打仗那是很容易的事。

很多投降将军都一样，一向敌军投降，只要不被杀死，一般都会官升一等。当然投降的时机也要选择好——都被打成光杆司令了才投降，还想得到提拔，那是不可能的。孟达在这方面的经验很丰富。他是选在曹叡信任他的时期向诸葛亮投降的，而且是积极主动的。

可是孟达只想到投降的好处，却没有想到诸葛亮是什么样的人。诸葛亮见他是个反复的人，怕他今天想投降了，明天又不投降，因此就想了一个办法加快他投降的步伐。和很多故事一样，在孟达和诸葛亮之间也有个联络员。诸葛亮派去的联络员叫郭模。郭模按照诸葛亮的指示，在经过孟达一个死对头申仪那里时，故意泄露了孟达要向诸葛亮投降的消息。

孟达见申仪知道了他的秘密，就决定提前行动。

这种事本来就已经很危险，如果没有周密的计划，没有扎实的前期准备工作，是很难成功的，现在又要提前行动，将是一个什么样的结果？

而且，司马懿早就密切注视孟达的举动。司马懿对诸葛亮的评价是小心稳重，其实他比诸葛亮更加小心稳重，否则早就被怀疑他有夺权野心的曹操砍掉脑袋了。他既然向领导讲过孟达不能重用，虽然领导不相信，但他肯定不会放过这个孟达，一定会想方设法找到孟达的过错，证明自己的话是对的。即使孟达不造反，以后也不会有什么好果子吃。因此，孟达的行动不但在司马懿的意料之中，而且也在司马懿的监控之中。

在孟达做决定的时候，司马懿在第一时间就知道了这个消息。

司马懿在处理这件事时很大胆，也很正确。

司马懿这时在宛城，他先给孟达写了一封信，说，你以前弃暗投明，刘备的手下恨不得吃掉你。诸葛亮早就想把你捉拿归案，只是没有办法而已。谁能相信你会再投降过去？郭模算老几，而诸葛亮又是什么主儿？这样的事他能泄露出去？

孟达一接到这封信，当场哈哈大笑。事实上，孟达是怕司马懿的。他曾说过，只要司马懿不来，谁来他都不怕。只是他又乐观地认为，司马懿虽然可怕，但他在宛城。宛城离新城一千二百里，而且司马懿要来打他，也得按程序办事——先向中央报告，等中央相关部门全部盖上公章之后才能带着部队来。这样反复公文往来，怎么也得要一个多月时间啊。司马懿再怎么快也来不及了。孟达觉得自己的分析做得不错，还很得意地向诸葛亮进行书面汇报。

孟达认为，连司马懿都这么认为，魏国别的人也不会有什么怀疑的，因此又不想提前行动。做这些危险的动作，居然这么犹犹豫豫，能取得成功才是怪事。而且他就不想想，他平时跟司马懿没什么交情，为什么在这个敏感的时期会给他写这封信？况且这信里的内容，全是关于他要造反的问题。如果他不那么得意，稍微冷静地思考一下，那么结果就会不一样。可这家伙现在已经无法冷静。

司马懿发信之后，就一面向中央汇报，一面带着部队急行军向新城跑过来。司马懿知道，曹叡不会怪他。

很多人都劝司马懿，现在孟达还没有宣布行动就带兵过去，有些不妥吧？还是等他真的宣布了，再去也不迟。

可司马懿却不听。我想，在这件事上，司马懿也跟诸葛亮一样，怕这个有反复特长的孟达又突然不干了，那他可就没机会痛扁这个家伙了，倒不如马上带兵过去。孟达一看到讨伐部队来了，不干也不行了。而且在这个事上，也是司马懿获得更大权力的机会。他可以向所有的人证明自己是对的。然后也可以试一试曹叡，看看曹叡对他的信任度。因为，不经过曹叡的批准就带兵出征，可不是闹着玩的。如果这次曹叡没意见，以后就好办了。

司马懿带着的部队跑得确实快，只用了八天就到了新城城外。

孟达一看，原来那封信是骗我的——本来相信敌人是诚实的就已经大错特错了，而到了这时才发现敌人原来不诚实，那就只有死路一条了。

司马懿不给孟达一点喘息之机，兵分八路向新城发起总攻。

孟达没有办法，他知道现在他再玩投降的把戏已经不灵了，只有顽强地跟司马懿打下去。

双方在新城打了十六天，孟达的外甥邓贤和部将坚持不住，没跟孟达打一声招呼就开门向司马懿投降了。司马懿带兵冲进城里，孟达连逃跑的路都找不到，只好当了司马懿的刀下鬼。

司马懿把孟达的脑袋砍掉之后，顺便把申仪也抓了起来。原来申仪有个特长，就是能刻章。他专门给人家做官印，生意很不错。

司马懿知道后，当然不会放过这个申仪。司马懿这么一抓申仪，主要是在向外界透露一个信息：他以后可以抓违法乱纪分子了。司马懿抓申仪这么一个乱办证的，为他在同僚们面前大大地树起了自己的权威。

说实在话，曹叡还是个开明的皇帝，他后来被谥为明，也还不错。他并不因为司马懿调动部队杀了孟达而生气，反而对司马懿更加信任。

曹叡大概通过这一事件，很好地作了一次反省，觉得不听司马懿的话还真不行，因此更加谦虚地听取他的意见。他问司马懿：现在我们有两个敌人，你说应该先把谁扁死比较容易？

搬掉政敌

司马懿作了一番分析：孙权总欺负我们不懂水战，常常骚扰我们。其实他现在只是守住了夏口、东关几个地方，不让我们打过去。如果我们用陆军向皖城用兵，把他的主力引向东边，然后再用水军进攻夏口，乘虚取之，有如神兵天降一样，一定能打败他。

司马懿这个论断是带有自身利益的。首先，他建议先吴后蜀，是因为蜀国确实难打。虽然蜀的国力比吴弱，但蜀道却很难走，人家守住关口，是真正的一夫当关、万夫莫开，并且，他也不希望诸葛亮马上就被打败。因为，现在的两个敌人当中，诸葛亮无疑是最有水平的，是魏国内部觉得最可怕的敌人，谁也不敢去对付他——别人不敢去对付，当然只得让他司马懿去对付了。从这个意义上来说，只要诸葛亮健康，他在魏国就可保住举足轻重的地位。然后，主张奇兵袭吴就必须等时机，能等这个时机的只有他了。如此一来，曹叡肯定让他带兵到前线等时机。他就可以到前线当一把手——因为，他知道曹叡虽然年纪不大，但也是个人精。天天跟这样的领导在一起，你是放不开手脚的，而且天天在一起多了，容易引起不愉快的事情发生。皇帝一不愉快，后果很严重，不如下到基层去备战备荒。

曹叡一听，果然觉得他这话很对，又让他屯兵于宛。

司马懿提出对吴的战略，也不全是为自己着想的，是很有道理的。之前，曹叡的爷爷和老爸都把攻吴的地点放在下游的淮南一带，而那一带江面宽，利于水军作战，历年来东吴又在那一带加强防守，所以打了二十年，没一点儿成效。因此，只有在下游天天做军事演习，好像随时进攻，让东吴把注意力全集中在那里。而魏国却在中游做好准备，只要时机来临，马上从夏口渡江，然后顺流而下，打东吴一个措手不及。虽然曹叡觉得这办法很实用，也很容易操作，但曹休却忍不住，又在传统地方开战。曹休到了罗贯中笔下，好像只是个配角，一点也不牛。可历史上的曹休却是魏国的牛人。现在他是大司马，是最高军事领导人，职务比司马懿大了几级。他对司马懿的意见一点儿不看好，顽固地认为老地方才是好地方。而这时，东吴有一个叫周鲂的家伙写信给曹休，向他表达了投奔自由的美好愿望。曹休接到这个信高兴得发狂，建议曹叡应该珍惜这个来之不易的机会，里应外合，一举搞定东吴。曹叡一听，头脑也发热起来，马上下令兵分两路，向东吴进攻。一路由曹休任总指挥，一路由司马懿全权指挥。

曹休按周鲂的要求去接应。谁知，却被陆逊迎头痛击，曹休这才知道他上了周鲂的当。而司马懿却只是在夏口一带虚张声势，并没有采取实质上的军事行动。

曹休被打得满地找牙之后，也跟很多壮志难酬的人一样，在郁闷中死去。

在这次行动之前，司马懿肯定会料到周鲂的投降是假的，曹休的冒进战术肯定会失败，按照他跟曹叡的关系来说，他肯定应该向领导提个醒。可他却没说。其中的主要原因，他并不是怕曹叡不听他的意见，而是乐于看到曹休的失败，而且败得越彻底越好。曹休一玩完，他的职务肯定又会得到提升。

事情的发展，果然跟他所料的完全一样。

曹家的牛人曹休死后，司马懿便又被提拔了一下。这次人事任免是这样的：曹真接替曹休的大司马，而司马懿接替曹真的职务：迁大将军，加大都督、假黄钺，并让司马懿和大司马大将军曹真一起伐蜀。这一次提拔，更是奠定了司马懿作为军事统帅之一的地位——除了大将军之外，还有大都督，且假黄钺。说说这个假黄钺，黄钺本来是一种杀人的工具，现在皇帝把这个东西交给你，意思就是说，不管是平时还是战时，你都可以代表皇帝处死违法乱纪的官员。那时，这种待遇分为四个级别：（一）假节：平时没有权力处置人，战时可斩杀犯军令的人。（二）持节：平时可杀无官位之人，战时可斩杀二千石以下官员。（三）使持节：平时及战时皆可处置二千石以下官员。（四）假节钺（或假黄钺）：可杀节将（含假节、持节、使持节）。

司马懿这时得到的就是最高待遇的那个级别，谁不听话，他都可以喝令刀斧手将你拉下去“斩讫来报”。这就让司马懿在群臣中的权威又长了一截。

不过，司马懿对进军西蜀是不积极的。

他从西城进发，规模虽然很大，但却带着大军避开大道，放着好走的沔水河谷不走，硬是选择偏僻山区作为进军线路，去劈山开路，而且一路消极怠工，从七月到九月才走完不到五百里的路程——这与他擒孟达时八天狂奔一千二百里形成鲜明的对比——最后才拿下新丰，敷衍一下皇上。而且老天也来帮他的忙，来到丹口时，天上就下起大雨来，而且这雨就像为他而下一样，一下就是一个多月，放到今天，可能又是“百年一遇”了。曹叡这个天子对老天爷没办法，只好下令撤退。

大家知道，诸葛亮虽然长得看上去斯文得很，但却是个制造摩擦的专家。

才过了一年，也就是太和五年（231年），摩擦专家诸葛亮又带着刚征的蜀兵来到天水一带制造军事冲突。曹叡马上就对司马懿说：“西方有事，非君莫可付者。”

这时曹叡已经把诸葛亮当成魏国的主要敌人，而且认为只有司马懿才是诸葛亮的对手，要他西屯长安，都督雍、梁二州诸军事，还把当时魏国最厉害的大将张郃分配给他使用。从此，司马懿就被推到前台，开始了他与诸葛亮为敌的生涯。

与诸葛亮对垒

其实，在司马懿心中，诸葛亮并不怎么可怕。而事实上，整个剧情更不会像罗贯中写的那样，司马懿常常被诸葛亮骗得边跑边摸着自己的头问身边的人：“吾头尚在否。”

那时，曹叡把魏国最厉害的将领都分配给司马懿指挥。其中最牛的就是车骑将军张郃，而比较牛的还有后将军费曜、征蜀护军戴凌、雍州刺史郭淮等几个。这几个人中，有的是跟曹家第一代领导起家的，可后来，都成为司马氏的部下甚至心腹。我们无从知道，司马懿当时是否就有夺权的野心，但他确实从那时开始就培养了一批后来成为倒魏推曹力量的骨干分子。

虽然历史上一代接着一代的人都把诸葛亮当成司马懿的主要对手。但司马懿并不怎么怕诸葛亮。一来诸葛亮的智商虽然很高很可怕，但手下却没有多少兵马，何况他更知道诸葛亮治起国来有一套，这也许他比不上，但诸葛亮却不是个打仗的好手。在孟达事件上，就已经说明诸葛亮并不是一个算无遗策的人：一方面设计促成孟达举事，另一方面却没有果断派兵接应，最后让孟达起义的事泡汤。二来蜀道艰险，想打进去固然不容易，可一守住瓶口，他要出来也很难。因此，司马懿对诸葛亮并不像对曹操那样得时时小心，只需守住要害，随便诸葛亮怎么折腾，天总塌不下来。而司马懿却可以借着对付魏国这个最大的敌人，掌握西方的军政大权，培养自己的力量，巩固自己的权力和地位。从这一点上看，他不但不会把诸葛亮当成敌人，而且在心里还很感激诸葛亮。罗贯中在演义里写的那段空城计，当然是八卦。可是如果真的会有，司马懿也不会冲进城里把诸葛亮抓起来。

现在我们来看看，司马懿跟诸葛亮的第一次比赛。

大家都知道，诸葛亮一共北伐五次，前三次其实都是曹真陪他玩的。曹真跟司马懿、陈群一样，都是曹丕临死时的托孤之臣。这三人是曹叡时代魏国政坛上的三驾马车。说是三驾马车，但曹真是排名第一的，应该是这三驾马车中的老大。而且他又是曹操的族子。曹叡虽然信任司马懿，但更信任曹真。曹真是大司马，这些年来，一直是拿着枪杆子，也一直主持对蜀的军事行动。而且曹叡虽然信任司马懿，但作为第一把手，他也会搞点平衡。这点，司马懿肯定是知道的。因此司马懿就在宛城长住，表面看来是负责对吴作战，其实是要住到曹真死了最终打破平衡为止。现在，曹真还真的病了。而在这个时候，诸葛亮带着所有的家当北伐来了。

曹真得病、诸葛亮闹事，司马懿又成了利益的获得者——不用耍什么花招，就拿到了枪杆子。

接到曹叡的命令后，他马上来到长安，要大显身手。

司马懿是第一次指挥大的军事行动。他虽然表面做事低调，给人一种不张扬的感觉，但骨子里是很自信的。在魏国这边，他是不会把谁放在心上的——包括曹真和陈群这两驾马车，他同样不当一回事。曹真之所以能比他大一级，受到重用，那是因为他姓曹的关系，至于那个陈群，做个太平官，提个“九品中正制”这样的提案，完善一下官场体制，那是很有水平的，是个治国的料子，但却不能安邦。现在是天下大乱时期，没有几把刷子哪能混得下去？陈群这样一个纯粹的文官当然不会放在司马懿的眼里。诸葛亮这些年来虽然很嚣张，弄得曹叡很不爽，但却连曹真都玩不了——不但玩不了曹真，连陈仓太守郝昭也玩不了。在第三次北伐时，诸葛亮以几万人围攻陈仓，而郝昭的手下只有两千多人。两人一攻一守多日，诸葛亮却拿郝昭一点儿办法也没有，在用尽攻城办法之后，粮草没有了，然后退兵。诸葛亮连郝昭都奈何不了，对付这样的人还不是小菜一碟？

司马懿对战胜诸葛亮是很有信心的。在他召开的军事会议上，他对部下说："料前军独能当之者，将军所言是也。若不能当，而分为前后，此楚之三军所以为黥布禽也。"意思是只要前军就可以摆平诸葛亮了。司马懿是个很少说大话的人，现在把话说到这个份上，说明他的信心是很爆棚的——居然把诸葛亮比作黥布。

诸葛亮看到司马懿来了，心里很激动。诸葛亮统治的蜀国，就是现在的四川盆地，说是天府之国，但大多还是大石山区，自然生态环境绝对保护得很好，但却并不是一片富饶的土地——当然，要自给自足是没有问题的，但要应付战争支出却是比较艰难的，而且国力、人力跟魏国都不在一个档次上。但诸葛亮又是个"恢复汉室"之心不死的家伙，因此，就连年征战，只要手里有一点积蓄，便马上雄赳赳地北伐。又由于手头的资本有限，每次打仗都想速战速决，要在本钱用光之前把仗打下来。所以，他最怕的是自己带兵前来，敌人高挂免战牌。这时，司马懿要跟他打，他当然不会放过这个机会。他马上分兵两路，一路攻打祁山，一路由他带领迎战司马懿，交战地点在上邽。当时司马懿派出的首发阵容是郭淮、费曜。这两个家伙有着长期与诸葛亮斗争的经历，应该说经验丰富。两人一接到命令，就马上出来向诸葛亮挑战。可才一交手，就被诸葛亮骗得找不着北。司马懿一接到报告才知道诸葛亮还真有两把刷子，不能小看。他知道再硬碰硬地打下去，是要吃亏的。以前曹真跟诸葛亮玩，不分胜负，但从没有吃亏，他和诸葛亮一交手就打了败仗，这个仗虽然不算大，魏国也没什么损失，但相比之下，他可就不妙了——他可以输给诸葛亮，但不能输给曹真啊。他要是再败下去，在魏国的地位就会动摇。

司马懿知道，他虽然在这个最混乱的时代里混了二十多年，从曹操时代混到曹叡时代，越混越好，而且时时想着能拿到兵权，可他真正带兵打仗的经验却没有多少，单从这方面来讲，他远远比不上诸葛亮。

他这么一总结，便又拿出他的拿手好戏——“忍”，也就是说，跟对手比耐心，看谁能等，在没有找到打败对手的有利时机时就等下去，等到时机的到来。现在他没有想出打败诸葛亮的办法，就只有等。

诸葛亮在取得第一轮比赛的胜利后，马上让部队放下武器，拿起镰刀，拼命收割麦子，以充军粮，之后再次与司马懿的大军相遇于上邽东。司马懿早就打定主意，不与诸葛亮对打，只是凭险固守，看诸葛亮还有什么办法？

诸葛亮知道自己没有能力攻破司马懿的部队，便想了个办法，决定调动敌人，在运动中与敌军决战——单方面撤军。司马懿看到诸葛亮退兵，便也带着部队跟上来，他现在还不明白诸葛亮的意图，只得采取稳扎稳打的办法，贴身跟进，没有把握绝不跟对手发生肢体冲突。

司马懿跟着蜀军来到卤城后，张郃对他说：“彼远来逆我，请战不得，谓我利在不战，欲以长计制之也。且祁山知大军以在近，人情自固，可止屯于此，分为奇兵，示出其后，不宜进前而不敢逼，坐失民望也。今亮县军食少，亦行去矣。”

张郃这个方案，跟以前魏延向诸葛亮提出以五千奇兵偷袭长安的计策很相似。诸葛亮当时没有采纳魏延的计策，现在司马懿也没有采用张郃的方案。司马懿还是按着既定方针追下去，一旦追到蜀军的营地，便“又登山掘营，不肯战”。

魏国的将士觉得天天跟在蜀军的屁股后——比军事演习还无聊，便都向司马懿请战。但司马懿却不答应。主战派的两个挑头人贾栩、魏平还公然对他说：“公畏蜀如虎，奈天下笑何！”这话说得司马懿很生气。

司马懿是个很能忍的人，而且是个城府极深的家伙，轻易不会把生气的态度表现在脸上，尤其是在对付上级领导时，都是一脸的麻木。他也因此能在曹操那双多疑的眼睛下混过来。他现在之所以敢把这个表情体现出来，一来是这两个家伙居然敢这么对待他，二来他也真的生气了，三来也表明他现在已经有生气的资本了，也就是说，他现在的地位已经巩固，自己的表情自己可以支配了。

后来，所有的将领都要求打一仗。

于是，司马懿顺应了这个潮流，让“张郃攻无当监何平于南围”，自己带着大军“自案中道向亮”。这次是他亲自跟诸葛亮面对面了。

诸葛亮看到司马懿来了，马上派魏延、高翔、吴班迎战。这次战斗的结果是蜀兵又胜了一场，具体数据是：“获甲首三千级，玄铠五千领，角弩三千一百张。”最后司马懿又跑回营中坚守，而诸葛亮又因粮尽而退兵。

在诸葛亮退军时，司马懿又让诸葛亮取得了一个北伐以来最辉煌的成绩——杀死了张郃。

这年六月，司马懿知道诸葛亮退兵，便召开了一次军事会议，命令张郃带兵追击蜀兵，要求他在这个战役中即使不能把诸葛亮抓获归案，也要把他痛扁一顿，挽回点儿面子。可张郃却认为，这时不能追击：“军法，围城必开出路，归军勿追，望大将军三思。”

司马懿却怒道：“车骑想抗我令乎？”

于是，张郃只得带兵去追诸葛亮。《魏略》的记载是：“郃不得已，遂进。”

结果，就像张郃预料的一样，诸葛亮对司马懿这一手早有防备，在木门设伏，终于把魏国最厉害的前线指挥官张郃杀死。

很多人都把张郃之死归结为司马懿的失误。但我却认为，这是司马懿为剪除张郃故意下的一着臭棋。以司马懿的谨慎，连张郃这种武夫都知道“归军勿追”的常识，他能不知道？最好的解释就是，张郃现在是曹魏集团里老资格的高级员工，而且也是最能打仗的人，长期在西面与蜀兵作战，有着丰富的抗蜀经验，是魏国里难得的军方牛人。司马懿在前一时期中，因为不听张郃的话而遭失败，估计现在军中肯定会有人贬马抬张。这种思潮一泛滥，司马懿就有被张郃取代的可能。司马懿这么一想，觉得张郃已成为他通向更高权力的障碍，有必要趁着手中有权，把这个障碍消灭于萌芽状态。因此就强迫张郃去蜀军那里送死。否则，他能说出“车骑想抗我令乎”这么严重的话吗？请注意这个“抗”字，把司马懿的内心世界表现得很到位。于是，在张郃不情愿的情况下，他还是命令张郃追击，达到了他不可告人的目的。

三国中这两大牛人的第一次比拼，场面不算精彩，但也显示出了两人的水平。他们采取的战略决策都不差，都知己知彼。诸葛亮知道自己不能耗时间，而司马懿也知道自己不能性急。只是后来，司马懿受部下情绪的影响，没有把既定方针进行到底，导致连败两场。如果是在曹操那个战将如云的年代，估计司马懿就要被换下来了。可现在，整个曹营中，名士很多，但大多都是长于清谈的名士，要找到代替司马懿的人已经没有了。而且这两场败仗，对实力雄厚的魏国也算不得什么，再加上司马懿战后玩些数字游戏，在汇报材料上把数字压低，那损失也就没有那么大了。至于张郃的死，虽然不好交代，但战争哪有不死人的？

如此一来，司马懿这个官便又当了下去。

三年之后，诸葛亮又带兵北伐，两个牛人在魏蜀边界展开了第二次较量。

司马懿是个聪明人。在经过第一次交手之后，知道跟诸葛亮玩，绝对要丢掉短线效益的幻想，而是要坚持持久战的方针。因此，当诸葛亮在渭南与司马懿对垒时，司马懿就笑了。

司马懿这次比上次从容多了，对战争形势和地形的分析很透彻。他在诸葛亮刚开始进行军事行动时就说：“如果诸葛亮向武功方向进军，后果是很严重的，如果他只上五丈原，就跟泥鳅一样掀不起什么大浪来，我们什么事都没有。”

这一次司马懿预算得很准确，诸葛亮果然像他说的一样，带着部队驻扎在五丈原。

司马懿采纳了雍州刺史郭淮的建议，并直接派郭淮带兵到北原，牵制诸葛亮。郭淮刚到北原，还没有做好工事，诸葛亮的大军就开到了。郭淮成功地阻击了诸葛亮。

这一次，司马懿不再犯以前的错误。他只是守住险要，绝不跟蜀兵接触。

诸葛亮这一次也想了个持久战的办法——让军队变兵亦农，与当地的农民一起种起田来，想以军养军。

司马懿一看，不由得笑了起来。这个地方也能以军养军——当然，如果只有几百个兵，吃饭是不成问题的，可现在蜀兵是多少？十万大军啊，这个中国的西部山区能养得下吗？所以，司马懿也不做什么干扰的动作，想看看诸葛亮能养到什么时候。

诸葛亮也不是菜鸟。他当然知道，无论他如何科学种田，改良土壤，也不会把这个地方改良成“西部的好江南”。他这么做，只是做给司马懿看——想玩持久战，他就屯田，逼得司马懿跟他打一场。

谁知，司马懿却识破了他的计策，坚持死守政策不动摇——你种你的田，我守我的险，看看到底谁怕谁。

双方就这样对峙着，从当年的二月到八月，虽然两国陈兵数十万，却硬是“西线无战事”。

诸葛亮终于急了，但也是光着急，没有别的办法。这个时期，肯定是诸葛亮觉得最苦恼的时期，他没日没夜地开动着他那个号称中国“史上最牛”的脑袋，要得出一个逼迫司马懿跟他开战的办法，可那颗“史上最牛”的脑袋却硬是想不出半个办法来。

后来，他被逼得没有办法，居然想出一个小儿科的办法来：派人送一套女性衣服给司马懿，想通过嘲笑的办法来刺激对方出战。如果这个办法就能让司马懿上当，他还用费这么多的心机吗？

司马懿一收到这套衣服，表面上装得离奇的愤怒，当场拍桌子，说诸葛亮太看不起人了，要跟他决一死战。

部下看到他这么一表态，当场都说：是魏国人都顶领导这句话。

可他话锋一转，又说，打仗是军国大事，事关国家存亡，还是请示一下皇上为好。他马上就写了一份斗志昂扬的请战书，用加急快报送给曹叡，请曹叡批准他跟诸葛亮决战。

做完这些工作之后，他开始用很高的规格接待诸葛亮的送信员。

很多部下看到领导亲自接待一个送信员，都以为领导要与诸葛亮决战了，因此想把送信员灌醉，好从他嘴里得到一些情报。

可司马懿却只是一边慢吃慢饮，一边和送信员拉起家常，然后顺便关心一下诸葛亮的生活，问送信员：你家丞相近来生活不错吧？饭量好不好？

这个送信员绝对是个诚实的人，听到司马懿的问话，马上就说："我家丞相工作很努力很认真很负责。从来都是晚睡早起，军中罚打二十板以上的，他都要亲自在那里数板子。他饭量很低，每月才吃几升米（那时一升相当于现在的 1.5 千克）。"

司马懿一听，哈哈大笑："诸葛亮吃得少，事又多，还能有多少时间好活？"这更坚定了他死守不战的决心。前面已经说过，司马懿的"等功"确实厉害，他把曹操等死，现在又想着把诸葛亮等死。

在司马懿向曹叡请战时，他的部下都在跃跃欲试，只等皇帝的一声令下，他们就可以杀敌立功了。

可诸葛亮却知道，司马懿在耍滑头，是在骗他手下的那些将军。司马懿知道，他那些手下只知道打仗，而且自己的兵比蜀兵多，还这么怕蜀兵，这脸已经没地方放了。现在他们的领导还被诸葛亮这么忽悠，说他连女人都不如，还来当什么领导？他知道，要是不想办法让这些手下的情绪定下来，这军队就不好管了，这刚想出这么一个办法来：我是想打仗的，但皇帝不想打啊，要怪就怪皇帝去吧。

曹叡是个聪明的皇帝，一接到司马懿的请战书，马上就派卫尉辛毗前来当监军，并当着所有将领的面要求司马懿不能出战。在那些手下叫冤的时候，司马懿却在心里哈哈大笑。

过了不久，诸葛亮果然就在五丈原死掉了（很多书上把诸葛亮之死写得神乎其神，这里就不多讲了）。诸葛亮一死，蜀军便一边内讧一边撤军。

在与诸葛亮的对垒中，司马懿终于笑到了最后。

第二年，也就是诸葛亮死去的次年，即青龙三年（235 年），司马懿被封太尉。

如果说，司马懿在与诸葛亮的对垒中胜得有点难看，那么不久之后他指挥的平定辽东之战，可以说是一场经典之战。

决战辽东

这场战斗发生在景初二年（238年）。起因是辽东传统势力的老大、太守公孙渊不想当曹家的二层机构就造反了。曹叡一接到报告，又把司马懿当作平定辽东的第一人选从长安叫了过来，直接就把形势跟他说了。曹叡对付司马懿还是有办法的，当着他的面说："公孙渊是什么东西？扁死这种人本来哪用得着你老人家。只是要取得压倒性的胜利，咱得把形势分析得透彻一点，所以请你来商量一下。你说说，公孙渊会采取什么策略？"

司马懿说："公孙渊如果丢掉老窝跑掉，是最好的办法；带着喽啰占据辽水跟我们作对，是中策；如果就在襄平城里坐守，那只是等我们去把他捉拿归案而已。按照现在的形势，他肯定是先占辽水，然后退守襄平，这是中下计。"

曹叡说："如果让你出征，你估计用多长时间？"

司马懿的回答很干脆："去一百天，打一百天，回一百天，休整六十天，就一年时间。"

曹叡对他的这个预算很满意，当然就把这个任务交给他了。

于是，司马懿带着四万部队出征辽东。大军来到辽东时，公孙渊"遣步骑数万，阻辽隧，坚壁而守，南北六七十里"，以拒司马懿的政府军，声势很浩大，但却在司马懿的盘算之中。辽东部队前线的指挥官是卑衍，这家伙是公孙渊的大将军，同时也是个菜鸟。

司马懿已经做了充分的准备。他命令一部分部队带着很多旗帜，大张旗鼓地向南面前进。卑衍是个胆量指数高于智力指数的家伙，一看到那么多的旗帜向南面来，凭着感觉就把所有的精锐部队派过去抵挡。

司马懿看到卑衍按他盘算地进行下去，马上命令主力部队抓紧时间渡过辽河，并一把火烧掉敌人的船只和桥梁，然后用最短时间沿河扎下长寨。工程一竣工，马上又向襄平进发。手下的人一见，就有点儿意见了：咱是作战部队，走了一百天的路是来打仗的。现在好了，好不容易找到敌人，而且刚调动了敌人的主力，正是歼灭敌人的大好时机。可司马懿却只让我们扎寨，然后又行军，估计又要到前面去扎寨了，这作战部队不全转业成工程兵了？

司马懿对他们说："敌人的实力现在还很强。他们的实力高于我们，又躲在工事里，咱去攻打他们，这跟蠢材有什么区别？只能先把他们逼出来，再跟他们决战。现在我命令大军向敌人的首都襄平进发。不怕他们不从工事里出来，他们一出来，我们就有办法了。这叫攻敌之所必救。"

卑衍知道司马懿大军直指襄平，脑袋果然一片混乱，什么也不想，马上调动全军回师襄平。不用说，又中了司马懿的计策，最后像鱼落进网一样全跑到司马懿的包围圈里了。公孙渊的这支主力就这样被消灭了。

司马懿消灭了卑衍的部队后，接着就把襄平包围起来。

整个情节正按着司马懿的计划进行着，在他对襄平围而不攻时，老天却突然下起雨来。而且这雨不是一般的雨，是几十年不遇的特大暴雨，连续下个没完，都淹到膝盖了，弄得部下叫苦连天，纷纷要求移营。可司马懿能移营吗？他下令，谁再敢说一句移营的话，就一个字：斩！

都督令张静不听，把自己的办公室转移到高的地方，可还没坐下来，司马懿就派刀斧手过来，把他拖下去，来了个斩立决。大家一看，都不敢再说什么了——毕竟，在水里泡着，总比被砍头的好，何况现在是夏天呢。这时，城里的公孙渊部队看到政府军这么狼狈都很高兴，弄得城外的魏军恨不得杀进城里去。但司马懿仍然只围不攻。

这时，连魏国朝中的大臣们也知道辽东下着大雨，天气对军队很不利，都请曹叡命令司马懿退兵，等天气晴朗后，宜于打仗时再打也不迟。曹叡对司马懿却很有信心，他相信司马懿能经受得住大雨的考验，对大臣们说："司马公临为制变，计日擒之矣！"

雨总是要停的。可在雨停的时候，襄平城中的米也没有了。军中一旦缺粮，那军心就全散了——官渡之战时，袁绍军的数量远远高于曹操，可粮草一被烧掉，全军马上就乱成一团，不用打就败下阵来。襄平被围了这么多天，那些士兵的心本来就已经不坚定了，这时一看到吃的没有了，哪还有心思守城？

司马懿知道时机已到，马上发起总攻命令。一时间，云梯、冲车、投石、弓箭……所有的攻城武器全面展开，连续几天不停歇地向城中猛攻。公孙渊哪能抵挡得了？他只好对部下说："经昨夜研究，决定向司马懿投降！"于是派他的相国王建和御史大夫柳甫出城，向司马懿请降。

司马懿却一点儿不客气，把这两个没领几天相国和御史大夫工资的人拉下去砍了，然后还向公孙渊发了一道檄文，意思是说，以前人家诸侯国被打败了，都是国王亲自裸体牵羊出来投降的。你只派两个老头出来见我，我已经把他们砍了，真的想投降，就派个年轻点的来。公孙渊一听，就派了个年轻的侍中魏演去，并说马上就叫那个更年轻的"太子"前来做人质。可司马懿却说，公孙渊不肯投降，那就只有等死了。公孙渊一听，知道投降争取生存权的可能性已经没有了，只得冒险突围，可才没跑多远，就被司马懿追上，全家被杀得一干二净。

司马懿进城之后，下令屠城，把公孙渊的公卿以及15岁以上的士兵全部集中起来杀掉，然后把尸体堆放起来，还起了个名"京观"。然后班师回朝。

不久，就到了景初三年（239年）。司马懿60岁，已经是个老人了。这时的曹叡才33岁。按常理来说，司马懿应该比曹叡先死才对。可曹家的人命就是不好，有点儿水平的皇帝就是不长寿，曹叡也跟他老爸一样，觉得有司马懿把握大局，就放心去吃喝嫖赌，弄得才三十几岁就已经病得差不多挂了。

成功夺权

曹叡也像很多皇帝一样，对接班人很有责任心，在差不多要死掉的时候，给接班人布置了一个辅政的班子。这个班子一要有水平，二要忠心耿耿，所以是很费心思的。要是选不对人，那就等于葬送了曹家王朝。曹叡这个人后来被谥为“明帝”，本来应该是很有知人之明的，他知道，他手下的这班人马中，最有水平的就是司马懿。可在他制订的托孤方案的名单中，却没有司马懿，这个名单是：大将军曹宇为首辅大臣，其余四位辅政大臣分别为领军将军夏侯献、武卫将军曹爽、屯骑校尉曹肇与骁骑将军秦朗。如果曹叡的第一个方案实施下来，中国的历史可能会是另一道轨迹了。

可就在曹叡准备公布这份名单时，中书监刘放与中书令孙资因为夏侯献和曹肇曾说过对他们不满的话，怕他们掌权后对其不利，因此就对昏昏沉沉的曹叡说，大将军夏侯献拥兵自重，曹肇经常调戏宫女，这样的人哪能治国？

曹叡这时问两个人：那谁可以？

这时只有曹爽在旁边，两人就说，曹爽可以。

曹爽一听，吓得全身是汗，不敢作声。两人接着又向曹叡推荐司马懿，曹叡也同意了他们的建议。历史就是在这个时候不知不觉地发生了转机。这一刻，曹爽身上的汗打湿了他的衣裤，而曹叡却忍受着病痛的折磨，刘放和孙资同时在心里大大地松了一口气。而司马懿正走在通往长安的大路上。于是你终于知道，这一刻，不是司马懿一个人在奋斗！

曹叡马上下诏书，请司马懿回京。

司马懿是在汲县接到诏书的。曹叡的这个诏书写得很简洁：“间侧息望到，到便直排阁入，视吾面。”

司马懿一看这个紧急的诏书，以为首都发生了政变，马上乘追锋车连夜入朝，四百里的路程只用了一夜的时间。他来到宫里时，才知道皇帝曹叡已经走到生命的尽头了。

在司马懿的一生中，曹氏的当家人一死，他总是有好处。同样，这时好运又向他靠了过来。

曹叡虽然多年来信任司马懿，哪里有困难，就把司马懿毫不怀疑地派到哪里，而且司马懿每完成一次任务，他都给司马懿一次嘉奖——就是被诸葛亮打败并折了魏国最能打仗的战将张郃，他都没有处分司马懿，最后居然以诸葛亮退走为由给司马懿记了一功。但他在冷静的时候，并不放心这个“鹰视狼顾”的家伙，所以，他在第一份托孤名单里，并没有司马懿的名字。历史已经证明，对曹氏而言，他的第一个方案是正确的。因为首辅大将军曹宇是曹操的儿子，而且很有水平，完全有能力带着魏国人民继续奋勇前进。可惜，到最后决定时，他居然听了那两个不顾全大局的小人的话。都说英雄创造了历史，可现在拨动历史转盘的却是两个小人。

曹叡看到司马懿气喘吁吁地跪在面前时，心里的感慨岂止万端。一个青年居然向一个老头儿交代后事，实在是一件悲哀的事，但却不得不这样了。他对司马懿说：“我之所以忍住没有死去，就是等你的到来啊。我现在把后事交给你了。”

这时的司马懿心情很激动，他听到曹叡这话时，眼里流出了混浊的老泪。当然，曹叡也流着泪。

两人泪眼相对好一阵后，曹叡用他只剩骨头的干枯的手握住司马懿的手——司马懿感到这只龙爪已冷得像冰块一样——然后把两个孩子叫了过来，指着那个叫曹芳的小孩对司马懿说：“你看清楚，就是这个孩子，你不要看错了。”为了加深司马懿对这个小孩的印象，也为了增加一下两人的感情，曹叡还叫曹芳过去抱住司马懿的老脖子，把司马懿抱得眼泪直流——历史上受托孤的人很多，可经历这个场面的有几人？连诸葛亮也没有享受过这个待遇啊。

知道这个曹芳吧？别看他被曹叡确定为接班人，可曹芳却不是他的儿子。曹叡天天酒色，可他都不长寿，他的儿子们更是。本来他有几个儿子，可儿子们却一点儿不给他争气，一个个地先后死去：他的长子曹冏，在他即位的那一年被立为清河王，可全国人民还不知道清河王是谁，他就先死了；第二个儿子叫曹穆，后来被立为繁阳王，可第二年就死了；曹叡后来又生了一个儿子，叫曹殷。曹殷名字取得很好听，可还不到 1 岁就跟老爸永别了。曹叡觉得也累了，觉得自己的命不宜生儿子了，就改变思路，打养子的主意。他的第一个养子叫曹询，哪知他的膝下好像容不下儿子似的，这个养子不久后也死了。他当然不能就此罢休，又要了一个养子，这个养子就是现在抱着司马懿的曹芳。这个小孩的命终于没有像他的哥哥们一样，而是坚挺到现在，让曹叡能带着一点儿安慰死去了。很多人都怀疑曹叡那么多儿子，却生一个死一个，是因为宫中有问题，是哪个皇妃之类的阴谋，但没有证据。

曹叡死的时候，是正月初一。那一天，魏国的政坛上正式形成了曹爽加司马懿的“爽懿体制”。只是曹爽在曹叡死掉之前就被封为大将军录尚书事，是第一把手，可当家的水平却差得很。叫他去管好国家的军政大权，水平明显不够用，而且开始时，他也觉得自己不是这块料。因此，在曹芳当上第一把手时，他就请这个小皇帝加司马懿督都中外军事及录尚书事，自己则做了仅次于他的官。

“爽懿体制”形成之初，曹爽很尊重司马懿，什么事都向他求教一下。如果他一直这么干下去，干到几年后老头一死，这个历史估计又是另一番模样了。像那句话一样：做一天好事容易，做一辈子好事就难。曹爽尊重了司马懿一段时间后，有人就开始叫他不要这么低声下气了，不就是一个外姓老头吗？值得这么老向他低头吗？什么事都去找他商量，不如让他做第一把手得了。

向曹爽建议不尊重司马懿的人就是那些被称为“浮华交会”的会员——原来曹爽也是这个协会的骨干分子。

说到这里，有必要介绍一下这个“浮华交会”。这个沙龙或者说协会，是在魏明帝太和年间那些刚参加工作的贵族子弟成立起来的，他们常在一起灌水——那时叫清谈，常常谈得天花乱坠，引起老一代人的反感，甚至曹叡也对他们很生气，但他们才不管这些，硬是我行我素。后来，这些老一辈人觉得忍无可忍，决心整顿一下这群“垮掉的一代”，于是在通过曹叡的批准后，把协会中的积极分子抓起来，重重地处罚了一下，史称“太和浮华案”。顺便说一下，这个沙龙虽然在当时没做出什么大事，但却揭开魏晋时代玄学思潮的序幕。这个协会主要成员的名单及简介如下：

曹爽，字伯昭，是曹真的儿子。曹真本姓秦，曹爽素得曹叡喜爱，在曹叡第一波辅政名单中就有他。但他为人轻浮，在曹叡问他："卿可度大事否？"他竟汗出如浆，无语以对。他的胞弟曹羲及曹训也是这协会的重要分子。

何晏，字平叔，其祖为汉末大将军何进。曹操看到他的老妈，就纳"于宫中自娱"。从此，何晏就过上了幸福生活，跟着老妈进宫。这家伙是个有名的小白脸，史书上说他"美姿仪而绝白"，可他还是觉得这个脸不够完美，硬是花钱买化妆品，每天在脸上擦了又擦，弄得像个美女一样，平时一迈步，还"行步顾影"，从影子中检查自己走路的姿势，看看是否符合"潇洒"的标准，曹丕就很讨厌他，给他起了个绰号"假子"，所以从不提拔他当什么官。后来，他娶公主为妻，因此在曹叡严打浮华交会时，他虽是浮华交会的骨干分子，但因皇族身份没有被处罚。他崇拜老庄，认为"无也者，开物成务，无往不存者也"，天下的一切都来源于一个"无"字，还写了几本这方面的专著：《道德论》《无名论》《无为论》，为清谈玄学之风打下了坚实的理论基础，开创了魏晋清谈的风气。后来的竹林七贤就把他当偶像，连动作都学他的样子，学得多了，又觉得是形似神不似，就干脆猛吃"七步散"之类的东西，走起路来东倒西歪，却认为是风度翩翩。

邓扬，字玄茂，是刘秀大将邓禹之后。曾利用在尚书台任职的机会出售官位换取别人老婆，故有"以官易妇邓玄茂"之恶名。参与浮华交会被曹叡下令免职，永不录用。

丁谧，字彦靖，善于使用阴谋诡计，但言行高傲，以致曾多次和何晏、邓扬等人死掐，造成集团内部分裂。

李胜，字公昭，也是浮华交会时期被惩处的成员之一。

夏侯玄，字太初，其妹为司马师之妻，清谈领袖，也是浮华交会时期被惩处的一员。

现在曹爽当权，这些人便都成了曹爽的幕僚。这种人别的本事没有，但却都自高自大，最会自我膨胀，时时刻刻都以为自己是天下第一，自己的智商指数天下最高。这时一得到重用，觉得施展才华的时机已经到来，而司马懿这个老头是他们施展才华的障碍。于是，丁谧就向曹爽建议剥夺司马懿的权力。其他几个人一听，当然都同意丁谧的这个建议，并一致认为：剥夺司马懿权力最可行的办法就是“明尊暗降”。

曹爽当了这么多天的首辅大臣，不管自己说什么话都算话，这个感觉跟他的名字一个样：爽。不过，如果说还有什么不爽，就是老得去尊重这个司马懿。这时一听丁谧的话，觉得很对，便跑过去找小皇帝说，可以加司马懿为大司马。这个官比所有的官都大，一人之下，万人之上。小皇帝一看到曹爽这么说，就把那两个刚学会的“准奏”响亮地说了出来。

第二天上朝的时候，小皇帝便宣布了这个人事变动。可刚一宣布，便又有人说，这个大司马有点儿不好，已经接连有曹真、曹休两个大司马在任上死掉，看来“大司马”这个位子是人坐人死的位子。司马懿是国家的栋梁之材，千万不要再当这个大司马。就这样，这个“大司马”又被免掉了。具体文件如下：

太尉体道正直，尽忠三世，南擒孟达，西破蜀虏，东灭公孙渊，功在海内。昔周成建保傅之官，近汉显忠宠邓禹，所以优隆隽乂，必有尊也。其以太尉为太傅，持节统兵都督诸军事如故。

司马懿一看，就知道是曹爽搞的鬼，可他能怎么样？这可是皇帝出面宣布的，他能有什么意见？大家都知道，司马懿的城府是三国时最深的一个，这时心里虽然气得想当场吐血，可突然之间，他又有什么办法？他只好让脸上的神态跟平常一样，听到小皇帝宣布之后，便“谢主隆恩”。

曹爽那一帮人看到司马懿原来也这么好摆平，心里当然高兴，当晚又聚到一起吃喝，一个个都以为我是名士我怕谁。

司马懿退朝之后，回到家里，把自己的官职再盘点一下，除了太傅之外，还有那个“都督中外军事”这个权力——这几个蠢材，居然没有把这个权力拿下。司马懿当然很重视这个权力，想办法好好地用一用。

又是那个孙权，给司马懿送来好运。

孙权虽被称为碧眼小儿，但却是三国第一代领导人中最能经得住时间考验的人，魏国都换了几代领导人了，他却还坐在吴国第一把手的位置上。

正始二年（公元 241 年），他看到魏国刚换届，皇帝只有 9 岁，正好欺负一下，便派四路大军攻打魏国。他只看到魏国的皇帝好欺负，却忘记了曾被他称为“用兵变化莫测，所向无敌”的司马懿现在身体还很健康。

吴兵一来，司马懿便请战。

那几个人一看到司马懿请战，觉得大妙：最好让吴兵把他打死，回来给他开个追悼会，说尽好话，省得老防他。这真是天赐良机，便通过曹爽让小皇帝“准奏”。

谁知，东吴那些家伙水平实在太差，听说司马懿出马，马上就大叫“风紧”，连夜“扯乎”。司马懿带兵追击到三州口，“斩千余人收其舟船而还”。司马懿六月出兵，七月就班师回朝。

曹爽他们看到这老头居然立了大功，虽然心里不爽，但还是请皇帝给他加郾城、临颍两县为封地。

司马懿知道，要想牢牢握住兵权，培养军中的势力，只有不断地开展军事行动，因此，在正始四年（243 年），他又主动奏请出击吴诸葛恪。

如果曹爽他们聪明一点儿的话，就应该制止他出征。可这几个人自己不主动想办法去搞定政敌，却把希望寄托在敌人的身上，老想借刀杀人。本来借刀杀人是不错，可你也要看看借的这把刀是什么刀，而要杀的人又是什么人。现在他们要借的刀是那个诸葛恪，而要杀的人却是司马懿。诸葛恪是一个凭着在“诸葛瑾”之后加“之驴”两个字被孙权看好，一路提拔上来的人，能打什么仗？而司马懿可是久经考验的阴谋家、军事家。几个人马上就同意了司马懿的请求。

司马懿十一月带着部队来到舒城，还没开打，诸葛恪就“烧营遁走”，跑得比谁都快。司马懿接着又巡视淮北的农田，还提拔了两个基层干部：邓艾和王基。这两个家伙后来都很出名。

到了这时，司马懿的名望一路狂涨。这时，曹家有一些人感到事情不太妙，便由曹爽的族叔曹冏出面向曹爽建议增加一下亲王的实权，以后出什么事故也好有个照应。可曹爽觉得大权独揽爽得很，为什么去增加别人的权力？

曹爽也觉得司马懿的名望越来越响，对他大大不利，现在应该想个办法来刷新一下自己的人气指数了。李胜就建议他也去打个胜仗回来。要不“大将军”三个字岂不是白挂了？司马懿打东吴，他们就打西蜀。

他们以为仗很好打。可才一出兵，就被蜀国大败，差点儿回不到老家了，人气指数非但没有攀升，反而狂跌了下来，让朝野大大地笑话了一场。

这几个人的心里就只剩下不满了。他们一不满，就想着法儿再次削弱司马懿的权力。

当然，他们不敢把矛头直接对准司马懿，而是把手伸向司马懿的儿子司马师。

司马懿一共生了九个儿子，他最看好的就是这个司马师。现在司马师掌管着中垒营的兵。可曹爽却来个机构改革，撤销中垒营，把中垒营的兵归给他的老弟中领军曹羲统管。司马懿争取了几下，但曹爽却不听。

司马懿一看，这家伙对敌国的办法等于零，却盘算起老子来，一点儿余地也没有。

就这样，两人的矛盾已到了不可调和的地步。

司马懿对敌我双方进行了一次综合评估，再次定下以退为进的决策。

这时，恰好他的原配夫人张春华死了。

顺便说一下张春华。

人们都说：“一个成功男人的背后都站着一个出色的女性。”这个张春华就是站在司马懿这个成功男人背后的出色女性。虽然书上都讲诸葛亮的妻子很有水平，但没有谁能拿得出有力的证据来，而这个张春华却是个比男人更男人的美女。当年司马懿装病骗曹操时，有一天，司马家把书拿到院子里晒，天下起雨来，在床上装病的司马懿忍不住起来跑去收书。他这个动作被一个婢女看到——这是一件很危险的事，要是装病的事泄露出去，司马懿那颗“鹰视狼顾”的脑袋可就得被曹操砍掉。张春华知道后，为做到彻底保密，把那个婢女叫过去，亲手杀掉了这个倒霉的小婢女，从此家里不再雇用下人，一切家务全由张春华一手操办。这个美女的心计以及手段的决绝，估计连大部分男同胞都比不上。司马懿在一段时期里很是感激她。直到后来，司马懿又讨了三个小老婆。不用说，这些小老婆长得肯定比张春华养眼，尤其是那个柏夫人长得最讨老家伙的欢心。老家伙一天只想看到柏夫人，一点儿不想见到张春华。有一次，张春华去看他，他那张长脸居然布满怒容，说：“老物可憎，何烦出也？”其实，张春华那年才37岁，比他年轻多了，但他却称之老物，气得张春华要绝食自杀。幸亏张春华的两个儿子司马师和司马昭还算不错，对老妈怀着深厚的感情，看到老妈绝食，便都坚定地站到老妈的立场上，一起组成一个三人绝食团，向老爸示威。司马懿一看，只得跑去向张春华道歉。不过，之后他还是对人家说：“老物不足虑，虑坏我好儿耳！”

虽然他早就对这个夫人没什么好感了，一提到这个夫人，都是用“老物”二字代替，但他是个天才的表演艺术家，这时“老物”一死，他马上就装着痛不欲生的样子放声大哭，最后还向朝廷说他因为太伤心，身体也垮了下来，然后称病不朝。

曹爽一看，果然高兴，就一心一意地去当他“一人之下，万人之上”的大将军。

其实，司马懿并没有病，而是躲在病床上谋划如何对付曹爽。因为这样一来，就形成了曹爽在明处，他在暗处的局面。曹爽已经把他当作一个等死的老头看待，而他却时时注视着曹爽，只要一有机会就突然袭击，一棍子把曹爽打死。

他只把他的计划跟司马师讲，叫司马师偷偷在民间养了几千个死党——说得好听点儿是养士，说得难听点儿就是组织一个以司马师为首的黑社会组织。

连司马昭都不知道司马懿的计划，曹爽那班人就更以为司马懿已经没什么威胁了，便放心地使用手中的权力，使得朝中很多人都很反感。人们还编了个顺口溜：“何、邓、丁，乱京城。”

很多大臣都看不顺眼了，但看不顺眼又能怎样？这些人这时便自然而然地想到司马懿，认为只有他出面才能收拾这几个人，于是都到司马懿家中，请他救一救大魏帝国。

司马懿就是司马懿，在别人不能忍的情况下，他还是能忍下来。因为，他现在手中什么也没有，要打倒曹爽是要有实力的，不是出面喊几声口号就能把他打倒的。司马懿没有硬碰硬的实力，便只有等下去，等到他觉得时机一到，才突然发难。于是，他继续把病装下去。

司马懿这次装病差不多装了两年，装得所有的人都以为他已病入膏肓了。曹爽觉得老在京城里玩已玩不出什么快感来了，决定在小皇帝去谒明帝的高平陵时，把活动做得声势浩大，发动所有亲信都过去。

在他们一起策划着如何把这个活动做大做强，做得舒舒服服的时候，大司农桓范觉得有点儿不对劲，并对曹爽说：“总万机，典禁军，不宜并出，若有闭门，谁复内入者？”

曹爽说：“谁敢尔邪？”这个口气果然很像大将军。

不过，曹爽说过之后，想了想，便又派那个李胜去探一探司马懿，看看他是不是病得不轻了，好做一点准备动作。

司马懿本来就是个表演的高手，而装病又是他的专业——年轻时期都能瞒得过曹操，现在年老力衰装起病来就更不用伪装了。而李胜又是个呆鸟，骗起他来还不是小菜一碟。

这一天，虽然是冬天，但天气不错。

李胜来到司马懿家，说是要去当荆州刺史，特来向他告辞。

司马懿是什么人？当然知道李胜此来的目的，因此就更“病”地躲在床上，会见李胜。

李胜是在一连串的咳嗽声中来到司马懿床前的。

司马懿还在咳着，示意两个婢女把他扶起来，然后手指着自己的嘴巴，用哑语表示自己饿了，要喝粥。一个婢女把粥拿过来，他居然喝得胸口全是粥汁。

他又咳了一阵，才有力气跟李胜对话。

李胜说：“众情谓明公旧风发动，何意尊体乃尔？”说了这话之后，才告诉司马懿自己要去当荆州刺史。

司马懿一听，说：“年老枕疾，死在旦夕。君当屈就并州，并州近胡，好为之备！恐不复相见，以子师、昭为托。”——居然连托孤也秀一下，让李胜感动了几秒钟。

李胜说：“当还忝本州，非并州。”（因为李胜是荆州人，因此才说是“本州”）

司马懿一听，又顺着错乱下去，说：“君方到并州？”

李胜一听，这老家伙咳得神志不清了，便加大音量，说：“当忝荆州。”

司马懿这才呵呵了几声，说：“年老意荒，不解君言。今还为本州，盛德壮烈，好建功勋。”

李胜一听，都病成这个样子了，还老气横秋地鼓励我？便跑回去找曹爽，报告他的所见所闻，最后还说：“司马公尸居余气，形神已离，不足虑矣。”

曹爽当然信以为真，不再把“尸居余气”的司马懿当一回事了。他已经彻底忘了司马懿是装病的专家了。

嘉平元年（249 年）正月，经过精心的筹备，曹爽带着一大队人马向高平陵进发。

随着曹爽宣布出城，历史上有名的“高平陵事件”也宣告揭开序幕。

71 岁的司马懿在曹爽带着大半部队离开京城后，马上从病床上站了起来，把两个儿子叫来，向他们宣布了自己准备明天政变的计划，并向两个儿子布置了任务：司马师把那三千个养士以及司马府的家兵召集起来，分成两部分，司马师带领一部分，负责抢占城南的武库，夺取武器；剩下的另一部分由司马昭带领占据永宁宫，负责保护皇太后，司马懿则负责召集还在京城的高官。

司马懿把这些高官叫来，然后向他们宣布曹爽要篡位，现已奉皇太后的命令，撤销曹爽一切职务的消息。

这些官员一听，谁都知道什么篡位、皇太后的命令全是司马懿造的谣，但谁都知道，司马懿和曹爽早就是敌我关系，而且曹爽肯定斗不过司马懿。因此都向司马懿表示坚决拥护朝廷的决策，紧密团结在以皇太后为首的朝廷周围，坚决与曹爽集团斗争到底。

司马懿马上命令高柔假节行大将军事，去攻占曹爽的大营，王观行中领军事占曹羲大营。洛阳城就这样全部被司马懿牢牢地控制了。

在这个过程中，还有一个小插曲，而且这个小插曲又差点儿成了历史的拐点。

事情是这样的，司马懿在控制洛阳全城之后，往洛水浮桥屯兵以防曹爽大军回击时，经过曹爽家的门口——这个历来谨慎的人，这时经过死对头之门时，居然没有什么防范，而曹爽家的一名叫严世的侍卫却正躲在高处，像一名狙击手一样，张着弓正瞄准司马懿的头，如果这箭一发，历史的走向就有偏差的可能，可另一名叫孙谦的侍卫却拦住了他，使得司马懿操着历史的方向盘继续向前，顺利屯兵洛水浮桥。

司马懿的工作效率很高。只到了中午时分，他就发出了有皇太后签名的文件，用快马送到高平陵。这份文件是这样写的：

先帝诏陛下（曹芳）、秦王（曹询）及臣升御床，握臣臂曰：深以后事为念。今大将军爽背弃顾命，败乱国典，内则潜拟，外专威权。破坏诸营，尽据禁兵，群官要职，皆置所亲。宿卫旧人，并见斥抽，根据盘互，纵肆日甚。又以黄门张当为督监，专供交关，看察至尊，伺候神器，离间二宫，伤害骨肉，天下汹汹，人怀危惧，陛下但为寄坐，岂得久安！此非先帝召陛下及臣升御床之本意也。臣虽朽迈，敢忘前言？昔赵高意极，秦是以亡，吕霍早断，汉祚永延。公卿群臣皆以爽有无君之心，兄弟不宜典兵宿卫，奏皇太后，皇太后敕如奏施行。臣辄敕主者罢爽、羲、训吏兵，各以侯就第。若稽留军驾，以军法从事。臣辄力疾将兵诣洛水浮桥，伺察非常。

这样一来，主动权就全握在了司马懿的手中，而且曹爽死也想不到司马懿的行动居然这么快，才半天，他这个大将军就无家可归了。这家伙没经过什么阵仗，这么一吓，就走到了崩溃边缘，马上变得很无奈。其实现在他身边还掌握着大批军队，而且皇帝还在他的手里，这是一张大大的王牌，完全有反击的能力。但他只是下令大军在高平陵附近驻扎。于是皇帝曹芳、大将军曹爽及数万官员士兵就在高平陵附近搭起帐篷来，曹爽也陷入进退两难的思考之中。

这时，桓范从城中逃了过来，劝曹爽马上到许昌去，挟天子以令诸侯，公开讨伐司马懿。桓范的这一建议是很高明的。可是曹爽实在太笨，听了桓范的建议之后，躲在帐中不吃不喝，把个脑筋转了二十多个小时，却转不出一个决策来。桓范又去做曹爽老弟曹羲的思想工作，可他听了桓范的话之后，也像他的哥哥一样，低头不作声。最后，桓范只有对着空气说:“曹子丹佳人，生汝兄弟，豚犊耳，今老夫坐汝灭族之祸也！”到了这时，他才看出曹爽兄弟的水平太差了。

那边的司马懿一听说桓范出逃，心里有点儿打鼓，觉得不好处理了，对蒋济说:“智囊往矣，如何是好？”本来，司马懿也知道桓范是个人才，曾经想拉拢他，让他当中领军，可桓范却不买账，硬是逃出城外，投奔了曹爽。

蒋济实在太了解曹爽了，对脸上一片郁闷的司马懿说:“桓则智矣，然驽马恋栈豆，曹爽小儿必念城中娇妻美妾，金银珠宝，智囊有谋必不为彼所用矣！”意思是说，桓范虽然聪明，可曹爽的眼中只有美女和钱财，哪有什么计谋？计谋很好，但老大不采用，再好的计谋也等于零。以前袁绍的谋士哪个不是高智商的？可袁绍的智商一低，那些高智商还不一起跟着矮下来？

司马懿一听就笑了，马上写了一封信派人送给曹爽，说这次行动只是为了拿到兵权。要是他愿意辞去大将军职务，那些爵位及金钱仍然是他的。接着派曹爽的殿中校尉尹大目去当说客，说太傅已与蒋太尉指洛水为誓，要曹爽不必担心。

经过了一夜的思考，曹爽最后把刀丢在地上，对所有的人说，我和司马公和平解决这件事，最后还可以当一个富翁。大家一听，曹爽就是这个志向，原来是跟错人了，当场都头也不回地离开了曹家兄弟。

接下来，曹爽很模范地配合着司马懿的工作，立即向曹芳请求免去他的所有职务，然后带着曹芳回洛阳。

司马懿带着所有的官员迎接皇帝，但却冷落了曹爽兄弟。兄弟俩很老实地回到家中。

司马懿在他们回家之后，马上派兵把他们的住宅包围起来，还在他们房子的四个角大兴土木，做了四个瞭望所，全面监视两人。

曹爽这时居然还相信司马懿的话，以为结案之后，他就可以好好过他的富翁生活了。他无事可做之时，带着弹弓到后园，练习射击。可他一走动，瞭望所上的人就叫“故大将军东南行”。气得曹爽丢掉弹弓，跑回内室，连骂也不知骂谁才好，只盼快快结案。

在曹爽度日如年的等待中，司马懿也在加紧工作。不过，司马懿的工作并不是为了让曹爽尽早过上富翁生活，而是任用曾被曹爽迫害过的卢毓当司隶校尉，主审这个大案，通过严刑逼供，终于得出了曹爽、毕轨、邓扬、何晏、丁谧、李胜等人约定三月举事共谋篡位的“证据”。谁都知道，“共谋篡位”这个罪名是司马懿虚拟出来再套在这一群人身上的，而且谁都知道，这个罪是可以诛灭三族的，但谁也没有表示不同意见。

于是就形成了这个判决书：

春秋之义，“君亲无将，将而必诛”。爽以支属，世蒙殊宠，亲受先帝握手遗诏，托以天下，而包藏祸心，蔑弃顾命，乃与晏、扬及当等图谋神器，范党同罪人，皆为大逆不道。

倒是蒋济最后向司马懿求情：“曹真之勋，不可以不祀。”

司马懿却说：“国法不可废也！”他可以放过诸葛亮、诸葛恪这些魏国的公敌，但绝对不会放过曹爽这样的私敌。他要是放过曹爽，就不是司马懿了，他的后代就有被搞下来的危险。

于是，以曹爽为首的一百多人都被押往洛阳北郊执行斩首。不过，曹爽手下那些二流人物，都被司马懿放掉，而且有的依然官复原职。

搞定了曹爽集团，在三国历史舞台上混了几十年的司马懿，终于在70岁的时候，成为魏国实际上的最高领导人。

魏国很多人也都预测，曹魏现在就一个孤儿寡母，除了有象征意味之外，不久的将来，必将让位给司马懿。与其司马懿成了老大之后再去巴结，不如趁早爬上司马家的火车。大家的心思一下便统一起来，上书请求恢复相国这个职位，让司马懿当上相国，并加九锡。这个待遇跟当年曹操的待遇一样了。

然而，头发已经全白的司马懿却很清醒，断然拒绝了这个待遇，他只是让他的大儿子“以功封长平乡侯，食邑千户，寻加卫将军”。他知道，他这次倒爽运动能够成功，完全是因为敌人太差的原因，而且局面初定，他就迫不及待地当上相国，加九锡，给人什么印象？这不是夺权是什么？给人以这个印象，以后他司马氏还能好好活下去吗？他是个务实的人，现在手中的权力已经是最大了，什么相国、九锡只不过是个虚名，一点儿用处也没有，反而让人有猜测的空间，实在是弊大于利。他已七十多岁，还有几天好活？他现在只为他的儿子着想，做一些对儿子有利的事才是正事。因此，他逐步把权力交到司马师的手上。

之后，他又平定了王陵的淮南之乱，使得声望一路飘红。曹芳已经没有嘉奖他的办法了，便又封他相国加九锡，但他仍然拒绝。

嘉平三年（251年）八月，魏国伟大的政治家、军事家、谋略家司马懿死了。他的一生，是与人钩心斗角的一生，他凭着坚韧不拔的毅力和超越常人的隐忍以及过人的智慧，与一切敌人作斗争，最后，不管是外部的敌人还是内部的死敌，都败在他的手下。他能取得最后的成就，除了他有过人的谋略之外，还得益于自己的长寿或者说是敌人的短命——如果曹丕父子的寿命稍长一点儿，司马懿就会白白老死。纵观他的一生，他虽然诡计多端，对权力的追求也很执着，但在高平陵事件之前，他还是规规矩矩地守着为臣之道，没有什么过分的举动。且相比较而言，他在魏国的权力远远比不上诸葛亮在蜀汉的权力。他在魏国虽然有职有权，但连权臣都算不上。直到后来他悍然发动了高平陵事件，这才在70岁的时候登上权力的巅峰，成为魏国要风得风要雨得雨的实际最高领导人。我们无法知道，当他站在权力的最顶峰时，他是否有过让后代篡夺皇位的想法？当然，不管他有没有这个想法，但事实上，他的所作所为，已经开启了司马氏那个问题丛生的时代，奠定了司马炎以晋代魏的基础。

在司马懿充满传奇的一生中，面对不同的敌人，他凭自己的智商，都能战而胜之。在这个争斗的过程中，他的各种谋略虽然层出不穷，时时闪耀着智慧的光芒，可他用的最绝的居然是“装病”这个手段。他前后一共装了两次病。第一次装病是为了躲曹操的“征辟”，在床上躺了七年多；第二次是为了对付曹爽，又在家里装病两年多。这两次装病的时间加起来将近有十年之久，堪称千古一绝。

现在再公布一下司马懿的家庭成员：

原配：张春华，生子司马师、司马昭、司马干；

妾：伏夫人，生子司马亮、司马伷、司马京、司马骏；

妾：张夫人，生司马彤；

妾：柏夫人，生司马伦。

这些儿子后来有几个成为八王之乱的骨干分子，给中国的史家留下了一笔可观的材料——此是后话，以后再表。

第二章
一对权臣兄弟的那些事

顺利接班

司马懿临死的时候，把他所有的政治资本和权力全都给了他的大儿子司马师。

司马师在老爸咽气的时候，被推上了历史舞台。

司马懿把自己的政治遗产交给司马师是经过长期考察的结果。

司马师是司马懿的长子，正好生在司马懿被迫去当曹操手下的那一年。

青年时期的司马师是个勤学好问的好青年，同时也是个热衷于谈玄学的人，曾经加入过“浮华交会”，是一名资深的灌水家，与何晏、夏侯玄的水平相当，是当时很有名的清谈人物，就连何晏对他都很佩服，常对人家说：“唯几也能成天下之务，司马子元是也。”子元是司马师的字。

司马懿那时已经是大魏皇帝的红人，按常理来说，司马师一成年就可以免试成为公务员，而且年年有提拔。可因为曹叡对他们这些人极为反感，最后还进行了一次严打，那些没有背景的人都受到了严厉的处分。他因为有个与皇帝是亲密战友的老爸，所以才没被抓。但曹叡却规定：这些人永不得录用。因此，司马师虽然早已成年，却还没有找到工作，只能在家里当啃老族。对此，智商高度发达的司马懿也没有办法。直到曹叡死去，“浮华交会”的首领曹爽当权，这些人才不再啃老，纷纷加入公务员行列。

司马师这才“拜散骑常侍，累迁中护军”。这时，司马师已经31岁。

中护军就是皇帝禁军之一中垒营的负责人，这是个肥缺。当然，按司马师的出身而言，也算不得什么。他刚成为青年军官不久，曹爽就觉得司马懿不爽了，但又不好意思拿老人家下手，就从司马师那里开刀，来个机构改革，解散中垒军，那些编制全归到自己的部队里去。尽管司马懿出面争取，但曹爽能答应吗？而且没多久，司马懿也被曹爽摆平。父子俩乖乖地回到家中当只能指挥几人仆人的贵族，而眼巴巴地看着曹爽一天比一天牛起来。

司马氏父子当然咽不下这口气，就商量着如何收拾曹爽。

司马懿其实比曹操更多疑，比诸葛亮更谨慎。他在决定搞定曹爽时，先是在心里打了很长时间的腹稿，然后只跟司马师商量，连司马昭都不让知道。可见，司马懿是多么看好这个长子的。

司马懿请病假的当天，就叫司马师去组织一个有三千人的黑社会组织。这三千人全都养在民间，平时都不声不响地做潜水员，直到倒爽运动发起的这天早上，司马师一声召唤，便立即集体冒泡，让所有的人都目瞪口呆。司马师居然把这事做得天下只有他们父子俩知道的地步——可见，这人不是只会清谈、不会做事的何晏之流，而是属于有理论又有实践的人才。从这方面来看，何晏对他的评价是到位和准确的。后来，司马氏父子就是靠这三千个黑社会组织成员搞定曹爽的。

司马懿在选择他的继承人时，做过长期的观察和考核，而且很严格。当然，他要考察的对象只是针对司马师和司马昭这对兄弟。就在他向这两个人宣布明天要向曹爽摊牌的前夜，他居然还在半夜去观察这两个儿子的动静——结果是司马师“寝如常”，像什么事也没发生一样。司马昭就不同了，在床上翻来覆去，就是睡不着觉。第二天早上，司马师就带着他的喽啰“会兵司马门，镇静内外，置阵甚整”，把司马懿弄得大叫：“此子竟可也！”这话用现在的话来讲，就是“这小子要得”！

其他人平时只看到司马师天天在家里搞清谈，现在见他突然之间就组织到这么一群私家武装力量，个个都惊得嘴巴大张，不知这小子的手里还有什么秘密武器。洛阳城内的那些大官一下子就都倒向司马氏父子的阵营，使曹爽一天时间就成为一小撮，司马师这一招的威慑作用是不能低估的。

把曹爽搞定之后，司马懿全面掌握大权，司马师同时也成为魏国的政坛新星。

朝廷评功论赏，司马懿当然是功劳最大，而司马师是他老爸的头号助手，功劳当然是第二了。于是“以功封长平乡侯，食邑千户，寻加卫将军”。当然，大家都知道，这个功劳绝对不是为曹家或全魏国人民立下的，而是为司马家立下的。授予的人是曹氏的第一把手，授给谁却全是司马懿说了算。

司马懿知道他年纪已大了，就大力提拔司马师，一上来就让这个大儿子成为领导人之一。卫将军的官是很大的。你知道那个姜维吧？在费祎被郭修杀死之前，姜维就是卫将军。

司马懿在快死的那两年里，用最后的力气，把司马氏集团打造得跟以前曹操打造曹家势力差不多。他在提拔司马师的同时，还任命老弟司马孚当太尉，全面掌管了枪杆子。

就像那句话说的“近朱者赤，近墨者黑”一样，长期跟那些清谈的人混在一起，司马师也很讲究脸面。在司马懿死掉的时候，他自己一言不发，只是唆使别人到处散布：“伊尹既卒，伊陟嗣事”之类的言论。你应该知道那个伊尹吧？就是中国史上第一个敢把皇帝拉下马的大臣，哪位权臣想把皇帝搞定，都得把他挂在嘴边——说白了，就是利用他的无形资产说自己做的是正确的，是向伊尹学习的。

当然，现在司马师不能向伊尹学习，他是要做小伊第二。

曹芳一天到晚听到这样的口号，虽然有点气愤，但气愤过后，也知道这种气愤是没有用的——现在整个朝中全是司马师的人，全国人民在听司马师的话，而不是在听曹芳的指示。于是，只好下文让司马师以抚军大将军辅政。

司马师正式走上魏国的政治舞台。

第二年，也就是魏嘉平四年（公元252年）春正月，迁大将军，加侍中，持节、都督中外诸军、录尚书事，这些职务串联在一起，使他在名分上也成为最有实权的人。

俗话说“一朝天子一朝臣”。司马师在确立这个历史已走进自己的时代后，也遵循这个定律，大量重用自己的人。他发布了个命令，要求百官“举贤才，明少长，恤穷独，理废滞”。这四项措施，其实最重要的就是“举贤才”。什么是贤才的标准？只要符合上级领导的口味就是贤才的标准。就这样，司马师通过他颁布的措施把自己的一批死党全都“不拘一格”地提了上来，并都安排好工作：诸葛诞、毌丘俭、王昶、陈泰、胡遵都督四方，王基、州泰、邓艾、石苞掌管州郡，卢毓、李丰掌管选举，傅嘏、虞松参计谋，钟会、夏侯玄、王肃、陈本、孟康、赵酆、张缉预朝议。做了这些大规模的人事安排之后，据说“四海倾注，朝野肃然”——这么多人都团结在司马师的周围，为他喊打喊杀，朝野谁敢不“肃然”？

曹芳这时已经当了十多年的皇帝，也是二十来岁的年轻人，觉得堂堂一个皇帝，天天坐在龙椅上，拿着天下最大的公章，却跟橡皮图章没什么差别，说什么“普天之下，莫非王土，率土之滨，莫非王臣”，统统是假话。心里有点儿不爽。但他又有什么办法？他只能老老实实地坐在龙椅上，戴着天下最高贵的帽子——皇冠，每天按时上班，听人家高呼“万岁”之后，就看着司马师的脸色办事。

这几年说来也巧，在司马师接过司马懿的班时，其他两国的辅政大臣也都换了届。先是吴国的孙权病得连他自己也觉得没救了，就把诸葛恪叫来，把后事托给他。第二年后也就是嘉平五年（公元253年），蜀国又发生了一件大事。

伐吴战败

这个大事就是蜀国的实际最高领导人费祎死去。本来，费祎的身体绝对没有问题，再折腾几年都不会死去。可因为他的大意而彻底改变了他的命运。当初姜维去攻打西平时，俘虏了魏国的中郎将郭修。这个郭修便假装投降。蜀国那时很缺人才，一看到郭修投降，马上就封他为左将军。

郭修就在暗地里做了个计划，要把自己变成人肉炸弹，搞定刘禅。可后来发现搞定刘禅的难度实在太大，估计这个计划到死也不会实现，就降低了一个档次，决定搞定蜀国的实际最高领导人费祎。费祎的性格历来很好，从不怀疑人。嘉平五年的春天，费祎与诸将相会于汉寿——当然郭修也在旁边。费祎喝得大醉，郭修一看，这是个机会啊，马上站起来，拔剑就把费祎当场杀了。费祎是蜀国难得的人才，是诸葛亮之后的第三代领导集体的核心，最后居然死于一个伪降者之手。于是，姜维就当上了大将军，爬上了蜀国权力的顶峰。三个新的牛人共同把三国带入另一个时代。

这三个牛人就是：魏国的司马师、蜀国的姜维、吴国的诸葛恪。

三国同时进行了国家实际最高领导人的换届，说来也是奇事一件。

以前诸葛亮活着时，是司马懿与诸葛亮做对手，这两个人一死，司马师和诸葛恪又成了对手。

司马师是司马懿的儿子，诸葛恪却是诸葛亮的侄子。

“新官上任三把火”似乎是官场的一个不灭真理。很多新领导人一上任，内部总还有很多持不同政见的人，都想着办法在跟你作对，因此你得做点事来让这些人看看。现在最大的亮点工程就是找敌人打仗。这仗一打起来，你就有理由提出，大敌当前，一致对外。谁不支持，谁就是汉奸，谁就是卖国贼，就可以全民共诛之。

到了十一月，司马师命令王昶、毌丘俭、诸葛诞和胡遵带七万大军分三路向吴国的南郡、武昌及东兴进攻。

诸葛恪接到情报，二话不说，马上组织四万人马，向东兴狂奔。

魏国攻击东兴的指挥官是诸葛诞和胡遵。这个诸葛诞还是诸葛恪的亲戚（据说那个诸葛丰是他们的共同祖宗）。如果选三国里最活跃的家族是哪个家族，我会投诸葛家族的票——三个互相打得路都找不见的国家，哪个国家都有诸葛家族的人，而且都是那个集团的牛人。曹操、司马懿虽然人手多、家底雄厚，牛人也不少，但都是在一方发挥作用，上下一心，当一个集团的牛人。而诸葛家族，人虽然不多，但却像天女散花一样，到处都有他们的身影——蜀国的诸葛亮、吴国的诸葛瑾父子都是吴国的牛人，另外，这个诸葛诞，虽比不上蜀吴那边的兄弟，但也是个牛人，而且后来还因为差点儿把司马氏搞定而成为历史名人。这时诸葛诞和胡遵两人正命令部队“作浮桥以度，陈于坻上，分兵攻两城”。可是这个城墙太高，虽然攻势猛烈，但却“不可卒拔”。而诸葛恪带的援军已经赶到。

这是诸葛恪掌握大权之后第一次登台表现。他这一次与他的同宗诸葛诞面对面决战，结果如何呢？

诸葛恪等部队一到，便马上命令冠军将军丁奉与吕据、留赞、唐咨为前部，沿山西上。诸葛恪这次用人绝对用得没有错。上西山的带头人是丁奉这个老将军。他现在是冠军将军，打起仗来，也确实起到先锋模范的作用。他对其他人说：“今诸军行缓，若贼据便地，则难以争锋，我请趋之。”命令其他部队离开航道，让路给他。然后，他带着自己的直属部队三千人强行军前进。那时北风正紧，他命令部队鼓起风帆，破浪前进，只用两天的时间就赶到东关，接着抢占徐塘。

这时，天下着大雪，这种天气除了好作诗之外，还好喝酒，别的似乎都不宜。

魏军的前线指挥员们都不是诗人，但却是酒鬼，因此就聚在胡遵那里一起喝酒，醉并快乐着。这几个家伙以为这种天气，他们不出战，敌人也不会出战——敌人也是人啊。

丁奉却知道，自己万万不能喝酒。他发现敌人前部的力量很薄弱，知道这个机会不可多得，便马上对部下进行战前动员。他的战前动员很简洁：“取封侯爵赏，正在今日！”但却很成功。大家都认同他这句话。于是他叫大家脱下铠甲，丢下长枪大戟，只头戴着铁盔，拿着短刀，沿着大堤冲上去。魏国的大兵看到这个情况都大笑起来，认为东吴兵疯了，天这么冷，居然不穿衣服乱跑，而且还晕头晕脑地跑到他们这边来了。这些蠢材以为人家是来给他们助酒兴呢，一点儿也不防备。

吴兵却一点儿不笑，冲上大堤后，便喊杀连天，一下就冲破了魏军的前营。这时吕据等部又正好赶到，吴兵声势马上浩大起来。魏军这才惊慌失措，知道裸体的敌人也是敌人，但为时已晚，根本无法组织有效的抵抗，只是抢着上浮桥。可这个浮桥只是临时搭起的，质量一点儿不过硬，这么多人突然挤上来，就干脆利落地垮了下来。桥上的魏国兵大多都落进水里。没有落进水里的都相互践踏，不死即伤，最后连前线指挥官（即前部督）韩综以及乐安太守桓嘉也跟着稀里糊涂地光荣牺牲了，让吴军大获全胜。

最让诸葛恪有成就感的是在这次战斗中灭了那个韩综。他原来是从东吴叛逃出去的，多次带魏兵过来侵害吴国，孙权恨他恨得牙齿差不多都要咬断了。诸葛恪割下韩综的首级，供到了孙权的牌位上。这一次战斗，以东吴“获车乘、牛马、骡驴各以千数，资器山积，振旅而归”而结束。

最后，王昶、毌丘俭闻东军败，也“各烧屯走”，逃得路也找不见。

很多大臣都认为，这三个家伙仗打得太窝囊了，不好好处分一下，不足以平民愤。可司马师却认为，这是自己的过错，跟他们无关，统统不处分。他确实是个玩政治的高手，敢于把责任全都包揽下来，而且包揽得很从容，一点儿不拖泥带水。最后，他只处分了一个人，这个人就是他的弟弟司马昭——因为司马昭是监军，如果监军做得好，监得严格，指战员们敢在前线大喝特喝吗？司马昭那时是安东将军、封新城乡侯，受到的处分是削掉他的侯爵，职务没有变动——这种处分其实对司马昭而言没有任何意义，但司马师却收到很大的社会效益。其他的，就是改诸葛诞为镇南将军，都督豫州；毌丘俭为镇东将军，都督扬州。

过了不久，雍州刺史陈泰请求联合并州一起讨伐北方的胡人，司马师同意。可大军还没有集结，雁门、新兴二郡的胡人一听说要到很远的地方打仗，都惊恐起来，纷纷造反，陈泰好不容易才收拾好这个局面。

如果陈泰是别人的手下，这一次肯定又要受到严厉的处分。可他的领导司马师却是个善于做批评和自我批评的好领导。那些大臣一看，有人犯了错，觉得只有把这些犯了错的人赶下台，位子才剩下来，他们才有更上一层的条件，因此都要求惩处一下这个陈泰，可司马师却对他们说："这是我的错，谁叫我同意他这个方案呢？陈泰没有什么错，要处分只能处分我，不能处分他。"

这样一来，所有的人都知道司马师是个好领导。

废曹芳

诸葛恪有着和他叔叔诸葛亮共同的爱好——一旦手里有了点儿本钱，就向魏国叫板。

在他取得上一次的胜利之后，觉得这仗没什么难打的。而且上次的胜利是被动的，是敌人送上门来的，算不了什么。只有自己主动打过去，取得的胜利才是伟大的胜利。虽然很多人反对，但他正处于良好感觉的巅峰，一听到反对的声音，便都一一反驳，同时决定跟魏国打更大的一场战争，以便取得更大的胜利。

诸葛恪除了好战的水平可以跟诸葛亮一比之外，其他就差多了。这次他带着二十万大军要跟魏国决一死战。这家伙跟孙权一样，只觉得曹芳很好欺负，却忽略了司马氏的存在，以为自己大军一出，魏国这块肥肉就吃定了。

然而，这家伙只想到胜利在望，却没有一个战略攻击目标，带着二十万大军浩浩荡荡地来到魏国境内，只带着部队深入再深入，不知打什么地方好。

这时，是嘉平五年五月。

后来，有个将领觉得这么走着累了，就向诸葛恪建议："今引军深入，疆场之民，必相率远遁，恐兵劳而功少，不如止围新城。新城困，救必至，至而图之，乃可大获。"老这么去找敌人打仗，不如让敌人送上门来。

诸葛恪觉得很妙，就同意了这个方案。因为大军已经走了很远，便折回重新去攻新城。

献计的人菜，诸葛恪也跟着菜，是菜上加菜。

在诸葛恪大举进军的时候，那边的姜维刚全面接收军权，也怀着激动的心情带着几万人马出石营，围攻狄道。

两边的战报传来，司马师一方面派他的老叔司马孚带二十万部队去对付诸葛恪，一方面跟虞松讨论如何应对两面受敌的办法。

这时，受两国夹击，东西受敌，司马师知道很多大将都差不多要崩溃了，他自己也有点儿紧张，忙问虞松："现在我们同时受到两个敌人的夹击，将领们都没有了信心，不敢出战，我们应该怎么办？"

虞松认为："现在最感到可怕的敌人是诸葛恪。他带了二十多万部队，认真打起来，那是可怕的。可这家伙却集中这么多部队去围攻一个新城，目的是想引诱我们跟他决战。将领们现在不敢出战是对的。等他打不下新城、弄得部队都累了的时候，我们再出击，一定能够取得胜利。至于姜维就更没有什么好怕了。这家伙看到东吴强力出击，以为我们肯定全力应对诸葛恪，他就出来敲诈一下我们。现在可以命令西边的诸将全力出击，姜维不跑才是怪事。"

司马师一听，叫道："好啊。你这话抓住了要害。"从这点看，司马师虽然脑袋比不上他那个已经死了的老爸，但却是个善于听取别人意见的人。

他马上"使郭淮、陈泰悉关中之众，解狄道之围"。姜维一看，原来魏国的大军并没有开到东边，而自己军营的食堂就要断炊，果然马上退兵。

司马师再命令毌丘俭等前线将领死守，一个也不准出击。

诸葛恪猛攻了几个月，也跟当初他的老叔猛攻陈仓一样，仍然攻不下新城，最后也闹了个"攻城力屈，死伤大半"。就是二十万大军伤亡了一大半啊。

到了这时，司马师才命令全军出击：文钦带精锐部队堵截吴军的后路，毌丘俭带其他部队为后继。诸葛恪虽然菜，也知道再打下去可就不好玩了，马上命令撤兵。文钦乘势大打出手，把诸葛恪狠狠地扁了一顿，战绩是“斩首万余级”，取得了对吴作战的辉煌胜利。而经过这一场战争，吴国的国力受到沉重的打击，已不像以前那样能对魏国产生大的威胁了。而诸葛恪回去之后，怕人家追究这次败仗的责任，不但不认真总结教训，好好反思一下自己的失误，而是到处打压异己，最后被孙峻联合一群反对党，一举将他搞定。孙峻就这样成为东吴的新科牛人。

司马师的声望又创下了历史的新高。

司马师的声望一高，曹芳就觉得自己又矮了一截。他觉得这个皇帝再这么当下去，也太不像样了。如果曹芳只是在内心有这个想法，也还不怎么样。可人到了这个地步，就是喜欢找个人来说说。

曹芳经常请中书令李丰、皇后的老爸光禄大夫张缉、黄门监苏铄、永宁署令乐敦、冗从仆射刘宝贤到宫中吐这个苦水。

司马师看到李丰他们有事没事老到宫中跟皇帝聊天，而且聊的内容从不外泄，他不用开动脑筋就知道，这两个家伙是在议论自己，但他不说出来。

曹芳这个小集团，越来越觉得司马师很讨厌，于是就把聊天的内容扩大到搞定司马师的问题上来。他们甚至决定了代替司马师的人选：夏侯玄。

司马师从直觉上觉得有点儿不妙了，就请李丰过来，问他这些天都跟皇帝谈了些什么？

李丰说没有聊什么。

司马师一听，突然间破口大骂，且越骂越气愤，最后发展到“勃然大怒”起来，对着李丰上演他凶残的那一面，抡起刀柄就往李丰的脑袋上猛敲，一直把他敲死。

司马师敲死李丰之后，命令侍卫把尸体拖出去，一直拖到廷尉的办公室。之后马上扩大打击面，把那几个同党夏侯玄和张缉等人全部逮捕，对他们“皆夷三族”。

司马师这两年间对魏国上下表演了两出好戏。一出是勇于做自我批评，硬是把打败仗的事全都包揽过来，表现出宽大的胸怀；现在又把他的另一出拿出来，对这些敢于跟他作对的人毫不留情，谁沾这个边就杀谁。让魏国的人知道他是这么一个人：只要忠于他，不管你打了多大的败仗，都不会受到什么处分；你要是敢动他一下，不管你的位子有多高，权力有多重，也把你斩尽杀绝，随便你是什么人——不信就看看那个张缉，他可是皇帝的老丈人啊。

司马师在杀完张缉后，又暗示曹芳一定要废掉这个张皇后。

曹芳只得废掉了张皇后，然后还下了个诏书："奸臣李丰等靖谮庸回，阴构凶慝。大将军纠虔天刑，致之诛辟。周勃之克吕氏，霍光之擒上官，曷以过之。其增邑九千户，并前四万。"把司马师大力地赞扬了一通，说他的功劳超过周勃和霍光，然后重重嘉奖。

可司马师却硬是不接受曹芳这个人情。

曹芳满脸通红地面对司马师的拒绝，知道这个家伙对他已经不耐烦了。

双方的矛盾越来越不可调和。

司马师终于下决心撤销曹芳的职务。

而曹芳也盘算着把司马师搞定。

两人各自做自己的准备工作。

本来，曹芳曾有个大好机会，可以跟司马氏兄弟拼一场，而且赢面很大。

这个机会是在嘉平六年（254 年）九月。

那时司马师的老弟安东将军司马昭带着大军经过洛阳，并觐见大魏皇帝。曹芳亲自到洛阳城西的平乐观检阅部队。曹芳的几个亲信建议他趁司马昭觐见的时候，把他杀了，然后再用这支部队去攻打司马师。这几个亲信的前期准备工作做得很充分，连诛杀司马昭讨伐司马师的诏书都已经写好，放在曹芳的前面。这是上天给曹芳的一个绝妙机会，而且他的身边也有能够策划大事的高手。如果是曹操，估计这时早就把司马昭拿下了，然后登高一呼，用自己的身份号召全国人民起来，齐心协力打倒司马氏反动集团——可是，曹芳不是曹操，虽然把司马氏兄弟恨得不行，而且也知道，这两个家伙迟早要把自己搞下去，可当面临历史性的机会时，却一点儿胆量也没有表现出来，盯着桌上的诏书，两眼越来越发直。那几个亲信看到皇帝居然菜到这个地步，还能有什么办法？

司马氏兄弟是什么人？在曹芳放弃这次行动的时候，他们也得到了这个消息。

司马氏兄弟可不是曹芳，处理起这种事来毫不犹豫。司马昭马上带着大军开进首都，牢牢地把握住全部主动权。曹芳这时才知道，上天给你机会你不抓住，敌人就会抓得紧紧的。

司马师马上决定进行第二次军事政变。历史上发动政变的人很多，但参加发动两次政变的人却没有几个。司马师做政变是有经验的。

他老爸上次的政变，只是杀了曹爽，却没有动皇帝一根毫毛，而司马师这次是把皇帝拉下马。不过，把皇帝拉下马，也得走个合法的程序。这个程序就是借用皇帝的老妈郭太后。郭太后也是个倒霉的女人，本来嫁给皇帝当皇后是一件好事，可这个皇帝老公却是个短命鬼，35 岁就死了——就让她当了太后，使得她当太后的时间要比她当皇后的时间还长得多。本来这个太后就相当于一个高级寡妇，什么权也没有。可当司马师需要她的时候，她的权力似乎是天下最大的。

九月十九日，司马师用郭太后的名义把百官集中起来开了个会，并传达郭太后的指示精神。

大家一听，当然都跟司马师保持高度一致，集体给曹芳投了不称职的票。于是达成决议：把曹芳降职任用，回到他 8 岁时的那块封地，当他的齐王。

司马师做事是很有讲究的，这个决议他不去传达，也不派其他人去向曹芳传达，而是派郭太后的叔叔郭芝拿着这个决议进宫去找曹芳和郭太后。

这时郭太后正和曹芳聊天，并不知道已达成了这个决议。

郭芝对曹芳说：“大将军已决定撤销你的职务，立彭城王曹据当皇帝。”

曹芳一听，脸色大变，马上站起来离开现场。他知道，到了这个时候，再说什么也没有用了。

郭太后很不高兴。

郭芝马上开导他这个侄女：“太后有子不能教，今大将军意已成，又勒兵于外以备非常，但当顺旨，将复何言！”

太后说：“我要见大将军，有话跟他说。”

郭芝这时怕司马师怕得要命，听太后说要见司马师，便说：“你怎么可以随便去见大将军？赶快拿出皇帝的印才对。”

郭太后到了这时才知道，原来她远远比不上司马师——就是皇帝都比不上啊，就听了叔叔的话，派身边的工作人员取出玺绶，放在她的旁边。

郭芝一见，马上跑过去报告司马师。司马师大喜，郭芝这时也松了一口气。

司马师在这个事上，工作效率很高，马上就派人把齐王的证件统统做好，送给曹芳，让他去西宫跟他的老妈郭太后辞别。母子两个到了这个时候，除了大把的眼泪之外，没有别的办法。曹芳哭够之后，就登上亲王专用车离去。他虽然是个呆鸟，做皇帝做得很失败，但估计做人还不错，因此到了这个时候，还是有几十个高级领导干部来给他送行的，其中居然有那个司马孚。司马孚是司马懿的老弟，是司马氏家族中的老一辈。这家伙不但对司马氏有着血浓于水的兄弟感情，对曹氏居然也有着深厚的友谊。当司马氏家族发动对曹家政变的时候，他坚定地站在本家族的立场上，为政变的成功立下汗马功劳；而当他看到老领导被逼下台时——而且是被他们家族弄下台的，居然也为曹芳流了很多饱含深情的眼泪。其他官员看到有司马孚带头哭，知道这时哭几声肯定没有事，因此也跟着泪奔起来。

司马师当然不再浪费心思去管这些人的心情。他现在得赶快确立一个新领导人，他本来是想立那个曹据的，可郭太后却不同意。这个寡妇平时都不敢说话——当然她就是说出来，人家也不把她的话当一回事。可到了这个时候，她却不同意司马师的意见。她现在当然不是为了曹家的权力而争，而是为她自己的权益跟司马师对抗的。估计本来司马师还没有篡位之心，立曹据就是为了立一个成熟的最高领导，这对曹氏可能要好一点。偏偏这个郭太后一听到立曹据，马上就想到，以后自己往哪摆？因为，曹据是曹操的儿子，是她老公曹叡的叔叔啊。叔叔当了皇帝，她这个侄媳妇哪还能当皇太后？

司马师一看郭太后不干了，心里虽然很生气，但也没有办法——谁叫你老是利用她当招牌。司马师不得不跟这个太后商量。最后，太后决定让那个高贵乡公曹髦当皇帝，司马师表示同意。

十月，那个14岁的曹髦被迎接到首都，再经过一系列的程序，终于当了大魏国的国家元首。

接下来的故事，跟很多政变之后的故事差不多。先是来个大赦，然后改年号为正元元年，最后论功行赏，对悍然发动政变的司马师大力表彰一番，并下了一个诏书：

朕闻创业之君，必须股肱之臣；守文之主，亦赖匡佐之辅。是故文武以吕召彰受命之功，宣王倚山甫享中兴之业。大将军世载明德，应期作辅。遭天降险，帝室多难，齐王莅政，不迪率典。公履义执忠，以宁区夏，式是百辟，总齐庶事。内摧寇虐，外静奸宄，日昃忧勤，劬劳夙夜。德声光于上下，勋烈施于四方。深惟大议，首建明策，权定社稷，援立朕躬，宗庙获安，亿兆庆赖。伊挚之保乂殷邦，公旦之绥宁周室，蔑以尚焉。朕甚嘉之。夫德茂者位尊，庸大者禄厚，古今之通义也。其登位相国，增邑九千，并前四万户；进号大都督、假黄钺，入朝不趋，奏事不名，剑履上殿；赐钱五百万，帛五千匹，以彰元勋。

司马师也学了一下他的老爸，来个“固辞”相国。这家伙还是很聪明的，反正现在自己在魏国这块土地上是说话最算话的人，什么官都已经不重要了，如果贪这个“相国”，人家会说自己发动政变是为了自己的权力——虽然这话说得一点不错，但脸面上过不去，而且容易引起民愤，现在拒绝这个虚名，反而还博得一个好名声。

也许司马师以为这样就可以堵住很多人的嘴，让那些反对他的人感动。但反对他的仍然反对他。

功成身死

正元二年（公元255年），文钦和毌丘俭就起来反对司马师。这两个家伙现在一个是扬州刺史，一个是镇东将军，手里都掌握着一支部队。本来，文钦是个猛男，又是曹爽的老乡，因此曹爽跟他很好。可这家伙以前经常借着跟曹爽的关系，毫无理由地欺负别人，打仗时，又总是爱玩假数据报功。司马师一看到他就觉得不爽，常常批评他。受批评多了，文钦就在心里恨起司马师。毌丘俭反对司马师的理由是因为这家伙跟李丰、夏侯玄是铁哥们。现在这两个哥们统统成为司马师的刀下之鬼，毌丘俭就联想到“唇亡齿寒”的故事来，也害怕起来，于是就联络文钦，要跟司马师你死我活一场。两人很快达成共识，于是也向司马师学习，用太后的名义宣布起兵讨伐司马师，要求司马师马上下台。

毌丘俭在煽动完文钦之后，又派人去做诸葛诞的思想工作，请他一起加入倒师队伍。可诸葛诞不但不响应他的号召，反而把来使的脑袋一刀砍了下来。

司马师觉得这些年来真是烦恼不断，曹芳那小子跟他过不去还有些道理，现在连毌丘俭、文钦这样的人都敢跟他唱反调。而且这两个人手里的部队有六万之众，战斗力也不比蜀兵弱多少，气得他差点儿吐出血来，忙叫河南尹王肃过来问他怎么办。

王肃给他分析了一下形势，说以前关羽带着部队攻打襄樊，势头很猛很可怕。可后来孙权一抄他的老窝，俘虏了他们的家属，关羽的部队马上就瓦解了。现在毌丘俭和文钦部队的家属们全在我们的手里。我们只要挡住他们的进攻，不久他们就会跟以前关羽的部队一样成为一盘散沙。司马师一听，觉得大有道理。

这时，司马师因为眼中生了一个瘤，刚动过手术，正处于痛苦不堪的时期，很多人都认为，如果他亲自出征，会很危险的——对付那几个人，让司马孚老人家去就得了。司马师也觉得现在不好出征。

可王肃、傅嘏、钟会却认为这个建议大错特错，理由是："淮、楚兵劲，而俭等负力远斗，其锋未易当也。若诸将战有利钝，大势一失，则公事败矣。"最后这句"大势一失，则公事败矣"，对司马师太有说服力了。

他一听到这句话，也不管伤口的疼痛，马上跳了起来，说："我请舆疾而东。"这话就是说，我躺在车上也要去。

司马师出征的时候是正月初五，节日的气氛还浓重得很。

司马师的水平显然比他的老爸差很多，但现在司马氏的权力已经得到巩固。司马师、司马昭还有他们那个叔叔司马孚，不光是司马家族的三大巨头，也是魏国政坛的三驾马车，整个魏国的大权都是由他们三个分享的。司马师现在不光自己独揽大权，把权臣做绝，而且还培养他的弟弟司马昭，不断地把权力分到这个弟弟的手上，以防一旦有事，兄弟间有个照应。这时，他决定出征，便让司马昭当中领军镇守洛阳。这样，就防止了后院起火的可能性——要知道，现在司马氏权势滔天，而且都是采取非正常手段获得的——以前司马懿那个老头当权，还可以说是凭自己的功劳一步步爬上来的，现在司马师兄弟凭的全是政变，所以很多人表面上不说什么，背地里一定在咬牙切齿，恨不得把司马氏家族一起杀掉。毌丘俭、文钦是公开叫板的敌人，而潜水的敌人不知还有多少。公开的敌人好对付，暗藏的敌人才是最可怕的。但有老弟带着部队在后方，这一切也就不用担心了。

司马师不是个打仗的行家，但却是个很会用人的领导。他命令东、西、南三方的部队在陈国、许昌集结，做出一举歼灭反动武装的大模样。在这个时候，他又提拔了一个军事人才王基。本来王基只是荆州刺史，这时司马师先让他代理行监军，统率集结在许昌的各路部队，接着任命他为先锋。

王基当了先锋之后，带着部队前进。可不久，司马师不知哪根筋作怪，又命令王基停止前进。王基确实是个人才，接到领导的命令之后并不执行，而是表示反对，说："淮南之逆，非吏民思乱也，俭等诳诱迫胁，畏目下之戮，是以尚屯聚耳。若大兵一临，必土崩瓦解，俭、钦之首不终朝而致于军门矣。”

司马师有个特长，就是对自己的对手，那口气向来是不容置辩的，但对于自己部下提出的意见倒是很宽容。他听到王基的话后，马上就表示同意。司马师的这个特长，正是他在从他老爸手中接过权力之后，能再接再厉，把司马氏的事业继续下去，并做强做大的原因。可以说，司马懿开创了司马氏事业的基础，司马师巩固了这个基础。

司马师清楚地知道，自己不是真正的军事家，王基是军事家，在打仗这个问题上，他必须听王基的。

王基率的先头部队直抵隐水。

到了闰正月初一，司马师率的主力也前呼后拥地开到水隐桥。

大军对垒，已到决战前夜。

这时，毌丘俭、文钦虽然依旧信心爆棚，但他们手下的那两个大将史招、李续却不像他们那样立场坚定。这两个家伙面对政府大军压境，觉得前景暗淡得很，不如投降算了。

这时，王基建议司马师迅速采取军事行动，向敌人发起攻击，再等下去，不但黄花菜凉了，而且现在咱外有两个敌对势力，内有这两个人叛乱，如果不在短时间内解决这个内部问题，只是天天跟他们在这里唱对台戏，以后就不好办了。

可司马师却不同意。估计他一来眼睛很痛很难受，二来看到只几天工夫，毌丘俭的两个死党就向他举起了白旗，心里就高兴起来：这个投降一开端，恐怕再过几天还会有更多的人来投降，一次几个，几次不就只剩下那两个挑头人了？哈哈，这叫不战而屈人之兵。

王基却知道，再等下去就危险了，而且更知道南顿是兵家必争之地，谁拿到那个地方谁就拿到了主动权，也不管老大的意见了，带自己的人马抢占了南顿。

毌丘俭也知道南顿的重要性，带着部队从项县出发，要争夺南顿，可才行军十多里就知道王基已经在那里安营扎寨了，只得又回去，不敢有什么动作。

由于王基的行动，使得司马师稳稳掌握了战场的主动权。

直到这时，东吴的孙峻才发觉自己该出兵呼应一下毌丘俭和文钦两个人。不管是毌丘俭、文钦，还是东吴那班领导人，在这方面的表现都很差。毌丘俭他们以为靠自己的六万人马就可以把司马师搞定，连小孩子都知道这种乐观是找死的乐观——他们以为他们的对手只是司马师，可他们居然没有想到，司马师现在拥有的是全魏国的力量，吴蜀两国的牛人们跟魏国打了几十年的仗，都不能把魏国怎么样，他凭手中这几万人就能把魏国打败？而吴国那一帮人的智商也高不了多少。这些家伙天天嚷着打过长江去，统一全中国，可现在有这么一个机会，居然没有组织力量上去搅一下，即使不能把魏国灭了，伤一下这个敌国也是完全可以做到的。

东吴那班人等了好久，看到对岸正反双方只是对峙着，没有开火，觉得有点儿不热闹了，觉得也该给他们加点油了。要不，这观众白当了。

于是吴丞相孙峻率骠骑将军吕据、左将军会稽留赞袭寿春。可这时才想到搞点军事行动已经晚了。而且一看他们要袭击的目标就知道这几个人的目光太短浅了——他们如果真正有远大理想，想成就大事业，那就应该把司马师作为主要敌人，作为他们攻击的唯一目标，而现在他们却把目光盯在寿春这个地方，想等人家打得差不多了，他们冲上去捡个便宜。寿春是什么地方？寿春是毌丘俭、文钦的革命根据地啊。东吴这帮人，显然已经没有他们老一辈革命家的雄心壮志了——连诸葛恪那样的雄心也达不到，他们只想在魏国这次规模巨大的内乱中得到一块黄金地皮，然后全国上下一片欢腾。如果他们丢掉这种想法，而是以接应魏国叛军的姿态，倾全国之力攻击司马师的主力部队，恐怕历史都有可能改写。可是，东吴这帮人，内斗的水平很高，却没有改写历史的胆略，更没有改写历史的水平。于是，历史的车轮继续向前狂奔。

司马师看到东吴部队居然在这个历史的紧要关头帮他们的忙，更加坚定了胜利的信心，他命令全军只做好工事，在所有部队完成集结之前，都不跟他们接触。

大军很快聚集上来了。于是，司马师命令诸葛诞带豫州各部从安凤出发，进攻寿春；征东将军胡遵带青、徐两州各军从谯、宋两地出击，任务是切断叛军的归路；司马师的主力部队逼驻汝阳。毌丘俭、文钦面临数面包围，想大战一次，对方却不应战，想退出来，又怕丢了寿春。两个家伙面对这个局势，越来越觉得脑子不够用了。

两个老大都是这个模样，其他人就更加没有信心了，但还没有到最后的绝望。

毌丘俭刚起兵的时候写了一份倡议书，分发给兖州刺史邓艾，要邓艾加入他的“倒司马集团”。可邓艾是司马懿一手提拔起来的，哪能跟他干这事？因此在阅读完他的倡议书之后，把送信的一刀砍了。邓艾斩了送信的之后，知道光斩来使算不得什么，应该在这个时候立个功才对得起司马懿的提拔，因此还主动带着一万多部队狂奔而来，抢先来到乐嘉城，搭建了一座浮桥，等司马师的部队来时有桥可渡。

毌丘俭气得要吐血，马上要文钦带兵去搞定他。

这时，司马师正好带着主力部队偷偷来到乐嘉。

文钦来到乐嘉时，看这么多大军在这里，一时待在那个地方，不知道该怎么办了。

他的儿子文鸳倒不错。这小子才 18 岁，对他的老爸说：“怕什么，现在他们还没有稳定下来，我们就冲过去打一场，肯定能把他们打败。”

文钦这时也没有其他办法，只有听儿子的话，把部队分成两队，组织夜袭队，在半夜鸡叫的时候，袭击司马师的主力部队。司马师的部队正睡得一塌糊涂，哪知敌人的夜袭队已经冲了进来。文鸳带着一批猛男最先冲进敌营，打得杀声震天。

司马师本来是带伤出征的，这些天跑来跑去，眼睛伤口越来越严重了，这时突然听到军营里杀声如雷，第一感觉就是敌人杀进来了。这家伙不但阴险，心理素质也很好，可到底从没碰到过这样的突发事件，一时竟吓得眼睛大痛，用手一按，那只伤眼竟从伤口那里脱离出来，他很想大叫，可突然觉得叫不得，便紧紧地咬住被子。他身边的人居然不知道他的眼睛现在已经握他的手中。

司马师硬撑着不发一言，好像睡得很死。这家伙随机应变的本事不大，但硬撑的功夫却很了得——如果是其他将军，此时会做出一些措施，组织力量对夜袭队进行反击。可他却什么也不做，面对敌人在军营中往来冲杀，只是全力以赴地应付着他的疼痛，其他的什么也不做。

文鸳这么一冲杀，已经为反动武装杀出了一个机会，或者说杀出了一条血路。如果他的老爸能抓住这个来之不易的机会，他们就有大功告成的可能。然而，历史再次证明，文钦只有造反的胆量，却没有造反的智慧，更没有破釜沉舟的胆略。本来是讲好两支部队一前一后，夹击司马师的，可他的儿子在司马师主力部队的大营里砍杀了一夜，他却不知跑到什么地方去了，一直到天亮，文鸳还不见老爸过来接应，又看到政府军的部队实在太多，知道他再怎么厉害也是杀不完的，只得带着手下杀出去。

这时，司马师很清醒，看到文鸳退去，便命令诸将赶快追击。诸将却不敢，这些人被文鸳大闹了整整一夜，头脑全蒙了，认为现在敌人势头正猛，哪能追击？

司马师倒很有耐心，给这些人背了一段曹刿的理论，这才说服了这些人。

文钦知道机会已经没有了，再硬着头皮打下去，头皮再硬也受不了，因此马上向东面退走。司马师的部队追了过来，居然被文鸳一个人几次反冲锋，而不敢逼近。

司马师看到文鸳虽然强悍，但自己取胜已经形成大气候，他再怎么折腾，也只是展现一下个人英雄主义，展现之后，就会跟着他的老爸一起去承受失败的苦果。

司马师在忍着疼痛展望胜利的未来时，一个意外的事件又差点儿将他的事业葬送。

跟其他很多意外事件一样，制造意外的人不是什么大人物，而是一些在历史上毫无分量的小人物。现在这个差点儿把意外成功制造的人叫尹大目，现任职务是殿中人。

他原先是曹家的奴仆，一直当皇帝的跟班，不知道什么原因，司马师这次出征居然叫他一起来。这家伙别的能耐没有，但对曹家却很忠心，也算是个厚道的人。这家伙名叫大目，眼光确实厉害，硬是看得出司马师的眼睛已经落了出来，身体状况已到关键时刻，如果文钦能抓住这个时机，把司马师杀死在这个地方，取得最后胜利是完全有可能的。这家伙的脑袋不错，马上就想出了一个办法，对司马师说："老大啊，文钦本来是你的手下，现在受毌丘俭的利诱才跟你作对的。他又是皇帝的老乡，跟我也是哥们。是不是给我一个立功的机会，让我去说服他投降，再次成为老大的手下？"

司马师这时的眼睛大概疼得太厉害了，实在不想在前线多待一天，便同意了尹大目的建议。

尹大目骑上快马，很快追上文钦。这家伙虽然有这个计策，但又不敢实话实说，硬是含蓄地对文钦说："你为什么就不能忍几天？"

本来文钦水平就很差，你就是说出实情，他也未必相信，再加上正在狂奔逃命，哪还有心思去分析研究他的这个话？听他说完，就大骂他一通。骂完之后，还拿弓箭来要射死他。

大目这才知道，自己能看出司马师活不了几天，却看不出文钦的水平差，知道再啰唆也没有什么用了，便哭着说："大势已去，你多保重。"然后跑回去交差：这功他永远立不了。

毌丘俭看到文钦全面崩盘，知道自己也支撑不了局面，怕多待在项县一刻就多一分危险，马上就做出逃跑的决定，而且在决定一形成就立刻执行——如果前些天跟王基争夺南顿时有这个效率，可能还不至于走到今天这个地步。

这家伙原本是造反的发起人，本来人家就在看他的表现。现在看到他都做出逃跑的动作，其他人还不跟着崩溃才怪。毌丘俭才跑了不多久，转身一看，一个跟班也没有了。然而，他最后的结局还没有到。这家伙不光造反的计划做得不好，连逃跑线路的选择也严重错误——居然向北逃窜！他本来是在魏国的南面叛乱，现在要横跨全国去逃命，这不是等于在司马氏的掌中做马拉松？果然不几天，他万分狼狈不堪地来到慎县时，觉得身体已经累得要命，就钻进河边的水草里休息一下。谁知，水草根本不是藏身的好地方。他才一进去，就被一个叫张属的民兵发现。这个张属比他果断多了，一看到这家伙，就认定是送功劳上门的，也不验明正身，抓到就砍，然后把毌丘俭的脑袋送到京城，结果封了个侯。

再说文钦回到项县一看，原来老根据地已经成了一座空城，毌丘俭这个小样不好好看家跑到哪去了？

当然他也没有时间去追究毌丘俭了，便又打算到寿春去——谁知，诸葛诞却已占领了寿春，再过去那是送死。文钦再怎么笨也不会做送死的事。他只得向南逃跑——这家伙别的做得不怎么样，这次逃跑却逃得很正确，比毌丘俭成功得多。他跑了没多久，就碰上了孙峻那帮人，立马就投降了。

司马师这次带着病痛出征，干得确实漂亮，忍着病痛就把手中握有六万大军的毌丘俭和文钦打得一死一逃，几乎没花什么力气，就取得了完胜，再一次大大地树起了司马氏的权威。在他当上实际最高领导人，并把曹芳拉下马时，肯定有很多人不服，而且内心对他也不怎么看好——他能爬到这个位子，连皇帝的任命权都掌握在手中，完全是他老爸为他做的铺垫，恐怕实际水平也没什么，否则毌丘俭和文钦哪敢向他叫板？现在看到他带着病就把两个家伙收拾得一点渣都不剩，这才知道，这个司马师还真的有几下子，最好不要惹他。

可司马师却叫苦连天。他叫苦不为别的，而是因为他的病。虽然他取得了辉煌的成绩，可他的病却越来越严重。在他回到许昌的时候，他觉得他虽然可以斗得过天下所有的人，但却斗不过这个病了。

他觉得他要死了。

于是，他赶快叫人把他的老弟司马昭叫了过来。司马师在这个时候也学他的老爸，要把这个大权留给自己的人。本来他可以留给他的儿子，但这家伙到了这时居然还没有子女——这个任务只得让他的老弟代劳，最后从老弟那里过继了一个儿子过来叫他一声爸。所以，他只能在临死的时候把这个大权交给司马昭。

在司马昭接过大权后不几天，司马师就死了。

步步为营

司马昭从老哥的身后冒了出来，成为司马氏的第三位权臣。从此，魏国又走进了司马昭的时代。

那天是正元二年（255年）闰正月二十八日。天气跟往常一样冷，史书上没有记载发生流星坠落、地震等事件。

司马师从司马懿手中接过权力时，要比司马昭接班时稳多了。那时司马懿已七十多岁，知道自己再怎么牛，也已经来日无多，没几天好活，因此天天都在为儿子们的出路着想，为他死后儿子们接管权力做了大量的工作，因此他一死，司马师很顺利地继承了老爸的遗产。

现在的形势可不是当年的形势了。虽然司马师为魏国当家做主已经有八个年头，但这八个年头是极不平凡的八年。从魏国皇帝到大臣已经发生了几次“倒师”运动，最后这些运动虽然都被司马师一一粉碎，好不容易才保住了这个权力，现在正是进一步巩固权力的时候，可司马师却在这个关键时刻死去，然后匆匆忙忙地把大权交给司马昭。不但是司马昭，就连司马师也毫无思想准备。

他们没有思想准备，但曹髦却很有思想准备。

在司马师去世的那天，曹髦以为搞定司马氏的最佳时刻到来了——这也确实是他搞定司马氏的最佳时刻。因为历史已经证明，后面魏国皇帝真的没有一点儿机会了。

曹髦是个皇帝，也是个愤青。由于国家的大权全被司马氏掌握，虽然他当皇帝，但却不用日理万机，因此就成了专业的“灌水大王”，曾经到太学里跟那些教授辩论，教授们都干不过他——当时他只有14岁。他的书读得不少，心里很佩服少康，常常把自己比作那个中兴夏朝的少康，梦想着有一天把司马师搞下来，他成为大魏国的中兴之主。

曹髦虽然时时刻刻要当中兴之主，可也知道司马师现在已经强悍得不能碰了，因此多年来，也只是把这个想法留在心里。哪知，这个司马师因为眼病加上文鸳的一次乱搅，居然就与世长辞了，曹髦的信心就突然井喷起来。他也跟很多愤青一样，有个自以为了不起的毛病，平时也没多少个讲得来的兄弟，因此到了这个非常时刻，也不跟人商量一下，就按自己的想法做下去。

说起来，他还是有一点儿水平的。

他一面以最高规格来举办司马师的丧事，亲自素服临吊，高度评价司马师："公有济世宁国之勋，克定祸乱之功，重之以死王事，宜加殊礼。其令公卿议制。"接着下了个命令说，现在东南叛乱刚刚平定，属于非常时期，卫将军司马昭应该在许昌监督内外，大军由傅嘏率领回京。他这个主意不错，想通过这个方式，让大军脱离司马昭的控制，让司马昭成光杆司令。这个想法绝对高明，而且可行性很强。

司马昭的命运确实不错。按照常规而言，司马氏这个家由不得他来当——因为司马师是浮华会的主要成员，因此长期不得进入公务员的序列，因此，他工作比司马师还早，在官场的资历比他的老兄还大。但司马懿经过长期的考核，认为司马师更有水平，因此就把司马师定为接班人。可司马师却没有后代，而且又属于"英年早逝"那类人，这权就不得不交给了这个老弟。

可以这样说，司马懿选择了司马师，但历史选择了司马昭！

即使曹髦已经很准确地把握住了历史的紧要关头，在最佳的时机瞄准了司马昭。然而，历史还是选择了司马昭。

曹髦的设想确实很可行，而且成功的可能性很大。但他错就错在把这个事交给傅嘏来办。

傅嘏是什么人？

傅嘏是司马氏的死党。

不过，傅嘏虽然是司马昭的死党，这时也跟司马昭一样，对曹髦也没有什么警觉。

是另一个人看穿了曹髦的把戏，或者说是揭穿了曹髦的阴谋。

这个人就是后来大名鼎鼎的钟会。

钟会是三国后期最聪明的人之一。他看到曹髦对司马昭居心不良，就跟傅嘏商量，如何对付曹髦。

两人商量后，决定马上向曹髦写一份报告，说司马昭必须回到京城。然后也不等曹髦批示，司马昭和傅嘏带着大军浩浩荡荡地回到洛水南岸的军事基地。这一强硬的措施，使得司马昭安然度过了他政治生涯，甚至是生命中最脆弱的时刻。

曹髦这时才发现这一招居然不灵，只得关起门来长叹一声：中兴之主不容易做啊。他这才知道，智商高是一件好事，但光有高智商，没有雄厚的实力，这个高智商也不能化为生产力，不能帮你做出什么成绩来。他现在有一个好脑袋，又是全国第一把手——可这个第一把手却只是名义上的，手中没有枪杆子，就什么也做不成。

面对司马昭的大军，他没有办法，只得又走进现实，按司马昭的意图下了个诏书，封司马昭为大将军加侍中、都督中外军事、录尚书事，然后还给他一个特权：剑履上殿。但司马昭却把这个特权勾掉了——他老爸和老哥都曾“固辞”过一些特权，因此他也学学，反正向老爸老哥学习是不会错的。这种毫无意义的特权也贪，就说明没有大政治家的智慧。

司马昭就这样把他哥哥留下的权力死死地抓到了手上，没有漏出一点一滴。他能在这样的时期握住大权，跟他个人处理突发事件的果敢有关，但更是他父兄两人多年经营的结果。特别是他的老爸，多年来，帮魏国打东吴、打诸葛亮，又灭公孙渊，为曹家立下丰功伟绩的同时，也为自己培养了很多死党，这些死党现在都已成为魏国的各级领导干部，只要司马氏的首席人物一召唤，他们马上就出来呼应。否则，司马昭是不能在这个非常时期接好班的。

到了第二年，曹髦改元——他现在除了这个权力之外，大概也没别的权力了，这次改元为甘露。魏国的日历就跟着变成甘露元年。当然，曹髦还可以很自由地跟那些学者进行一番辩论。而他也有几个铁杆聊友：中护军司马望、侍中王沈、散骑常侍裴秀、黄门侍郎钟会。这些聊友一般都跟他聊得很投入，但一看这份聊友的名单，就知道这几个家伙大多都是司马氏集团的骨干分子。比如那个司马望，本身就是司马氏集团里的人，钟会曾为司马昭出主意对付过曹髦。而曹髦居然把这几个人当朋友，最后不失败那天下就没有失败这个现象了。

司马昭到了这个时候，内心里已经彻底不把曹家放在眼里了——以前他的老爸和老哥只是把现任曹家的当权者玩一玩，还不敢把整个曹氏家族踩在脚底，做什么事还有点儿顾忌，现在司马昭已经没有这个顾忌了。

他这个心态的转变在于曹髦赏给他的几件东西，他都一一笑纳，连谢一声都不讲出口。这几件东西就是：龙袍、皇冠，以及一对赤色长靴。这几样东西可不是一般的流行衣服，而是皇帝专用的制服。司马昭如果心里没有别的想法，他绝对不敢要这些东西。如果没有一手遮天的权力，谁敢穿上这些东西。

曹髦这个自以为聪明的愤青皇帝，在上一次夺权失败之后，突然觉得原来事情并不是那么简单，情节的发展并不以他的意志为转移，心里有些害怕。心里一害怕，就更想不出什么招儿来，又怕对方突然发飙，要对他不利，想来想去，只有使用提拔这个唯一的手段了，希望通过提拔，让司马昭对他有一些好感。

在这个思想的指导下，这一年八月二十六日，曹髦又下了一道任命书：司马昭加号大都督，奏事不名，假黄钺。

这还不够，又把司马昭的两个死党也一起提拔：以太尉司马孚为太傅，以司徒高柔为太尉。

曹髦这时一定觉得他这个皇帝当得实在太窝囊了，其他命令全部发不出，只有任命司马昭的诏书才有效。

这一年内的两次加封，使司马昭有了五个特权，离当时曹操当年的“九锡”只差四样了。不过，相比较而言，曹操身上的霸气大得多了，他这个“九锡”是一步到位，而司马昭却要分几步走。司马昭在这一点上，也继承了他老爸的谨慎态度，一边满脸横肉地挥舞着权力大棒，一边还两眼骨碌地看看人家的反应，采用的是蚕食的办法。

事实上，司马昭的担心不是没有道理的。他现在虽然是魏国的实际最高领导人，权力大得可叫皇帝下台。但他只是从他的哥哥手里接过权力，并不像曹操那样，是靠打拼出来的，把汉献帝控制在手里，明说是“挟天子以令诸侯”，所有的部下都知道皇帝是他手里的一个招牌，而且这个招牌只用来对付敌人，而不用来吓唬内部政敌。曹髦却是魏国的皇帝，吴蜀从不把他当一回事，但魏国里面有的是曹家的旧臣，这些旧臣时时都在反对司马昭。司马懿还活着时，都还有人敢于跟他唱对台戏。司马师被反对派害得差点当场死掉。所以，司马昭只能耐心地一步步来，不敢太刺激反对党，而是不断地试探着他认为的那些异己分子，然后分期分批一个一个地揪出来。

这一试，果然就把其中的一个异己分子试了出来。

以德服人

这个异己分子就是诸葛诞。

诸葛诞现在的职务是征东大将军。一看到这个职务就知道这家伙手里有枪。他原来是夏侯玄那些人的好朋友。在夏侯玄被司马氏杀了之后，他老对自己的命运放心不下，时时觉得自己正站在危险的钢丝绳上。人一有危机感，就会有所准备。

诸葛诞也很笨，天天生活在危机感之中，手里握有重兵，却没有想到利用自己的长处，做最坏的打算。什么是最坏的打算？就是利用重兵，联络本国其他反司马氏势力，再联络国外反魏势力，跟司马昭来个你死我活，他却散尽家财，做做慈善事业，还赦免一些不该赦免的人，以为这样可以收买到人心。然后又打造了一支三千人的贴身卫队，专门保护自己。可这能防备得了司马昭吗？三千人以及那几个贫困户的民心就能挡得住司马昭对他的加害，这个司马昭还有那么可怕吗？

司马昭不是个大军事家，但绝对是个权谋家。他很少像他的父兄那样既带着部队到前线作战，又能摆平朝里的敌对分子，而是把精力都放在内部问题上面。他对诸葛诞早有怀疑，但又没有证据——总不能说他有三千卫队就是造反的证据吧？就派贾充去试探一下诸葛诞。这个试探不但是给诸葛诞放一条生路，同时也有让敌人自我暴露的目的。如果诸葛诞不那么笨，看清“今日之域中，究竟谁家之天下”，认清敌我力量不是在一个档次上，完全可以借机转向，什么事也没有。可这家伙自认为自己得了民心，又有那么一大队贴身保镖，在贾充面前，居然大义凛然起来。

这个过程是这样的：

司马昭派贾充到淮南跟诸葛诞聊天。

贾充说：“现在很多人都有让皇帝禅让的想法，你的意见如何？”

诸葛诞一听，马上厉声说：“如果洛阳有政变，我就以死报答皇帝。”

贾充一看，知道这话题不能再扯下去了，如果再往下说，估计诸葛诞就要把他杀了。

他马上离开淮南，回去向司马昭报告说，诸葛诞长期在扬州当官，很得民心，是个危险人物。现在把他叫回来，顺便解除他的兵权。他一定会发动叛乱。不过，现在他叛乱，祸害不会很大，要是以后他作乱，那祸害就大了。所以，不如现在就把他搞定算了。

司马昭马上就玩那一套明升暗降的手法，让曹髦下个文件，任命诸葛诞为司空。这个司空可是个位列三公的大官，但却只享受待遇，没什么实权，而且是京官。对付这么大的官，要比对付手握重兵的征东大将军容易多了。

司马昭知道这个道理。

诸葛诞当然也明白这个意思。他面对这个任命文件，认为司马昭要对他开刀了。既然人家要动手，不如自己先动手。他认为，司马昭之所以知道他的用心，一定是那个扬州刺史乐綝打他的小报告，因此，就把乐林斩首了。然后集结手下所有的部队十四万，准备固守扬州，还派长史吴纲带着他的小儿子诸葛靓去跟东吴联络——顺便让小儿子当东吴的人质，请东吴给他派出援军，要跟司马昭干到底。

可惜的是，现在的东吴已经不是以前的东吴，不但人才缺乏，而且国力也弱，再也拿不出周瑜那种“谈笑间，樯橹灰飞烟灭”的气概来了。在司马昭大力整顿内部的时候，他们也在忙于争权夺利，互相残杀的水平倒是越来越厉害，而在这个机会面前却表现得很弱智，只是“使全怿、全端、唐咨、王祚将三万众，与文钦同救诞”。整个东吴的领导层集体高兴了大半天，最后只做了这么个小动作。你想想，三万人能当什么救兵——当然如果有周瑜或者司马懿这样的老大带领，还是可以发挥作用的。可现在都是什么角色当队长？

现在司马昭已率二十六万大军来到丘头，并“以镇南将军王基行镇东将军、都督扬豫诸军事，与安东将军陈骞等围寿春”。

这是司马昭掌权之后的第一次出征。他知道，这一战如果不能取得压倒性的胜利，彻底地树起他个人的威望，以后他这个权臣就不好当了。为了防备曹髦在后院制造麻烦，在出征时，他把曹髦和那个数次被司马氏当成招牌的太后一起带了出来，把皇帝时时刻刻都控制在自己的手中。

在这个时期，控制皇帝就是控制主动权。

在司马昭尚未完成对诸葛诞的包围时，东吴的文钦、全怿带着三万援军已经开进寿春，与诸葛诞“胜利会师”。

双方的决战马上就展开。

司马昭这时又想学习他哥哥对付毌丘俭、文钦的办法，就叫王基固守营垒，要跟诸葛诞比赛谁能挺得久。

可王基这家伙却是个主战派，天天写请战书，要求打仗。

正好这时，东吴的镇南将军朱异带领的第二拨援军三万人也开到安丰，与寿春遥相呼应。

司马昭一看，心里急起来，马上让曹髦下诏，命令王基率部去占领八公山，以阻挡朱异。这时，司马昭显然有点儿慌了手脚，否则他完全可以凭借全军最高统帅的名义向王基下命令，但现在他居然借用了皇帝的命令。估计他现在的底气还不是很足，觉得自己的威信还没有彻底地树立起来，才不得不用皇帝这个招牌。

司马昭不买皇帝的账，王基同样不理曹髦的这个诏书。他看了一下诏书，就把它当作废纸丢到一边，对诸将说：“今围垒转固，兵马向集，但当精修守备，以待越逸，而更移兵守险，使得放纵，虽有智者，不能善其后矣！”之后，还上书说明理由：“跟敌人对决，就应稳如山，毫不动摇。要是跑来跑去抢险要，天下有那么多险要的地方，你能抢得完吗？到头来只会造成人心动摇，对大局不利的后果。现在各军处于深沟高垒之中，军心稳得很，不应让他们受到打击。不要盲目乱动。这是作战的要领。”连这种要领也不懂，还打什么仗？

司马昭一看，就批准了这个建议。他在这方面跟他的老哥一样，自己虽不会打仗，但能听得进部下的建议。光从这一点上看，三国当权派中，司马氏兄弟确实比另外两国的权臣高明。蜀国力量弱小，姜维虽然拿着兵权，但斗不过一个宦官——这种国家不灭亡，天下就不会有“亡国”这个词了。至于东吴的那些执政大臣，这些年来，你杀我，我杀你，内乱越搞越上手，人才是越杀越没有，人人生活在惊惧之中，谁还敢向老大提什么建议？而这样的老大能听你的话吗？这样的国家同样离亡国不远了。否则，魏国这些年来，乱子前仆后继地上演，作为死对敌的吴蜀两国，居然没有很好地利用。三国发展到现在，已远不如初期那么精彩了。这也是司马氏一家的幸运——如果这时吴蜀两国再出现个诸葛亮和周瑜之类的人物，后果将不堪设想。

司马氏兄弟除了对政敌毫不留情之外，对待部下还是很宽松的，仅从这一点上看，他们比诸葛亮还远为高明。正因如此，司马氏家族能团结很多人，使很多人才最终成为他们的死党。司马懿开创司马氏时代时，全靠他自己到处打拼，而到了司马昭时，已无需自己亲上前线，而是有一批人为他们南征北战打天下了。到了这时，司马昭的领袖之相，已完全展现出来。这跟以前的刘邦很相似。

王基命令各军加紧包围。文钦、诸葛诞在城中看到敌人的包围圈越来越紧，知道再这样下去，自己就会坐以待毙。不愿坐以待毙就只有突围出去，这是两人的共识。可到了这时才想到不坐以待毙，还能突围出去吗？

文钦组织了多次冲锋，可每次冲锋的结果，除了死去的指战员外，其他人又都被敌人打回城中。

司马昭知道，只有切断东吴方面派来的援军，才能让寿春城中的诸葛诞他们彻底死心，因此，命令部队在外围进行大扫荡，把朱异的部队打得遍地找牙——朱异本来是东吴的名将，也是个会打仗的军人，只是手上的资本不多，哪干得过司马昭的魏国大军？他跟魏军一接触，立马败下阵来，之后投奔他的上级领导孙林。

朱异的部队受到了惨重的损失，他自己却毫毛未损。可他的领导孙林却是个糊涂鬼。这家伙把孙峻搞下去，当了东吴的实际最高领导人之后，就觉得自己很了不起，以为派出部队就能打胜仗，就能谈笑凯歌还，却从没有比较过敌我双方的力量，本来去接应诸葛诞并没有错，错就错在硬是把部队分成几拨，最后被人家各个击破，而自己带的主力却行动慢得像蜗牛，浩浩荡荡地，只在巢湖边上驻扎——在朱异投奔过来之后，又像分蛋糕一样，分一部分部队去解救寿春。在这种战略思想的指导下，朱异能打胜仗才怪。朱异果然被魏国的各路部队打得连渣都不剩，连军粮都被敌人烧得一颗不剩，只得带着残兵靠吃着树皮回到大营。本来这次败仗，孙林应该明白这是自己的责任，而不是朱异的责任。可孙林不是诸葛亮，更不是司马师，有承担这个责任的水平和胆量。他把所有责任全推到朱异的身上，把朱异抓了起来，然后不由分说地一刀砍了。如果他咔嚓朱异之后，带着大军全力出击，或者胆子再大一点，带领全军向魏国那些空虚的地方进军，说不定还有点好戏可做，可这家伙不是这方面的人才，对敌人作战没一点儿创意，好像他这次出征的首要任务只是为了杀朱异似的，因此杀了朱异之后，就带着大军班师回朝了。

司马昭看到孙林大军到巢湖岸边一游后就回去了，心里当然高兴。他当前线指挥不怎么高明，但对整个形势的估计没有错。他知道，胜利已经毫无悬念地向他倾斜了。这场战争对他来说是至关重要的。一来这是他当政之后，第一次调动全国军队，完全可以检验到军方对他的忠诚度；二来可以震慑国内那些还有侥幸心理的政敌；三来也可以向全世界的人展示他的才华，说明他是不可战胜的。

司马昭这时虽然高兴，但他并没有高兴到忘乎所以的地步。他知道，这次事件是他树立个人权威的最佳时刻，他不但向政敌树威，他更应当在广大人民群众中树立一个好的形象。如果光向政敌摆威风，那说明他现在的理想只停留在当一个权臣的目标上，而现在他脑子里绝不只让司马氏当一个世袭的权臣，而是要进一步坐到龙椅上。他现在比谁都明白“得民心者得天下”的道理。因此，他要在这次事件中，向广大人民群众表现一下他的“德”。只有这样，才算把这次事件的资源用完。

命运也确实照顾了司马昭。因为他现在遇到的敌人是一群菜鸟。

他决定对寿春只围不攻。因为他清楚地知道，寿春城的部队还有十多万，而且诸葛诞和文钦虽然在大事上很笨，但仗还是能打几下的，如果强攻，即使最终获得胜利，也会付出巨大的代价——说不定国力会倒退几十年，甚至由于一时处于胶着状态，进退不能，孙林突然聪明起来，那可就不好说了。

司马昭在围而不攻的时候，也不是简单地包围着，而是在包围的同时，还附加一点小小的诡计。其实这个计谋实在也算不得高明，也只有诸葛诞这样的人才上当。

这个计谋很简单。司马昭知道，诸葛诞为了造反，早就在城中备战备荒，准备了很多粮食，打算跟司马昭来个持久战。司马昭就派人去散布一个谣言：东吴的大部队已经打了过来，现在魏国围城的军队已经没有粮草了，正把很多部队分到淮河以北各县去找饭吃了。估计没多久就自动解围了。

稍有点儿头脑的人面对这样的谣言，一定会把它当谣言对待。可诸葛诞他们居然相信了。本来他们已经省吃俭用，尽量节省粮食，做长期作战的打算，可一听到这个消息后，心里就乐观起来，马上下令大吃大喝。不久后勤部就宣布粮草有些短缺，而司马昭的大军却没有半点撤退的意思，东吴的救兵更是没一点儿消息。这时他们才知道上了司马昭的当。于是，只得召开会议商量一下对策。

诸葛诞手下有两个得力干将，一个叫蒋班，一个叫焦彝。这两个家伙遇到问题时还肯动一下脑子，对诸葛诞说，现在咱们的军心还稳定，士气还旺盛，拼命突围出去，还是有希望的。即使不能全部冲出去，也总比待在城里的好。继续待在城里，就是在等死。

可是文钦却不同意。这家伙还在坚定地认为，只要能死守一年，魏国内部就有矛盾，那时就可以大功告成了。与其去冒这个险，不如在城里一边坚守，一边大吃大喝，等到胜利的那一刻。

蒋、焦一听这话就气势磅礴地反对起来。这两个人凭着自己是诸葛诞的死党，因此反驳得很无情。可他们没有想到，他们虽然是诸葛诞的死党，但文钦的势力却很强很暴力，诸葛诞现在依靠文钦的程度比依靠他们多得多。诸葛诞为了拉住文钦，哪还管得了他们这两个死党？因此，在这场关系到寿春前途命运问题的论战中，他完全站在文钦一边。

如果光站在文钦的立场上那也还罢了，偏偏为了紧紧拉住文钦，诸葛诞居然动起杀机，要把这两个人搞定。这俩人知道后，不用商量就决定逃之夭夭，连夜翻过城墙，跑到司马昭帐前，高叫要弃暗投明。司马昭当然优待了他们。

就在这个时候，全怿的侄子全辉、全仪因为一些家庭矛盾，居然丧失国家立场，带着包括老妈在内的家族十多户离开东吴的首都，叛逃到魏国。本来像这样毫无爱国精神的人逃走一百家都没什么事，可偏偏是姓全的人逃走。现在他们的叔叔全怿正跟几个全家子弟协防寿春。

这就又给了司马昭一个机会。

又是那个钟会，他看准了这个机会，马上就给司马昭贡献了一条计谋，仿造全辉和全仪的笔迹给全怿写了一封信，内容是“吴中怒怿等不能拔寿春，欲尽诛诸将家，故逃来归命”。

全怿他们接到这信之后发了一阵呆。他们不得不相信这个话：那个朱异，只是寡不敌众，最后都被孙林杀掉，孙林能放过他们吗？于是，也打开城门，带着部下向敌军投降，留下诸葛诞他们在城中大吃大喝等着胜利。

全怿他们一走，城中的人开始恐慌起来了。

到了第二年春天，也就是甘露三年（公元258年）。文钦对诸葛诞说，现在是我们突围的最佳时机。这家伙还罗列了两个有利条件；一是蒋、焦二人曾断言不能突围；二是全怿他们刚刚投敌——这家伙的脑袋真可以，把两个致命因素全转化为有利因素——敌人肯定以为我们现在已经乱了套，防守肯定很松懈。诸葛诞和唐咨一听，觉得文钦的话大有道理，因此决定突围。两人做了一番战前准备之后，突然大开城门，高喊着打倒司马昭的口号，冲出寿春城，向南门外的敌军发起冲锋。

想一想就知道，即使司马昭想不到他们的企图，司马昭手下那一群死党也会想到他们这一招的——说实在的，司马昭不是很厉害的前线指挥官，但王基、钟会这些家伙都不是省油的灯，而且这也正是他们想要得到的结果。他们早就料到，城中的这几个人迟早要大喊大叫着突围出来，因此早就筑好工事，做好一切防范准备。如果早些时候，诸葛诞他们突围，也许还可以成功——那时包围圈刚刚形成，其他工事还没有做好，而己方的士气比现在旺盛。可这几个人硬是在城里大吃大喝，等人家修好了工事，更等到城中的粮食吃得差不多了，士气已经疲软了下来，才发起这么决定命运的突围攻势，这是在存心找死。

文钦连续组织了六天的冲锋，而且日夜不停——其决心不可谓不大，作战不可谓不努力，一直打得“死伤蔽地，血流盈堑”，却还是冲不出去，这才知道城外的工事不是一冲就垮的，只得宣告这一波突围行动到此为止。可城中的粮食也差不多没了。

谁都知道“无粮不稳”这个道理，何况孤城孤得都到了无粮的地步，军心民心更加变成墙上芦苇，没有风都要摇摆几下。突围行动一结束，就有几万人出城投降了。

文钦这家伙绝对是一个呆鸟，用脑子去想问题，绝对不是他的特长——事实已经证明，他就是硬去开动脑筋，想出来的也是菜得不能再菜的主意。可这些天来，他硬是点子不断，这个点子才新鲜出炉，还热乎乎的，那个点子又已产生，虽然点子一个比一个菜，但他却乐此不疲。这个突围的点子刚刚取得了血的教训，另一个点子又隆重登场。他对诸葛诞说，鉴于城内口粮越来越紧张，得把原住居民全部异地安置，让他们滚出城去，只让他从东吴带来的子弟兵在城中坚守阵地。

以前，诸葛诞都听他的话，但这一次却不干了！把我的人全赶走，只留下你带来的人，就是最后胜利冲出去跑到吴国那边去，我还有什么资本？

两人以前一起当魏国的干部时，就已经有很大的矛盾，这时能走到一起来，完全基于“为了一个共同的目标”，现在看到这个“共同的目标”已经难以实现，那个不可调和的矛盾就彻底地暴露出来了。

诸葛诞这家伙对待跟自己过不去的人历来很果断。他在文钦来见他的时候突然出手，把文钦当场杀掉——谁都知道，这是不计后果的做法。

文钦的猛男儿子文鸳、文虎听说老爸被砍，一气之下想带部队去报仇，可部下却不听从，没人跟他们过去跟诸葛诞对决。两人无奈，只得向全怿他们学习，投降司马昭。

你是知道的，就是文鸳这个猛男，害得司马师的眼珠子脱出来，然后死掉的。这小子可说是司马氏的仇敌。现在他们投降过来，司马昭的很多手下都义愤填膺地要求老大杀了他，为司马师报仇。可司马昭就是司马昭。他知道现在就是杀一万个文鸳也换不回他老哥的命了，倒不如利用一下这小子，以夺取寿春之战的最后胜利，而且还充分显示了他“以德报怨”的宽大胸怀——这是一个政治家最需要的。

跟许多政治家一样，尽管他对有杀兄之仇（虽不直接杀兄）的文鸳恨不得当场杀死，但他只把这个大恨的情绪留在心里，表面却装出一副大度得不能再大度的模样，不但赦免了文氏兄弟，还荐两人当了将军、封关内侯，叫两人骑着马到城外绕城一圈当统战宣传员，说连文氏兄弟投降过来都没事，还受到表彰，你们还怕什么？

城上的人一听，觉得很有道理。这时，城中的人又累又饿，谁还有决心、有信心为诸葛诞坚守下去？

司马昭一看，知道对诸葛诞最后一战的时机已经成熟，马上命令部队向寿春城发起总攻。

二月二十日，寿春城被攻破，诸葛诞到了这时，只有亲自突围了——

做领导的，亲自做别的事倒没什么，可亲自突围就大不一样了。诸葛诞亲自突围的结果是被胡奋击斩，并当场诛灭三族。

这一战，与司马懿当初平定襄平之战有不同的地方，也有相同的地方。不同之处是，双方力量的对比——那时，司马懿的部队比公孙渊的部队少；相同之处是，两次的战略战术没多大的差别，都是先围而后攻，最后取得完胜。当然，两下一比就知道，司马昭比他的老爸差了不止一截。

还有一点不同的是，战后工作。

司马懿当时大开杀戒，屠城且留下“京观”，立足王威，这才离去。而司马昭这时却来个政治挂帅，做足“德”字文章，为司马氏塑造了一个光辉的形象。本来破城之后，有人建议：这一带好像是叛乱的风水宝地，连续这么多年，老发生这样或那样的群体事件，现在东吴军的家属都在南方，所以，不能把这些人放回去，应该全部活埋。

司马昭一听到这人的建议，就知道这些手下的人不是玩政治的料，对他们说：“古之用兵，全国为上，戮其元恶而已。吴兵就得亡还，适可以示中国之大度耳。”说是示魏国大度，其实是在示司马氏的大度。他的这一番话，为司马氏赚足了分。司马昭知道，要想让司马氏取代曹魏，这个假是万万作不得的。因此他说过之后，马上下令，优待战俘，一个也不得处死，把他们全部送到首都附近的“三河”一带安置起来。司马昭这次的宽大秀做得很足，连唐咨也被任命为安远将军，其他的人也都给予一定的级别。至于曾跟随诸葛诞闹事的淮南人统统当作不明真相的人士看待，全部赦免，不再秋后算账。最令人感动的应该是居然准许文鸳“收敛父丧。给其车牛，致葬旧墓”。

处理完后事，赚足了国内的民心之后，司马昭觉得内部的敌人已经不敢再跟他叫板了。现在应该把自己的威望推向国际市场。这家伙经此一战，觉得东吴那帮人也没什么了不起，因此心态就有点膨胀起来，准备下令各路部队乘势深入东吴境内，先是招降唐咨这些降将的子弟，然后扩大战果，搞定东吴。

一看这个计划就知道司马昭现在的心态已经极度膨胀，两步棋就想拿下江东诸郡。

这家伙的心态虽已变得有些失常，但他总算讲点儿民主，手下那几个死党也能做到“知无不言，言无不尽”的程度，尤其是那个王基，是个敢于提反对意见的人。这时一听到老大的这个计划，马上就指出，老大的计划太傻太天真。王基举了三个例子，说明这个计划是行不通的：第一，是诸葛恪的例子。当初诸葛恪取得东关之胜后，觉得胜利真是来得太容易了，就带着东吴的全部家当去围新城，最后却是城不能破，部队倒死伤大半，以失败而告终。第二，是姜维的例子。姜维本来取得洮西之战的胜利，大可回去庆祝一番，可这家伙硬是要扩大战果，带着部队轻装前进，最后在上邽大败之后，才灰头土脸地回去，一肚子苦水也没一个可以吐的地方。第三，当年曹操在官渡之战把袁绍打得找不到方向，那个战果比现在咱这个战果牛吧？可老曹是个聪明人，打扫完战场之后却没有再追下去，怕的就是反胜转败啊。曹操这一招是绝对正确的。现在咱出来打仗，差不多有一年了，个个都想回去看一下老婆孩子，没心思打仗了。要是再打下去，老大的这灭吴两步棋可就全走错了。

司马昭一听，觉得王基这话完全正确。于是赶紧叫停了这个灭吴计划，以王基为征东将军、都督扬州诸军事，进封东武侯，自己带着那个给他谋划了很多计谋的钟会回首都。

司马昭这一次内战打得很漂亮，打出了他的形象，也打出了他的权威，使得他的声望又一次狂涨。

在司马昭股进入牛市的时候，曹髦知道曹氏股又跌入了历史的新低。

再玩政变

曹髦面对司马昭取得的巨大战功，只得又搬出加封的老一套：诏以司马昭为相国，封晋公，食邑八郡，加九锡。

可司马昭这家伙硬是不领情，坚决辞掉这次加封。两人前后相持，你封我让，居然来往了九个回合，而且曹髦的这个决定还空前地得到大臣们坚决的拥护。你当然知道，这些表示拥护的大臣都是司马昭的死党，这些死党都觉得自己没有在战场上冲锋陷阵，为司马老大喊打喊杀、拼死拼活，但在这时为老大加油几声是应该的，没什么危险，但效益并不比在战场上拼掉老命差。这些人见光有口水不足以表现出忠心耿耿，便一致决定，让当时的大文豪兼人气榜上居首席的大名士阮籍执笔，向司马昭写一份劝进表。阮籍一接到这个任务，马上就又搬起酒坛到竹林里大喝起来——这家伙一碰到不好办的事，就喝高，高得不省人事，因此躲避了多次灾难。这时，他知道司马氏跟曹家的矛盾已进入白热化阶段了，像他这样的人是哪边也得罪不起的，这份劝进表一写下来，就等于向全天下的人宣布了自己的立场，就等于把自己绑在了司马家的这个马车上，胜也罢，败也罢，自己都摆脱不了干系。他没有办法，只得喝，先喝醉再说，以前就用这个办法，连司马昭的求亲都能推得掉。可他这次错了。这一次可不是司马昭出面叫他写的，而是那一帮死党的主意。这些死党早就加入了司马氏集团，为了司马氏（当然是为了自己），那是什么事都可以做出来的，可不像司马昭那样，为了巴结名士，赚点儿人气，可以放过阮籍一马又一马。这些死党看到阮籍有时间喝酒且天天醉，就是没有时间写劝进表，这么久了还不完成任务，就都跑到阮籍那里叫嚣，阮籍其实每次喝醉都是酒醉心明白，一看到这个架势，知道再不写，这颗脑袋就有异地安置的可能。他虽然放狂，好像天不怕，地不怕，其实心里也是怕死的。马上拿起笔来，呼呼地吐着酒气写了起来。这些死党中肯定有很多在心里嫉妒阮籍嫉妒得要死的人，现在看到这家伙酒醉起草这个劝进表，一定会写得不成样子，想着这回可抓到他的辫子了。不一会儿，阮籍就把笔一扔，然后又蒙头大睡。有人把他写过的那张纸拿过来一看，照着念了一遍。大家一听，阮籍真有水平，喝得这么高了，还能写出这么一篇文笔清丽、气势雄壮的好文章。看来这家伙的人气不是空手套白狼套来的，而是凭真本事赚来的，再嫉妒他实在没有理由了。

虽然这个劝进表写得不错，但司马昭还是不领情。曹髦这才不得不把这张任命书丢进垃圾桶里。这件事表面上看是司马昭谦让的结果，但也可以看到，曹髦的权威在司马昭那里已完全没了。现在曹髦能跟司马昭有对话的余地也只有加封后者这件事上了，其他的事那是一个标点符号也加不上去的。可就是这个事，现在也变得没商量了。

曹髦越来越觉得自己窝囊得没有谱了。甘露四年（公元259年）正月，有人报告说，宁陵井中两次出现黄龙。这个新闻一出，很多大臣也跟那个讲那番“盛世出国虎，虎啸震国威”话的县太爷一样，都说这是吉祥的预兆啊。

可曹髦却一点儿也不认为是吉兆：龙在井中算什么吉祥？还写了一首《潜龙诗》：伤哉龙受困，不能越深渊。上不飞天汉，下不见于田。蟠居于井底，鳅鳝舞其前。藏牙伏爪甲，嗟我亦同然！

他的诗一发表，司马昭就成为这诗的读者之一。

司马昭读完这首诗，心里很不爽：我帮你守江山，你还不知足？能在井里当龙就不错了，你还想怎么样？

曹髦一无聊，便又改元。他觉得这个“甘露”年号很不好，因此又决定改元为景元。

改元也算是一件大事，因此又得对一些大臣进行提拔。曹髦便又找到原来的文件，再次加封司马昭。这一次，司马昭毫不客气地笑纳。

在司马昭笑纳之后，曹髦又郁闷起来。

曹髦看到司马昭的权力越来越大，现在已把他的荣誉和官衔加到离顶峰没多远了，再加下去，只有让他当皇帝了。也就是说，司马昭离皇帝的座位已经近得不能再近了。

曹髦这么一想，觉得危机感已经压得他喘不过气来了。他发现自己这个皇帝唯一的权限就是坐在龙椅上，按司马昭的意思，在诏书上签字，别的什么也没有了。如果硬说还有与众不同的地方，那就是他是住在皇宫里面，人家的老婆叫老婆或者叫夫人，而他的老婆叫皇后。

曹髦觉得再这样下去，他不被司马昭废掉，也要被司马昭逼得发疯，然后彻底崩溃，因此就决定跟司马昭摊牌。

从他有这个想法来看，也算是个有骨气的皇帝，可他光有想法，却没有配套的实力或者有个可行的计划来配合，这个想法也只是一个愚蠢的想法。

他贵为皇帝，却连个死党都找不到。

他把侍中王沈、尚书王经、散骑常侍王业找来，对他们说:“司马昭之心，路人皆知。我不能坐在这里等他来废掉我。现在我命令你们一起去讨伐他。”那句“司马昭之心路人皆知”的话，后来成为一句名言。只是路人皆知又怎么样？这是曹家和司马昭的关系，关人家路人什么事。这家伙跟所有帝王一样，觉得所有下臣只能听他的话，照他的指示办事，做他的好奴才。可他也不去复习一下那句“得民心者得天下”的古话。司马昭通过三代人的努力以及一系列的动作，不但培养了一大批死党，也成功地树立了美好形象，赢得了民心，并已成功地把曹氏形象化成一个只有象征意义的符号。

可曹髦却不知道现在自己仅仅是个符号，就像人家门面上挂着的招牌，而司马昭却是门面里的老板——老板什么时候都可以把招牌换掉。

这家伙把讨伐司马昭看得很简单，手中没有一个兵，而这三个姓王的，更是没有一个是他的死党——决定这样的大事，没一个死党在旁边，最后的结局只有死路一条了。

王经还算有点儿良心，听到曹髦把这个小儿科的讨伐计划说完，马上就举了几个经典事例，认为不能这样做，这样做后果很严重。可曹髦的愤青脑袋一发热，哪顾得上什么后果？他从怀里掏出黄色绸缎诏书，很酷地摔在地板上，说:“我已经决定了。大不了一死，何况可能不会死。”

一看他这个架势，就知道这是个失败的开端。做这样大的事，叫三个不是自己的亲信来一宣布，也不再做什么商量，更不做什么布置，也不看看这三个家伙的反应，就进去向太后报告。

王沈和王业一看，就知道这个皇帝要去送死。曹髦要去送死，本来跟他们无关，可现在他们在现场，如果不赶快出去自首，到头自己也会被当成“曹髦反动集团”的骨干成员受到制裁，那就真正冤枉死了。两人看到曹髦进去，马上就决定溜走，到司马昭那里揭露曹髦的阴谋，就算不能立功，也能保住吃饭的家伙。他们走的时候，还叫王经一起走。可王经不想做出卖皇帝的人，所以没跟他们走。

司马昭接到二王的报告后，马上命令贾充过来对付愤青皇帝，自己却躲到一边去。司马昭在处理这个事上还是做得有分寸的，准备得也很充分。

曹髦从宫中出来，拔剑上了专车，带着宫中所有的武士和那些长工，高喊着“打倒司马昭”向司马昭的住宅冲过去。

这个阵势看上去虽然有一点点可笑、有一点点不成规模，但毕竟是皇帝亲自出马，旗号大得不能再大，因此当司马昭的弟弟司马由跟他们相遇时，也觉得不知如何是好。曹髦的人大声骂司马由几句，叫他滚到一边去，别吃饱了撑的挡爷们前进的道路，他真的就乖乖地滚到了一边去。

这时，贾充带着一批人过来，把曹髦的队伍拦住。

曹髦这时什么也不顾了，举着宝剑，亲自出战。

所有的人都知道，曹髦这小子的武力指数比他的智商更低，但他到底是皇帝，是全国的第一把手，是可以杀死全国任何一个人的老大。因此，贾充手下的那些人一看，都不敢动，个个都打算后退，连贾充也觉得没办法。

偏在这时，那个倒霉的成济隆重登场，对贾充说，我们该怎么办？

贾充一看，原来还有他在旁边。这时正是利用他的大好机会，便对成济说：“司马老大天天大鱼大肉地养你们，为的就是今天。都到这个时候了，你还问怎么办？”

成济的智商虽然不高，但对贾充这话还是能够深刻领会的，马上抽出长矛，对准曹髦刺过去。这家伙这一次是真正的卖力，一矛就把曹髦刺穿了。魏国皇帝曹髦当场死亡。这时他只有 19 岁。

司马昭到了这时，还玩了个把戏，一接到这个报告后，装着惊吓的样子，从床上滚落到地板上，让脸变得没一点儿血色。他的叔叔太傅司马孚跑到案发现场，抱住曹髦的大腿痛哭起来，而且还把所有的罪过包揽过去：“皇帝被刺杀，是我的罪过啊。”

叔侄俩演完这些戏后，司马昭马上来到宫中，召集在京的所有高级领导干部，讨论如何解决这个突发事件。只有那个仆射陈泰不来。这个陈泰当时还算有点儿名望，因此，司马昭必须把他请到场，就派他的舅舅荀顗用专车去请他过来，而且还叫他全家的亲朋好友做他的思想工作——这些亲朋好友，当然知道不做思想工作的后果，因此都积极地劝他去见司马昭。

陈泰最后只得去见司马昭。司马昭这时像刘备一样，当着陈泰的面放声大哭，然后问他："事情到了这个地步，我们该怎么办？"

陈泰说："只有砍掉贾充的脑袋，才能平民愤。"

司马昭一听，迟疑了半晌，才说："能不能把要求降低点？"

陈泰很干脆："我只想到这个要求，没有想到更低的。"

如果司马昭这时答应陈泰的要求，后来的晋朝可就不会乱得那么快了，中国的历史估计也是另一个模样。可惜，司马昭不愿杀贾充。在这时候，他不杀贾充是有他的道理的。此时，他的权威虽然达到了历史最高，是到了可以说杀谁就能杀谁的地步。但他也知道，目前他还不能这样，他还需要像贾充这样的死党为他卖命。如果这时杀了贾充，以后谁还肯为他舍得一身剐，敢把皇帝拉下马？所以他必须留下这样的骨干。

司马昭处理这件事是伤了很大脑筋的。他一直把这件事拖了二十多天，才决定把全部责任推到成济的身上，把成济说成一个野心家，是不忠不孝的典型，然后宣布成济的罪状。这个罪状是什么罪状？是弑君之罪。这个罪是历史上最大的罪。是一人犯罪，全家倒霉的事。

成济这个没有头脑的家伙，当初那一矛刺过去时，肯定以为自己为司马老大立了一件大功，这个奖赏不知有多高，说不定比王基、邓艾那些在战场上拼死拼活的人功劳还大，因此坐在家里每天面对墙壁傻笑，等司马老大封官封侯的任命书。哪知却等到一张逮捕证，最后被宣布为弑君之罪，连同家里所有的人，一同押赴刑场，心里一定大叫冤枉，这才知道天下不是什么功劳都可以去抢的。

在这二十多天里，司马昭再次利用郭太后这块招牌，让她宣布曹髦的罪状，把皇帝曹髦打成篡国夺权的野心家。虽然野心家曹髦已经死了，但也要追夺他的皇帝称号。

郭太后又决定立燕王曹宇的儿子常道乡公曹奂当皇帝，并且派司马昭的儿子司马炎去宣布这个决定并迎接他到洛阳来。郭太后的这些决定，其实都是司马昭的决定。这个郭太后平时什么事也没有，也只有这个时候才能出面，帮司马昭背一下书。中国历史上的太后很多，但像郭太后这样给权臣当招牌，几次发布免去皇帝命令的太后却独此一人。如果要评一个历史最窝囊的太后，这个老人家很有夺冠的实力。

司马昭还做了一个动作，就是辞去相国、晋公、九锡之命，算是为这个事件负点责任，并作个交代。太后当然同意——对司马昭的话，郭太后只有同意的权力。

任命了新的皇帝，杀了那个倒霉的成济，再表彰了一些功臣之后，司马昭的权力更加巩固。虽然司马昭从曹髦的《潜龙诗》看得出，两人的矛盾已不可调和，曹髦迟早会找个机会跟他摊牌，但他的内心并不想杀死这个愤青——复制一下曹芳的故事，让郭太后下个文件废掉曹髦，再把一个姓曹的推到那个座位上当皇帝，应该是最好的办法。而且他有这个实力，只是觉得机会还没到来。哪想到，曹髦这家伙沉不住气，率先制造事端，最后得了这么个结果。司马昭接受这个结果是很被动，但又不得不接受。

司马昭觉得自己的“德”还没有到位，而弑君之罪，在当时是最大的缺德之事。司马昭知道要是处理不好，他此前的形象将大受损害，声望大大下跌。说不定某个有实力的反对党乘机发难，结果就难以想象了。幸亏曹家的人气已经一点儿不剩，虽然有王经、陈泰几个人表示愤慨，但这几个人除了几滴眼泪外，别的什么也没有，实在不足为患。相反，从这个事件中，司马昭彻底检验了内部百官对他的态度——除了一小撮心存不满的态度外，其他人不是他的死党，就是中间派，两眼左顾右盼，随时倒向有实力的那一边。

司马昭对内的整顿已经结束。

接下来，应该对外用兵，通过武力统一中国，把统一的功劳有力地记在司马氏的账本上，这才是他最终的目标。

出兵灭蜀

司马昭经过论证，认为应该先搞定蜀国。主要原因有二：一是蜀国的国力相对较弱，而且人才短缺；二是刘禅把宦官黄皓当作头号亲密战友，害得姜维都不敢回成都，而是带着大军到沓中屯田，让全国最精锐的部队变成生产建设兵团。这是解决蜀国的最佳时机。

当司马昭把他的决定交给大家讨论时，很多人都反对，只有钟会认为老大的决定是正确的。司马昭最后决定伐蜀，而且把这个光荣的任务交给钟会和邓艾。

大家都知道钟会和邓艾这两个人吧？邓艾出身低微，在把门第看得很重的当时，司马懿硬是大力提拔邓艾，这说明邓艾的水平是很高的，更说明邓艾是司马氏的铁杆部下。钟会是世家，而且也是个愤青，就连曹髦也曾经叫他到宫里灌水。这家伙跟当时很多名士都交往，但心胸却不够宽大。他本来很崇拜那个竹林七贤之一的嵇康，曾经亲自跑过去跟嵇康聊天。哪知嵇康硬是不理，专心打自己的铁，展示自己的肌肉，让他在一旁当观众。这还罢了，在钟会离开的时候，居然不冷不热地问一声："何所闻而来？何所见而去？"钟会答得也不错："闻所闻而来，见所见而去。"两人对话不多，但却极为精彩。只是钟会大为不爽，后来凭自己跟司马昭的关系良好，找了个借口把嵇康押上刑场。嵇康干脆把名士风范做到底——在临死的时候，硬是在刑场上举行了一次个人独奏会，演奏了一首《广陵散》，达到了死而不朽的目的。当然，钟会的主要功绩不是愤青，而是他的其他才能——尤其是军事才能。前面已经进过，他曾在几个关键的时刻为司马昭出谋划策，成功地使司马昭摆脱困境——要不，哪能成为司马昭的心腹？

在伐蜀这件事上，司马昭跟钟会一样，绝对信心爆棚，但邓艾却有些担心——他长期帮司马昭在西边对付姜维，打得难分难解，因此觉得没有把握，可司马昭叫主簿师纂去做邓艾的思想工作，并留下来监督他。邓艾终于表示赞同。

司马昭召集十八万人马，在首都举行誓师大会。有个叫邓敦的将军脑袋突然发起热来，硬是无话找话，对正站在检阅台上的司马昭说，蜀国不可能战胜，劝司马昭不要发动战争。司马昭毫不犹豫地把这个家伙的脑袋砍下来，然后命令部队出发。

所有的人都没有想到蜀国居然那么容易就搞定。这个过程，司马昭估计也没有想到会这么快。

本来灭蜀之后，魏国上下应该一片欢腾，庆祝空前胜利，全国人民沉浸在欢乐的海洋里才对。可在蜀汉政权彻底消失之后，却又发生了一个更大的事件。

这个事件要是处理不好，或者说没能力处理，其危害性比蜀汉政权的存在更加可怕。

这个事件就是钟会事件。

你当然知道，钟会是个愤青。愤青的一个特点就是心理膨胀得厉害——尤其是取得辉煌成就的时候。

司马昭使用钟会这个人，实在有点绝，其胆量之大，看人之准，堪称经典。在他决定重用钟会的时候，很多人都对他说，钟会这个家伙是个职业野心家，就连钟会的哥哥钟毓都这样说——这个老兄当然不想陷害老弟，只是估计平时钟会的野心显得有点儿过头，这个老兄怕连累自己，才出卖老弟一下，他出卖老弟是为了自保。可司马昭却硬是把十多万大军交给钟会，让这个愤青将军当灭蜀部队的带头大哥。

而钟会和邓艾果然不负司马昭的期望，把蜀国灭掉了。

灭了蜀国之后，两个家伙的心理一起膨胀，但膨胀的性质大不相同。邓艾只是觉得自己从一个牛郎成长为太尉，而且都七十来岁了，还有机会展示一下自己：乘姜维在剑阁跟钟会对垒的时候，只带一万部队走小路过来，直插蜀国的心脏地区，在差不多粮尽弹绝的情况下，以孤军一旅就把尚有数万大军的蜀国灭掉，这种仗简直漂亮得不能再漂亮了，最后还代表魏国接受刘禅的投降，直接从征西将军的位子提拔到太尉。他觉得自己应该好好地骄傲一下，可以目空古今一下。这个心态一展开，就难免做出一些出格的事——本来这些事并不怎么出格，但老大对你这个心态是看不惯的。邓艾的出格，就是一边请示中央，一边就重新安排蜀国员工的工作，也不等老大的回复，然后还上书说以后要如何如何以德服人，以德降服东吴——尽管这些建议是对的，但司马昭一看，觉得字字是在教训他一样，因此就叫监军卫瓘对他说："事当须报，不宜辄行。"就是说做什么事，要先请示一下，不要一想到就做，这样不好。谁知邓艾这时的心态正处于膨胀的高峰期，也不分析一下，卫瓘这话可是代表老大说的，便气势磅礴地把卫瓘驳斥了一通，其中还用《春秋》中的一句话作理论论据：大夫出疆，有可以安社稷、利国家，专之可也。意思是孔子都这么说了，带兵在外，可以自作主张一下。这话传到司马昭的耳朵，他不破口大骂才怪？要是每个将军带兵在外都这么自作主张，他这个老大还有什么意义？

邓艾绝对不是搞政治的料。这家伙哪想到他的这些话会让他父子死在异乡？

钟会的膨胀不是一般的膨胀。在蜀国灭掉之后，看到自己手里有十多万部队，这可是大大的资本啊——蜀国一个国家的军队也没有这么多，却能在四川盆地割据了几十年。姜维看出钟会的这个苗头，当然找机会煽动一下，马上就把钟会煽动起来，准备打回老家去，灭掉司马昭。

司马昭打仗或许不是钟会的对手，但玩权术却比钟会老练多了。他觉得自己父子三人几十年的所作所为，已经彻底获得了民心，坚信前线的部队不会跟钟会走的。

而钟会却没有想到这一点。他只把邓艾当作自己的对手，就设法先陷害一下邓艾。

司马昭本来就想找机会搞定邓艾，正好钟会来这一手，他就假装智商很低地相信了一下。于是，灭蜀最大的功臣邓艾就被装上囚车，押送回首都接受审判，后来钟会事败，他的部下去把他抢回来。可卫瓘却先派田续去把邓艾的头砍了下来。

钟会以为把邓艾搞定，就可以想怎样就怎样了。哪知，司马昭已率十多万部队驻扎长安，虽然没对他表示什么，但他哪能不知道这是为对付他的。于是就急忙举事。这家伙在冷静的时候脑袋好用，思维很严密，可是慌乱的时候，犯的全是小儿科的毛病，最后居然死在本来已被他控制的部队手里。

总之，结果跟司马昭的预料没差错。

司马昭没费什么力就灭掉了蜀国，也搞定了钟会和邓艾。要知道，如果现在钟会和邓艾不那么膨胀，只要学司马懿那样，老老实实把灭蜀之功归之于人民、归之于老大，然后夹着尾巴继续当司马昭的高级员工，司马昭还真拿他们没办法——尤其是那个钟会还年轻，只要等到司马昭一死，这个大权十有八九会落到他的手上，到时他极有可能成为司马氏第二。可这家伙不是司马懿，不会等机会，却把这个机会送给了司马昭。

司马昭搞定这两个人之后，心里松了大大一口气。他们父子走的是权臣路线，他肯定不会容忍别人也走这个路线。

司马昭灭蜀之后，其声望已经涨得无法再涨了。这期间曹奂又把他以前辞去的那些荣誉交给他，也就是说，封他为相国、晋公加九锡，司马昭爽快地接受了这一大堆荣誉。

可能因为罗贯中的原因，很多人都把司马氏父子当作阴险狡猾、心术不正的典型人物——尤其是曹髦那句“司马昭之心路人皆知”的名言，更是让人们不把司马氏父子当好人看待。其实司马氏父子历来重视以德服人，而且他们在这方面是很自信的。以前，司马懿还玩弄点儿权术，司马师还靠手中的兵权，达到巩固权力的目的，司马昭当然也靠枪杆子，但他却更相信自己的德已能服众。在他对待钟会这件事上就可以知道，他早就看得出钟会脑后那块反骨已经赤裸裸地表现出来，居然还让他带着十多万大军上前线。他坚信即使钟会造反，军队也是不会跟钟会走的。而结果跟他预料的一样。

几个月之后，司马昭回洛阳，又接受了一个更高的荣誉——晋王。这个王就比皇帝差一个级别，跟以前曹操的魏王一样。到了现在，可以说，谁都不怀疑司马昭已有让司马氏取代曹氏的意思了，只不过是迟早而已。于是，手下的那些人就开始在这个事上拍他的马屁——这些人知道，现在最大的功劳不是灭蜀或者灭吴，而是劝司马昭当皇帝。灭掉敌国，功劳固然比天还大，可往往会掉进“功高盖主”的怪圈里，历史已经证明，谁掉进这个怪圈里，谁就会死得很难看。倒是劝老大当皇帝是最好的功劳，他不当那是他的事，他当了，自己就有好处——反正也就几句话，不用去偷鸡摸狗，更不用去杀人放火。

司马昭是个有点政治远见的家伙——估计这个政治远见也是从曹操那里学到的。他听到这些话后，就说以前曹操没有称帝，他为什么去称这个帝？他这几年在大力提拔亲信的同时，更大力提拔他的儿子司马炎。他一当上相国，就任命司马炎当副相国——这个官职在中国历史上仅此一家——类似于一千五百年后的副统帅。只是这个副统帅没有这个副相国幸运罢了。而且这个副相国可以“开府”——也就是可以自己有个办公大楼，任命自己的官属，为以后接班做准备。司马昭这一招，大概是防止像以前司马师突然死去，搞得他接班时很被动，差点儿被曹髦搞定了的事发生。

他这一招还真的搞得很及时。因为这一年的八月初九，司马昭突然觉得很不舒服，等那些跟他一样，觉得他已经大为不妙的人赶来看他的时候，他已经说不出话来了。

司马昭没有想到，他的生命会停止在54岁这一年，因此一点儿思想准备也没有，更没有立下什么遗嘱，只是对着他的那一大批手下，指着他的儿子司马炎。意思是说，以后你们继续跟他干，然后就与世长辞了。

在中国历史上，像司马氏父子三人这样当了几十年魏国的权臣，是不可多见的。不过，纵观他们三人的人生轨迹可以看出，他们三个人一生都在向曹操学习。只是起点不同而已。曹操是靠自己奋斗，组织武装力量，最后做大做强，他抓住汉献帝，只是为了“挟天子以令诸侯”，最后达到了这个战略目的，属于创业型的老大。而司马氏本来是曹操的手下，靠帮曹操打工来维持生活，后来逐步爬上高管的位子，看到曹家后代的智商越来越低，一不小心就当上了实际最高领导人。可以说，司马氏是曹氏身上的寄生物，靠吸取曹氏的营养越长越大、越长越强悍，最后把宿主搞得一命呜呼，然后取而代之——其间，曹氏以及司马氏的反对党也多次起来发动“倒司马运动”，但统统被司马氏父子血腥镇压——而且司马氏还能在血腥镇压反对派的同时，都处理得“有理、有节、有利”，虽然杀了很多人，但让人看到的形象却越来越光辉、越来越高大。这就是寄生物的聪明之处。

当然，司马氏能把事业做到这一步，不仅靠自己的本事，也靠了运气。最大的运气就是曹丕父子只会当皇帝，不会养生之道，弄得皇帝没当几年，都“英年早逝”——如果曹叡多活十年，活到43岁，历史就不会是今天的历史。此后的皇帝身体也许没什么，但智商也太欠发达，根本不是司马氏的对手。而司马氏的运气就在于，司马懿太长寿了，居然活到72岁。而且他到七十多岁才真正掌握魏国的政治命脉，成为魏国的实际最高领导人，而他的两个继承人也都不长寿：司马师只活了四十多岁，而司马昭的生命也在54岁那一年画上了句号。如果他们的岁数跟他们的老爸换一下位，可能就是另一个结局了。

当然，这只是一些题外话。历史的车轮永远无情地碾碎这些“也许”，隆隆地前进。

这时，这个车轮已经把历史带进了另一个全新的时代。

第三章
花花公子巧夺嫡

夺嫡的秘密武器

司马炎是晋王朝的首任皇帝。

他这个开国皇帝，大概是历代开国皇帝中最幸运也是来得最容易的。其他的开国皇帝，哪个都得拼个你死我活，甚至打一辈子的仗，死里逃生了无数次，屁股挪到龙椅上时，头发和胡子都白了一大半，直到临死的那一天都还在感叹“成功来之不易”，胜利全是靠自己拼出来的。唯独司马炎这个开国皇帝靠的是他老爸的一句话——当然，这句话也很不容易。

司马炎是司马昭的长子。

司马昭跟他的大老婆本来生有五个儿子，最后只剩下司马炎和司马攸，另外三个小弟弟全都在未成年时，先后死掉。如果按照“立嫡以长”的规矩，他这个继承人是没有什么悬念的。可他的老爸思路在这个点儿上拐了一下，觉得他的老弟司马攸水平高，人又乖，心里超喜爱，在讨论这个接班人时，硬是把他当作接班人首选——当然，如果他坚持他的这个选择，晋代的历史估计又是另一个模样了。

司马昭跟所有的父母一样，觉得哪个孩子可爱，嘴巴就不停地夸他，而且还当着很多人的面说："这个天下本来是我老哥的天下。现在老哥不幸提前死掉，才轮到我坐这个庄。所以等我死了之后，应当让小攸儿继承这个事业，这样才对得起我的老哥。"

司马昭对曹丕兄弟夺嫡的精彩故事当然很清楚，因此，他从不让自己的两个儿子组织小集团，做内部竞争，以免又上演曹丕和曹植的故事——这个故事虽然跌宕起伏，情节令人感动，最后还与那首《七步诗》一起流芳百世，但司马昭知道，这个故事只能让曹家上演，不能让司马氏再来回放一遍。

司马攸是司马氏家族中难得的老实人，每天只好好读书，名气越来越大，但却没有他哥哥那么有野心。

司马炎的其他水平比老弟差得多。但他却很会包装和推销自己。司马炎虽然不算是个聪明人，但绝对不笨。他知道，按现在的发展趋势，这个天下迟早会变成司马家的天下，皇帝的公章迟早会拿到司马氏的手中。而且现在只有他和他的老弟有拿住这个大印的资格。他太渴望要这个大印了，但老爸好像不怎么看好他。如果是别的人，看到老爸都这样表态了，恐怕也就算了。可司马炎认为，老爸正式下文确定接班人之前，他还是有机会的。虽然他的这个机会不大，但也要去争取。

他知道老爸的脾气，千万不能在他面前提出这个要求。最后，他想到了一个推销自己的方式。他肯定钻研过帝王术，最后从刘邦那里借鉴了一个办法。刘邦为了表示自己的与众不同，居然编了一个荒唐得不能再荒唐的故事——说自己是他妈跟大蟒蛇生的，而且目击证人居然是他的老爸。自己是龙种。刘邦把这个故事编出来就发表，而且觉得还不够威猛，还对人家露出大腿，展示他腿上的 72 颗黑痣。就因为有这 72 颗黑痣，他才能当上皇帝。这颗痣不是坏痣，是好痣。他这么一说，人家一想，觉得也对。

于是，这 72 颗痣就成了决定历史的一个符号被记在史书里——然后向人们宣告，这是老天早就定下的天子。至于张良、萧何、韩信"三杰"的作用，哪比得上那 72 颗痣？

司马炎觉得，现在只有让老天来说服老爸了。可是他不能编刘邦那样的故事。因此，只能从长相上学习一下。可翻遍全身，也数不出72颗痣来。后来他突然来了灵感，没有天然异相，为什么不来个人造的？他当然没有整容的本事，因此，只能选择一个最简单的办法，就是不剪自己的头发，硬是让头发长得像马尾一样，可以拖到地板上。

他看到自己的头发长得不能再长了，就把脸洗得白白嫩嫩的，把自己很艺术地装扮成一个大帅哥的模样，突然去拜访一个人。

这个人叫裴秀，就是《禹贡地域图》的作者——一千多年以后，还被李约瑟授予“中国科学制图学之父”的光荣称号。这家伙是世家出身，从小就已经很出名。据说8岁就会写文章（如果活在今天，也是个大红大紫的少年作家）。因为他的叔叔裴徽也是个大名士，家里就成为灌水专区，很多人都来这里灌水。那些人在跟他叔叔聊过之后，还要来跟他吹吹，看看他的文章，觉得很不错。那时，他才十几岁，粉嫩得很，但名气却很大。他原来是曹爽的手下，司马懿搞定曹爽之后，他曾被开除公职。这家伙不但学问好，是中国历史上有名的地理学家，其政治头脑也很不错。在站错队之后，马上来个弃暗投明，到司马昭手下挂职，司马昭也是名士们的粉丝之一，因此他很快就得到司马昭的信任。在司马昭跟诸葛诞对垒的时候，全靠他与钟会出点子，而且每个点子都是金点子。他深知，现在只有跟定司马昭，以后才有好果子吃。因此，他只做司马氏的老黄牛，不像钟会那样，一看到有点儿机会，野心马上极度膨胀起来，最后弄得命都丢掉。司马昭是个政治家，当然看得出裴秀是个好同志，因此很信任他。这时，他已经爬到尚书仆射这个位子。他的话对司马昭是有影响的。

司马炎找到这个人，是做过充分论证的。一来这家伙有学问，二来老爸听这家伙的话。这两者缺一不可。

司马炎在这个事上做得很到位。他把自己装扮好之后，就去找裴秀聊天。

他笑着问裴秀：“人的相貌真的可以决定命运吗？”

裴秀当然不是唯物主义者，历来相信相貌决定命运这个说法，马上说：

"当然啦。"

司马炎站了起来，头很酷地一甩，只见一片乌黑油亮的头发从全身的最高点飘落下来，一直垂到地面。

博学的裴秀第一次看到男人有这么长的头发，马上伸出大拇指对司马炎说："你的相貌贵不可言。"——他觉得如果现在他不说这个话，就跟呆鸟差不多。

司马炎是有备而来的，等的就是这几个字，当场就抓住这句话，这可是你说的啊。

从此裴秀就成了司马炎的铁杆儿哥们。

裴秀这家伙以前因为站错队被开除过公职，知道要是一步走错，以后就会步步走错。以前年轻，错了还有机会"改邪归正"，重新转一下方向盘，现在年纪这么大，可没有重新做人的资本了。他肯定在心里做过盘算，虽然司马昭已有意让司马攸接班——现在司马攸正坐等老爸挂掉之后，捡起这块肥肉。但司马攸的这个做法，完全是一种消极等待的做法。司马炎可不一样，已经在为将来奋斗了。裴秀的学问没有白学，知道机会永远留给有准备的人的道理。因此，他把政治前途押到司马炎这个潜力股上。

司马炎看到这个家伙这么容易搞定，胆子就越来越大，与裴秀又去拉拢了贾充、何曾这几条好汉，这两个家伙也都是聪明人，看到司马炎主动发展他们做秘密小团体的成员，哪能放过这个机会？因为如果帮司马炎当了皇帝，他们就是开国功臣——这种开国功臣比韩信、萧何要来得容易多了，而且现在看司马攸那个清高样，到现在都不理他们一下，估计当了皇帝也不会让他们好过到哪儿去。他们马上就达成共识，找机会不断地向司马昭的耳朵边吹风。要知道，这几个家伙都是司马昭的得力下属，是目前在司马昭面前说话最有分量的人物——虽说不能一句顶万句，但几句话顶一句是可以做到的。另外，司马炎的那个朋友羊琇是个机灵鬼。他跟那个杨修一样，一天到晚老睁着那双眼看好形势的发展，然后加以分析，得出思路，教给司马炎。只要司马昭一问，司马炎就对答如流。估计在这方面，司马攸这个老实人就干不过他的老哥了。

司马昭在这方面也学他的老爸，经过几次考核、反复比较，觉得这个攸儿怎么就比不过炎儿了？心里也有点儿波动起来，后来又跟几个心腹聊起这件事来。先是问山涛——这家伙也是竹林七贤之一，嵇康那篇雄文《与山巨源》的绝交书，就是写给这个老兄的（山涛，字巨源）。他是当时的大名士，人气很旺，社会上的知名度大得要命，而且深得司马昭的器重——司马昭也是名士们的粉丝——当初他老哥司马师要杀号称中原第一名士的夏侯玄时，他居然为夏侯玄求过情，他对大名士们也很客气，曾经求阮籍来当官，并要跟他结成儿女亲家，哪知阮籍爱酒胜过爱官，硬是不理司马昭双手送过来的任命书，更不理司马昭的提亲要求。据说这家伙一听到司马昭提出跟他做亲家时，他大碗喝酒，喝得大醉，而且连续醉了六十天不醒。司马昭哪天去看他，都见他打着呼噜大睡，也只得打消了跟他做亲家的念头了。大多数人都因酒坏事，唯独阮籍却靠酒渡过难关——那个害死嵇康的钟会曾多次找阮籍说话，以便找茬把他干了，哪知每次阮籍都喝得大醉，不让钟会抓到什么把柄。而且他又清高得要命，看不起很多人——如果看不起人家，只在心里看不起那也没什么，可这家伙却用他的眼睛来表示。如果他看得起你，就用黑眼睛对着你，如果他看不起你，就会用白眼对着你。那个嵇喜就享受过这个白眼待遇。嵇喜也是他的粉丝，去找他聊天，哪知一见到自己的偶像时，偶像却用一双白眼对着他，越看越觉得心里发毛，就知道这天聊不成了，夹着尾巴就逃跑了。嵇喜的老弟嵇康听说，就跑去找阮籍。阮籍马上改用黑眼跟嵇康聊天喝酒。这家伙做了很多让人家看不顺眼的事。

很多人都在司马昭面前打阮籍的小报告，要求司马昭把这个人杀掉，让这样的人留在社会上，也没什么用。可司马昭却只是笑笑：让这个社会也多元一点嘛——足可看得出司马昭先生心里的名士情结，因此他信任山涛也不是什么怪事了。他对山涛的信任表现在：当他带着皇帝一起西驻长安，准备对付钟会时，让山涛带兵留守邺城——那时曹家的亲王全都集中在那里，因此只要把那个地方的城门关死，就可以把曹家的精英分子弄得没有脾气。这等于把后方交给了山涛。山涛这家伙跟竹林七贤的其他人一样，有喝酒的爱好（竹林七贤里酒喝得不多的只有向秀和嵇康，但这两个家伙爱嗑药，尤其是嵇康，一有时间就往山里跑，抓来很多树根藤条，回来做保健药来吃——不过。后来他的身体没什么毛病，但却被人家砍了头，只活了 39 岁），而且酒量很大，但他最能节制，每次只喝八斗，然后就坚决不喝了，不像刘伶和阮咸那样，坚持“有酒必喝，一喝必高”的原则一生不动摇。

司马昭听说山涛只喝八斗，有点不信，曾经让人换上小杯，暗中加酒，哪知他表示坚决不喝、放下酒杯的时候，司马昭一计算，山涛这时正好只喝了八斗。司马昭对他更加佩服。

山涛虽然不是司马炎秘密小团体中的成员，但他圣贤书读得多，没有一点儿开放精神，满脑子全是“立嫡立长”的思想，因此看到老大问他时，马上就搬出这套理论来说服司马昭，说:“废长立少，违礼不祥。”

司马昭又问贾充。这家伙就更不用说了，听到老大的问话，马上就对司马昭大唱司马炎的赞歌:“中抚军有君人之德，不可易也。”贾充说完这话之后，何曾和裴秀立刻接下去更深一层论证:“中抚军聪明神武，有超世之才，人望既茂，天表如此，固非人臣之相也。”这就从伦理上充分论证了司马炎才是老大的合格人选。司马昭一听，想了一想，为什么以前没有想到这方面？差点儿违背了上天的意志，还是民主点好。什么事都独断，会断送司马家的天下的。

他马上下决心立司马炎为继承人，并着手大力提拔培养这个儿子，第一步是让司马炎当中抚军兼副相国，而且可以开府办公，一个月之后，又提拔他当抚军大将军——以前司马昭就是从这个位子接过老兄的权力大棒的。到了这一步，谁都知道，司马氏下一个带头人就是司马炎了。

司马攸这时到底是什么心情我们无从知道，因为史书没有记载。但估计是超级郁闷；否则，就不会有以后的那个结局了。

现在只剩下司马炎在哈哈大笑了——只等他的老爸一死，他就是全国第一把手了。裴秀、何曾、贾充这几个投机的家伙也在狂笑着，只等司马昭一咽气，他们就成为开国功臣了——这个开国功臣也太容易了。

司马昭绝对想不到有这么多人在希望他死去，而且全是他的死党啊。

果然过了不到一年，即魏国年号的最后一年咸熙二年的八月初九，司马昭真的死了。这一年是公元 265 年。

司马炎继承了司马昭所有的官爵，成为魏国实际最高领导人。

他早就想当皇帝，到了这个时候已经没有耐心了。当了几个月的晋王之后，觉得没一点儿意思了，就决定把曹奂换掉。

大种祸根的开国之君

司马炎以晋代魏的程序按照曹丕的例子进行着，让曹奂当陈留王，待遇参照汉献帝——曹丕地下有知，肯定哭笑不得。

但司马炎不会去管曹家人的感受，他只是把曹氏称帝后的这一段历史复习一遍，得出一个结论：曹操子孙被他们祖孙四人像玩面团一样，想要他们圆他们就圆，想要他们方他们就方，而居然没有一个人出来说一句公道话——即使现在把曹奂换了，手下那一班员工都是“今日魏臣，明天晋臣”，忙着转换身份。倒是他的叔祖司马孚不知是哪根筋作怪，当了大晋朝的皇叔祖之后，却跑过去拉着曹奂的手，一脸泪水地说自己是魏臣。其他人对曹家却没一点儿表示。出现这个局面的最主要原因是，自曹丕开始就有一个传统，对自家的人都不相信，所有的皇亲国戚都集中在邺城，个个都有个“王”的爵位，但却只拿高工资，没有一点儿权力，他们的存在只是相当于一个大财主。一旦内部出现像司马氏这样的牛人，登高一呼，推翻他们的政权容易得很——虽然有很多人想反抗，想不同意，可拿什么来表示不同意，拿什么来反抗？要是不满，连头也得让人家砍去。

司马炎也跟很多皇帝一样，想得最多的不是人民的生活，而是如何让他的子孙世世代代地把皇帝这个职业当下去。他在总结了曹魏政权教训之后，马上就进行体制改革，先把曹家的这个不信任自家人的传统废除，接着改革了另一个制度，就是“人质制”。原来曹家不只不信任自家的人，也不信任别人，但总得有人做事，需要人家去帮他们打仗，对付吴、蜀两个敌人，因此他们就制定了一个政策：凡是带兵出征的高级将领，都得把家属留在首都当人质，然后上前线。用这一招来防止将军们叛国投敌。司马炎认为，这是缺乏诚信的政策，自己既然改朝换代，就应当努力建设一个诚信政府。所以曹家的这些制度不能留下来。

他觉得只有把权力交给自己人，才能让他的子孙长治久安下去。因此，他一上任，先按惯例追尊爷爷司马懿为宣皇帝、司马师为景皇帝、老爸为文皇帝。然后就开始大封活着的亲戚：封皇叔祖父孚为安平王、叔父干为平原王、亮为扶风王、胄为东莞王、骏为汝阴王、肜为梁王、伦为琅邪王、弟攸为齐王、鉴为乐安王、机为燕王，又封群从司徒望等十七人皆为王。他不但封他们为王，而且还给这些王很大的权力——因为这些王都是他的叔伯兄弟。他认为，只有让本家兄弟掌握国家的大权，一旦司马氏有什么意外，这些宗亲就会带着部队从四面八方赶来救援，可做到万无一失，从根本上确保司马氏王朝能一统江湖、千秋万代。哪知，却种下了乱国的大祸根——中国历史上的王朝没有哪个是千秋万代的，但开国之君就为乱国做了如此充分准备的，只有司马炎了。

不过，司马炎开始时做得还算称职，并做了几件可圈可点的事。

第一件事是大力提倡勤俭节约。他虽然是花花公子出身，没登皇位时，吃喝嫖赌，但当了皇帝之后，居然也知道这个家难当，因此，马上下令要求大家发扬勤俭节约的优良传统。他也是个很会作秀的高手。他把宫中很多珠宝都分给那些在职的王公大臣，一来可以收买人心，二来也可以表示自己已经不奢侈了。有一次，人家向他报告，祭祀大典用的牛青丝绳断了。他眼珠一转，马上叫人用麻绳补上——麻绳比青丝在价格和档次上低了不止一个档次。人家看到他连这一点都舍得把成本降下来——这可是祭祀用的啊，知道他真的很勤俭节约了。

第二件事是大力提倡农耕。他现在虽然是皇帝，但孙皓还在南方当他的吴国皇帝，因此，他这个晋国皇帝当得也有点不够完整，必须得把孙皓灭掉，使得祖国江山全归司马氏，这才是一个完整的皇帝。但要让孙皓变成刘禅那样，还得打仗啊。打仗靠的是综合实力，而不是靠头脑发热。因此，司马炎决定大力发展农业，努力提高国力。他在洛水一带承包了一块责任地，以示对农业的重视——当然，他并不像农民那样，天天到那块田里，插秧到收割，做得不亦乐乎——他只是在那里作一下秀，泰始四年（公元268年），他跑到那块田里，推了三次犁。他的作秀，只是做给大臣们看、做给史官看——这个史官也太认真了，连皇上推了几次犁也记得这么清楚。

他虽然作秀，但却取得了很好的效果，使得他当政的前几年，国内经济和人口迅速增长。

第三件事是他叫贾充主持制定了一套法律。当然，你是知道的，这种制度是做不到以法治国的，不过，有一套完善的法规总比没有的好。贾充别的很多事做得有点儿让人看不顺眼，但这家伙主持修订的这套法律却是有划时代意义的，他也因此而成为中国历史上有名的法学专家。这套法律就是《晋律》。

司马炎做了上述的几件事，还算是很有积极意义的——当然，他不是为了社会进步才做这几件事的。他做的这些就像我们历史书上所说的：完全是为统治阶级服务，是为了司马氏当这个国家第一把手到地老天荒的。

可接下来他做的一件事，对他开创的大晋朝产生了沉重的打击。

这件事，就是立太子事件。

大家都知道，如果接班人选得不对，那后果不堪设想，因此，很多皇帝虽然也没什么水平，但也不会选一个差的人当接班人。

可司马炎硬是选他的那个儿子司马衷当了太子，要这个家伙在他死后当大晋朝的第一把手——其实司马炎一点儿不缺儿子，他一共生了二十六个儿子，这些儿子中除了司马衷外个个正常得很，而且有的还很牛——后来八王之乱的“八王”中，就包括他的三个儿子。

这个司马衷就是一个十足脑残人士。他脑残到什么地步呢？脑残到连宫女都敢嘲笑他的地步。司马炎原来把自己的才人谢玖转让给这个儿子，没多久，谢玖就生了那个叫司马遹的儿子。本来生了这么一个儿子，也是很正常的。可司马衷居然不知道自己生了这么一个儿子，早已成为一名爸爸了。有一次他在一个地方看到一个孩子，觉得很可爱，就想跟他玩。他老爸问他:“衷儿，你知道这个孩子是谁的吗？”他摇摇头说不知道。他的老爸说，这是你的儿子啊。他这才知道自己有了个儿子。

司马衷脑残，但司马炎并不脑残。这家伙脑袋灵光得很，否则，现在坐在这个位子上指定接班人的就不是他，而是他的老弟司马攸了。他也知道他的这个儿子是个智障人士，他之所以立这个儿子做太子，居然是因为司马衷生了一个他认为很聪明的儿子。估计司马炎做了这个决定之后，会很佩服自己是哪来的灵感，能做出如此高瞻远瞩的决策。只是打死他也没有想到，他的这个决定，再加上封的那几个同宗为王的事，已经种下晋朝大乱的祸根。而且在他做出这个决定时，居然没有反对的声音。

要知道，司马炎虽然是当时最大的独裁者，但做起事来还是很民主的——否则，他就不会进行体制改革，多设了那个谏官的职位。这个职位是什么职位？就是专门向皇帝谏言的职位，如果是秦始皇一类的皇帝，能设这个职位吗？后来很多朝代不断地进行体制改革，但这个岗位却留得很久。他在这方面继承了他老爸的光荣传统，对敢于向他发出不同声音的人还是很宽容的。还记得那个山涛吧？就是号称竹林七贤中的那个山涛。他在当时应该是最吃香的人。平时跟阮籍他们一起混，以喝酒为第一要务，还顺带吃一些“七步散”之类的东西（后来那个裴秀就是吃这种东西死掉的），时时头重脚轻，看上去很有人为艺术的味道，赚了很大的人气，然后又投靠司马氏，官当到尚书，说的话对司马昭都有影响，属黑白两道通吃的那种人。那个司隶校尉李憙曾经举报刘友、前尚书山涛、中山王睦、尚书仆射武陔各占官稻田，应当撤职。可司马炎一看，别人可以处理，可山涛是大名士，是自己的恩人啊，没有他那句话，自己能不能当皇帝还是未知数呢，因此就在举报信上批示:“友侵剥百姓以谬惑朝士，其考竟以惩邪佞。涛等不贰其过，皆勿有所问。憙亢志在公，当官而行，可谓邦之司直矣。光武有云:‘贵戚且敛手以避二鲍。’其申敕群僚，各慎所词，宽宥之恩，不可数廷也！”把责任都推到那个立进县的县长头上，其他三个朝廷大员只是帮凶而已，最后还是让他们过关。他还大力表彰了李憙。这个李憙虽然没能把贪官拉下马，但却因此受到表彰，比起后来那个郭允光因为举报贪官而坐了八年牢要好得多了。

司马炎对这件事的处理，后来被他那个同宗司马光批评得很厉害。但司马炎就是这样一个人，就是原则性不很强的人。

这时，看到立太子时，居然没有一个反对的声音，他还以为大臣们都在认同他的抉择呢。其实这关大臣们什么事。这天下是司马家的，谁当皇帝是司马家的事，他们只是打工的，只要给他们工资，让他们腐败，不把他们从利益集团里踢开，他们就高兴了，何况要是立个精明的人当太子，以后他当了皇帝，倒不好办了。这个司马衷，他能反腐败吗？他有水平反腐败吗？估计什么叫腐败都不知道呢。等司马炎一死，他们的春天就要到来了。谁去反对立司马衷当太子，就说明谁比司马衷还要司马衷。

立了这个太子之后，司马炎又走错第二步棋。

这步棋原本他是不打算走的。

但因为他的耳朵太软，本来决定得好好的事，硬是让别人的几句话全部推倒重来。

这步棋就是关于太子老婆的问题。

虽说刘邦早就知道，皇帝老婆要是在朝政插进一腿是相当危险的事，因此，老早就有个规定，后宫不得干政。而且历史多次证明，后宫干政的后果是很严重的。这一点，司马炎开始应该是很清醒的，尤其是他那个衷儿，要是娶了个强悍老婆，早晚这天下就会成为媳妇的天下。所以，他计划为他儿子说一门亲事。那时是讲究出身的，能跟皇帝结亲家的人一定也是个好门第，也就是说，老爸也是个大官。司马炎经过长期观察，认为卫瓘的女儿可以当他的儿媳妇。

可后来的一件事，居然让司马炎改变了这个决定。

原来北方的胡人作乱，并内外勾结，把凉州刺史牵弘打死在战场上，造成不良的影响，司马炎问侍中、太子少傅任恺：“谁可以去摆平北方的作乱分子？”

任恺跟贾充历来有矛盾。前不久，贾充想把任恺的侍中位子拿掉，就向司马炎建议，要任恺当专职的太子老师，不要老跟在司马炎的后面，让他一见就心烦。谁知司马炎不但让任恺当太子少傅，而那个侍中也没有免掉，气得贾充差点儿吐血。

任恺是什么人？到了这个时候，当然没有忘记报复一下贾充。他马上对司马炎说：“宜得威望重臣有智略者以镇抚之。”

司马炎又问：“谁可者？”

任恺说：“就是贾充啊。现在朝中谁有他那么有威望？”

司马炎一听，把这个事又跟河南尹庚纯商量一下。这个庚纯其实也是一点儿不纯，也是任恺的死党，同时也是贾充的死对头，估计平时两个人在一起时，就经常设计这方面的事，早就达成共识，这时听到老大一问，马上就表示举双手赞同：“只有贾充这样有威望的人才可以完成这个光荣而艰巨的任务啊。别人去我们不放心，老大你能放心吗？你看看那个牵弘，前车之鉴啊老大。”

司马炎一看，民意测验百分之百都同意这个方案，说明这个方案是可行的，马上就下文，任命以充为都督秦、凉二州诸军事，侍中、车骑将军如故。

贾充一接到这个任命书，两只眼睛就对着墙壁发呆。他不用想也知道，一定是任恺那家伙捣的鬼，想把自己调出首都。这家伙知道自己这么多年来得罪的人多，只是因为天天跟在皇帝的后面，因此，那个反对党没有打击他的机会。如果远离权力中心，以后就不好说了。虽说老大是个很宽大的人，但同时也是个耳根软的人。而且更要命的是，贾充知道自己也不是打仗的料，估计跟敌人在战场上较量，水平不会比那个牵弘高到哪里去，越想越觉得全身发冷。但皇帝的任命书已经下来了，再怎么发冷也不能推脱。

他准备去报到时，很多官场上的朋友也像往常一样，过来给他送别。贾充知道，他今天一去，以后的命运可就不好说了，因此抓住最后一个机会，就问荀勖你还有什么办法让我留下来？

荀勖的脑袋很灵，灵得让你觉得不可思议，当场就劝贾充说，只有让太子变成你的女婿，才有借口不去啊。

贾充一听，果然是好计谋。这不但保住了政治前途，而且还可以继往开来，为贾家以后打下更好的基础。现在只是老大的跟屁虫，要是这婚事一成，不就成了老大的亲家了？等老大一死，自己可是皇帝的岳父大人，看看那个司马衷的模样，以后权力不全交给岳父大人还能交给谁？

贾充突然之间脸上就容光焕发起来，不管把眼睛转到哪个方向，都觉得前途无限光明。

告别宴会一结束，他并没有离开首都，而是着手女儿的婚事。贾充打仗是外行，可拉帮结派、走门路却是高手。

这家伙虽然被很多人骂，反对党到处都有，但死党也是不少。他马上发动荀勖、荀顗等一批死党，只要有机会，就对司马炎吹风，说贾充的女儿如何的好、如何的漂亮动人，要德有德、要貌有貌，反正什么好处她都有——这些死党都知道，要是贾充离开首都，远离决策中心，那些反对党接下来可就放开手脚大干一场了，到时可就不是贾充一个人的事了，他们都得跟着被人打翻在地。因此，保住贾充的政治生命，就是保住他们这一群人的生命，他们个个都为这事努力奔波，力争把贾充的女儿推销给司马炎。贾充还全家动员，让他的老婆郭槐拿着钱财去收买杨皇后身边的工作人员，那帮皇后身边的工作人员，看到那么多钱财哪有不卖命的道理？而这个杨皇后也跟很多领导一样，对身边工作人员的话最容易听得进。没多久，杨皇后也成了拥贾派，每晚在司马炎面前大吹枕头风。这些战略果然取得辉煌的胜利。

司马炎刚听到皇后要求娶贾充之女为太子妃的建议时并不同意，不同意的理由是："卫公女有五可，贾公女有五不可：卫氏种贤而多子，美而长、白；贾氏种妒而少子，丑而短、黑。"可杨皇后却用上女人特有的纠缠功夫，不管老公摆出什么理由，她就是要求娶这个贾美女。后来，那几个贾充的死党又进一步在他面前高度赞扬贾充的女儿是个德才兼备的美女，是下一代皇帝老婆的最佳人选。这几个家伙也是看透了司马炎这个人，他们当然知道，贾美女丑得让他们一见，脸上就会像吃了青柿子那样，变得很难看，但这漂亮又没有国际标准，你可以说丑，那我为什么不能认为漂亮。司马炎的那双耳朵本来就有问题，这时，看到舆论全倒向贾充的女儿，想了想，就同意了这门婚事。本来，他们提名上去的是贾充的小女儿贾午，可因为12岁的贾午“短小未胜衣”，非但一点儿不性感，就连嫁衣都穿不起，只得换上贾充的另一个女儿冒名顶上去。这个女儿就是后来大大有名的贾南风。

历史后来证明，司马炎先前娶卫女的决定是没有错的，而他现在的选择，又使他建立的大晋王朝不久之后大乱的局面雪上加霜。

司马炎只顾让耳朵少一点噪声，却完全没有想到，贾充是个什么样的人。这可是个为了自己利益敢于把皇帝杀死的人啊，现在把他的女儿定为未来的皇后，那将是个什么样的局面？如果司马衷的脑袋好用一点儿，贾充可能还会放老实一点儿，可你看看司马衷的样子，到头来大晋的天下还不是他说了算？他一天到晚老为以后着想，花了大量的脑筋，却在这件事上短视得不可思议。

贾充高兴得牙齿差不多都掉到了地上。他终于又留在了首都。

司马炎为儿子讨了个丑老婆，可他对自己的女人要求却高得很。他在这方面不但讲究质量，而且也讲究数量。

他在泰始九年（273年）公开选美，而规模的隆重，堪称历史之最。他开始觉得后宫的编制太少，就下了个文件：决定从三公以下官员的女儿中挑选质量过关的美女进入皇宫，充当嫔妃。有胆敢瞒报、不报的，都当作“不敬”来依法处理。在这项工作宣布结束之前，全国禁止结婚。由皇后杨艳任选美小组组长。你一定得知道“不敬”这个罪名是欺君之罪，是可以杀头灭九族的。

杨皇后本就对司马炎这么大规模招嫔妃很反感，这时还要当负责人，心里当然有气，在心里骂了几句粗话，便定了个标准：只选身材苗条高挑的，以及皮肤雪白的进宫，那些容貌漂亮的，她看一眼就宣布落榜。

司马炎一看，这些美女虽然长得雪白粉嫩，又高又苗条，可这脸好像是恐龙的传人。他马上把“愤怒”两个字用大写写在脸上，免去杨皇后选美小组组长的职务，由他亲任组长，而且亲临工作第一线，对美女进行面试，一旦他觉得不错，说一声要，就用黑纱在那位美女的粉嫩手臂上打个结，表示入选。工作程序大大地简化了。

名将与名将的对垒

司马炎最大的成就，不是制定了《晋律》，更不是立了笨太子，而是派部队打过长江去，使中国经过几十年的分裂之后，又重新统一在他的领导之下。

他决定搞定孙皓是在当了十四年皇帝的那一年。从这点上看就知道，他是做过充分的准备工作的，这跟当初他谋划当这接班人一个样。其实从他当皇帝不久，就接受了羊祜的建议：要取得灭吴战争的胜利，最好的办法就是派舰队从上游顺长江而下。并按照羊祜的规划，派王濬任益州刺史，并加号“龙骧将军”，专门负责组建攻吴舰队。王濬这个家伙到益州后，马上带着部队大砍大伐，制造当时世界上最大的船只，准备打造一支全世界战斗力最强的水上作战部队。那船大到什么程度？“长百二十步，受二千余人，以木为城，起楼橹，开四出门，其上皆得驰马往来。”居然能在上面跑马，相当于当时的航空母舰。据说，他造船的废料“蔽江而下”，惊动了东吴的建平太守吾彦。吾彦马上从江上取了废料的样本，跑到吴帝孙皓面前说：“晋必有攻吴之计，宜增建平兵以塞其冲要。”可孙皓对吾彦的话却一点儿也听不进去。吾彦没有办法，只得大办钢铁，“为铁锁横断江路”。如果这时孙皓看出问题的严重性，加强防备，后果也许还不那么严重。可这家伙只认为自己是最聪明的人，自己觉得没事，这天下就一定没事。

而且这期间，吴国在陆抗的带领下，曾经取得了一次对晋战争的胜利。

这是一次名将与名将之间的对决。这一次吴国的前线指挥官是陆抗，也就是陆逊的儿子，而晋国的前线总指挥就是羊祜。羊祜和陆抗这两个家伙不但是当时有名的大将，也是人气很旺的名士。陆抗的出身那是不用说的了，而羊祜的出身也是很牛的，他的老爸虽然只是上党太守，按官职来说算不了什么，可他的外公却是鼎鼎大名的蔡邕先生——那时讲的都是根正苗红。所以，羊祜小的时候，虽然他的老爸提前死去，但他还是很有名。据说，他还在很小的时候，“游汶水之滨，遇父老谓之曰：‘孺子有好相，年未六十，必建大功于天下。’”我们不知道这个父老是谁，但这么一句话，却给羊祜做了一次强大的推销广告——那时的舆论还是很重要的，即使是一些八卦，也能让你人气大涨。而且这家伙也确实是个做名士的好料，虽然还很粉嫩，但却“美须眉、善谈论”，这两个特点完全符合做大名士的条件。他也因此得到夏侯威的看重。夏侯威就是夏侯霸的弟弟——那时还是曹家的天下，夏侯氏当时也是有权有势的一族。夏侯威看重他之后，还把夏侯霸的女儿嫁给他当老婆，这就让他的社会地位迅速上涨，为以后的升迁打下了良好的基础。

他处世的水平很不错，虽然跟曹家有这一层亲戚关系，但却在夏侯霸叛国投敌后没有受到一丁点儿处分，而司马炎在改朝换代之后，对他更加重用，没多久就做到“都督荆州诸军事、假节、散骑常侍、卫将军”。他虽然是将军，但就是在军营里面，也是“轻裘缓带，身不披甲”，一副休闲打扮。有一次，他半夜外出溜达，也不带什么警卫人员，军司徐胤拿着兵器挡住大门，对他说：“老大你以为你跟我一样？死了没什么损失？你现在带着大军，干的是大事业。你要是死了，是国家的损失、人民的损失。今天除非你把我杀了，我才开这个门。”羊祜一听，对徐胤表示感谢，从此不再夜出散步。司马炎这辈子重用的人，很多都是垃圾，唯独他坚持重用的羊祜和杜预是当时难得的人才，而且能重用到底，从不打折扣，并且放心地把完成统一大业的重任交给了这两个人。羊祜第一次最引人注目的出场，就是跟东吴名将陆抗的对决。现在，我们来看看这两个名将的较量。

故事发生在泰始八年（公元272年），事件的起因是步阐的叛逃。这家伙当时是昭武将军兼西陵督，本来在西陵好吃好喝，从没有叛国投敌的想法。可这一天，突然接到孙皓要他回京的通知。这时所有的人都知道，这个孙皓已经接近变态的边缘，到了动不动就杀人的地步。步阐以为一定是自己在什么地方得罪了孙皓，现在叫他回去是想杀掉他，心里怕得要命，决定向晋朝举白旗。

陆抗知道后，马上命令左奕和吾彦带兵去讨伐。

司马炎也马上作出相应的部署，“遣荆州刺史杨肇迎阐于西陵，车骑将军羊祜率步军出江陵，巴东监军徐胤率水军击建平，以救阐”。这是司马炎上任后第一次与东吴发生大规模的军事冲突，因此，他还是很重视的。

这时，晋军的兵力远远多于东吴，按道理取胜是没有问题的。可因为他们遇到的敌人是陆抗。面对来势汹汹的敌人，陆抗却一点儿不怕，只是“敕西陵诸军筑严围，自赤溪至于故市，内以围阐，外以御晋兵”，这个命令下得很急，弄得将士叫苦不迭：当兵是打仗的，现在都加班加点去修什么工事，成了挖土方的农民工。他们都一致强烈要求陆抗趁现在大伙士气旺盛，向步阐发起总攻，把这个叛徒抓住。陆抗最清楚西陵的工事是他以前修筑的，绝不是豆腐渣工程。但他看到这些将领的情绪太激动，只得下令攻击。结果，白费了一天的力气，除了总攻失败外，其他没一点儿收获。这些将士这才老老实实、继续加班加点修筑工事。

这时，羊祜带的五万大军正浩浩荡荡地冲向江陵。

陆抗却一点儿不管，只是带着主力部队向西陵狂奔。

他知道，西陵才是真正的战略要地。

羊祜知道江陵有一条人工河。他现在最想利用这条人工河作为运输的水道，因此就玩了个虚虚实实的手段，到处叫嚷着要破坏这条水道——因为这条人工河是东吴人开凿的。他以为这么一叫嚷，东吴人肯定会更加保护这条人工河，保护这条人工河就是保住了他几万大军的生命线。如果他的对手是其他人，估计他的这个办法会很成功。可他现在的对手是陆抗，而且他更想不到的是，这条河原来就是陆抗拍板挖的。他深知这条水道的利害关系：平时可以切断两国交通，一来可以防止叛徒逃走，二来可以抵抗一下晋国的入侵。而现在，既有叛徒在内，又有敌军狂奔来援，这条河对他来说，原来的功能已经丧失，而羊祜还这么宣布，肯定是怀有不可告人的目的。

陆抗马上命令张咸把水坝掘开——这个张咸以前是开凿这条人工河的总指挥。

很多人都对陆抗说，不要破坏这个工程啊，现在全国那么多豆腐渣工程，你想破坏就去破坏，这样一个质量过硬的水利工程，你还是留下来吧。

但陆抗却不接受，说他要破坏的就是它。

羊祜带着大军来到当阳一看，水坝没有了。只得把带来的船舰丢掉，改用车辆运输，每天走不了几步路，痛苦得很。他知道遇上高手了。但到这时才知道遇上高手，能有什么好结果？

陆抗用这一招使羊祜的主力部队在山路上骂骂咧咧着行军。

这时，杨肇率晋军的另一路部队已开到西陵。

陆抗叫公安督孙遵在长江南岸跟羊祜对垒，叫水军督留虑迎战徐胤，他自己率主力进入西陵，跟杨肇对抗。

就在这时，陆抗手下的管都督俞赞不知是吃错了什么药，还是觉得前景不光明，突然跑到杨肇的指挥部里投降了——本来，对他个人而言，从东吴投降到晋国，绝对是个很好的选择，可在这个时候去投降，时机明显不成熟。

因为，这时杨肇正被陆抗包围得一口气也不能放松，其前景比俞赞更加不光明。如果你硬说他的前景光明，也只有俞赞投降过来时，他才感到光明。因为俞赞长期跟在陆抗的后面，最了解陆抗现在的作战部署。现在俞赞就把陆抗部署的包围圈的薄弱环节跟杨肇全都讲了出来。杨肇一看，原来这个地方是少数民族部队负责的，就命令全军好好吃饭、好好休息，明天就从这个地方撕开缺口，突围出去。叛徒还真有用。

可他们想到的，陆抗更会想到。本来，出了这样一个叛徒对陆抗来说问题很严重，但他却把严重问题变成有利条件。他连夜换防，把少数民族部队全部调走，把精锐部队顶上去。

杨肇哪知道陆抗已经做了手脚，叫那些吃饱喝足睡够了的部队向既定方向发起冲锋，要冲破敌人的包围圈。谁知，一到敌军阵前，“矢石雨下”，那些肚皮装满了食物的士兵一片一片地倒下。杨肇这才知道上了陆抗的当。只得又缩了回去。可缩回去也不是办法，最后又决定突围出去。上次吃了白天突围的亏，这次他就改在夜间，寻了个空当，偷偷地溜出去。陆抗想追击他，但又怕兵力不够，反而让那个大叛徒步阐逃之夭夭。因此，他只是叫士兵们猛擂战鼓。

杨肇正跑得路都看不见，也不去分析一下这鼓声所含的成分，只怕被东吴兵追出来，更是拼命狂逃。为了能轻装逃跑，不但把兵器都扔掉，最后连军装都脱下丢在地上。陆抗看到他们现在除了逃跑之外，已没有别的能力了，就派一支小部队去追击，硬是又把杨肇痛扁了一顿。

羊祜看到杨肇部队玩完，知道自己再努力下去也没什么作为了，只得宣布撤军。

这样，就只剩下步阐一个人在奋斗了。

结果，陆抗顺利地“拔西陵，诛阐及同谋将吏数十人，皆夷三族”。

陆抗是东吴国最后的将军，这一场战争也是后三国时期最为精彩的战争。然而，孙皓却没有好好地利用陆抗。

司马炎却很能利用陆抗的对手羊祜。虽然因为羊祜在这场战役中败给了陆抗，而不得不给羊祜进行了处分：“坐贬平南将军”，但仍然让他主持伐吴的工作，级别降了一个档次，但权力还是原来那个权力。

羊祜知道，陆抗还在，想搞定东吴很难，因此，就在两国边境进行和平相处政策，以争取民心。他因此还和陆抗结交成为一对好朋友。两人在各为其主的同时，互有往来。先是陆抗送了一坛好酒给羊祜。羊祜收到后不用菜就一口气喝下去，连叫好酒。当然，羊祜也不白喝陆抗的酒。他打听到陆抗有病，就叫人带了个偏方过去送给陆抗。陆抗手下的人劝陆抗不要乱吃这个药。陆抗却说：“哪有下毒的羊祜。”一点也不怀疑地把药吃了下去。这个时期，正是名士们张扬个性的繁荣时期，大跌眼镜的事做了很多，但像羊祜和陆抗这两人交往的还真不多。两人把战场变成了张扬名士行为的舞台。当然，两人也不完全是为了当名士才这样做的，其政治含金量也是很高的。其目的都是取得边境对面老百姓的民心，从而征服敌国的民心。司马炎是知道这个作用的，也知道羊祜会处理好这些事，所以羊祜获得了预期的效果。而陆抗的领导水平太差，根本没有理解陆抗的真正含义。这家伙曾经派人去质问陆抗，为什么这么没有立场，跟敌人在边境上拉拉扯扯？幸亏陆抗不是别人，否则，孙皓早就叫刀斧手上去，直接就把那颗头砍下来了。

孙皓因为取得了这场胜利，头脑更加发晕，觉得摆平这个天下一点儿难度也没有了，对内实行恐怖政策，看谁不顺眼就杀谁。

司马炎对手下的相信程度比他的老爸更高。他老爸或多或少都还懂得点儿军事，有时也上上前线，壮壮士气。而他只在宫里，大概觉得一来自己不会打仗，到前线去，只会误事，还是让会打仗的人在那里；二来自己是天下的第一把手，主要任务是发现人才，然后利用人才，这才是最关键的。现在，他发现了羊祜和王濬这两个人才，就把对付东吴的事完全交给他们。

他放心之后，想得更多的就是美女。

上次在高级领导干部家中选美女之后，他觉得这个活动很成功，也让他很舒服——如果不开展这个活动，能发现那么多美女吗？都说，山野藏麒麟，那山野是不是真的有麒麟，谁也没见过，但人间一定是有美女的。那些高级官员的女儿虽然长得不错，但生活在底层的美女一定不少。于是，他决定把这个活动大力推广。

这家伙在这方面的工作效率是很高的。他一想到这个事，马上就向各级政府发文，为了解决皇帝的生活需要，决定征集普通民家、低级军官、低级武官的女儿进宫。此次征集的指标为五千人。工作一展开，各地送上的美女陆续到达皇宫。这些美女一进皇宫才知道，她们基本上都成为皇帝老婆以及那些嫔妃们的工作人员。这些人立马知道，她们的花容月貌就会消耗在这个皇宫里了，她们以后除了天天跟太监、女人打交道之外，不会再接触到任何一个帅哥了。这些美女这么一想，一下就哭了起来。这一次美女大哭，规模极为隆重，“号哭于宫中，声闻于外”。

还是这一年，司马炎的大老婆杨艳死掉。司马炎虽然后来向全国各地征集了大量美女，但对这个杨美女的感情还是不错的。可这个杨美女却只为他生了一个儿子，而且她还为了捍卫这个儿子当司马炎的接班人地位进行了大量工作，又为儿子讨了贾充的女儿，直接为晋朝的内乱埋下了两颗定时炸弹。

杨老美女为儿子的成长是操足了心。她在临死的时候，最怕的不是她要死了，而是怕她死之后，司马炎立别人做第一夫人，那时，司马炎肯定会听下任第一夫人的话，废掉自己的儿子，那可就不妙了。她躺在病床上，终于想出了一个办法，在司马炎去看望她的时候，向司马炎极力推荐她的堂妹杨芷过来当她的继承人。

司马炎本来就有听她话的优良传统，到了这时，也就想，人之将死，其言也善，就再听她一次吧。而且她长得这么漂亮，那个杨芷也不会丑到哪儿去，就马上答应了她的要求。

杨芷的老爸就是那个杨骏。在两年后，司马炎跟杨芷结婚并任命她为第一夫人时，杨芷的叔叔杨珧就知道，这不是一件好事，为了自保马上对司马炎说：“自古一门二后，未有能全其宗者，乞藏此表于宗庙，异日如臣之言，得以免祸。”司马炎一看，一门两后，正是你们家的福气，哪来的祸？但他觉得好玩，居然批准了杨珧的做法。

就是打死司马炎他也想不到，这个没给司马氏做过什么贡献的杨艳，在差不多死的时候，又给他建立的大晋王朝的大乱作了一次强有力地铺垫。

司马炎和杨艳的这些动作再一次证明，有时历史就是某些人改写出来的。

同样在这一年，吴国后期最耀眼的将星，那个大败过晋军的陆抗死去。

杨皇后死的时候，不声不响地给司马氏留下了祸乱的根源。而陆抗的死，对东吴是个致命的打击。当然，这个打击，孙皓是一点儿感受不出来的——陆抗临死时，用生命的最后时光给他的领导写了一封长长的信，说明了东吴西部战略地位的重要性，要求孙皓以后要不惜一切代价，堵住西陵那个国防漏洞。可孙皓一看，你死就死了，地球照样转，还写这么长的信做什么？谁有耐心看完？

陆抗一死，对羊祜而言，是一件特大喜讯。

他在晋吴边境上消磨这么多年的美好时光，等的就是这一天。他不怕陆抗死去，但他最怕孙皓挂掉。怕他一死，东吴突然出现一个真正的英明领袖来，要搞定他们还真不容易，因此，要在陆抗死后，孙皓未死，东吴只有暴君没有人才的时候，打响对吴最后一战，是一件成本低、成效快的事。否则，就不好说了。

他把这些想法做成一个可行性报告，交给司马炎。

终于灭吴

司马炎拿着这个报告给大家讨论。一班大臣这些年来，大都手执牛尾、穿着宽大的衣服开展清谈业务以及钩心斗角的业务，好像都记不起长江以南还有个以孙皓为首的大吴帝国，还需要他们跟司马炎去战斗，去完成统一大业，这时突然看到老大拿着这个报告来把灭吴之战提到议事日程，觉得太突然了，都还没有准备，打什么仗。打仗可不是清谈，像做游戏一样，今天败了，明天再来。这仗一失败，可就永远抬不起头啊。你要打，我们没办法，但我们的意见是不要打这种没有准备的仗。

司马炎在国事上还是比较民主的，听到这么多人反对，耳朵就软了下来，收起羊祜的可行性报告，不再讨论下去了。

羊祜再次上书，但那些高层仍然持反对态度，而反战派的中坚力量、骨干分子是贾充这些人——理由是北方那些少数民族还在作乱。针对这个理由，羊祜又说："摆平东吴之后，这些胡人的叛乱自然能搞定。"不幸的是，又应了"真理有时只掌握在少数人的手里"的名言，在这么多人中，主战派只有度支尚书杜预和中书令张华，其他人不管有没有理由，都一直顶贾充他们的意见。司马炎只得再把这事搁置，忙着去操办他与杨芷的婚事了——这事绝对没有谁敢反对。然后，把杨骏从镇军将军提拔为车骑将军——尽管有几个大臣认为，杨骏水平不行，不能当车骑将军，但在这种事上，司马炎的耳朵硬得很。

羊祜无奈，唯有一声叹息，说了那句后来很有名的话："天下不如意，恒十居七八。"然后就只有衷心祝愿孙皓身体健康，不要"英年早逝"了。

第二年，也就是咸宁三年（公元277年）。三月，平虏将军文鸳率部把北方少数民族痛扁了一顿，稳定了北方局势。

不久，卫将军杨珧又向司马炎提了个建议，重新进行一次人事大调整，把所有的亲王都派到各地去，散布全国，以便捍卫中央。司马炎一听，正合他意——你一看就知道，司马炎的这个动作，又把晋朝向乱世推进了一步。

司马炎手下最坚定的主战派羊祜不久也跟陆抗一样死掉了。司马炎很伤心，哭得眼泪流到胡子上都结成了冰块。他虽然因为反对意见太多，没有批准羊祜伐吴，但他绝对信任羊祜，知道羊祜绝对是司马氏的老黄牛。因此，他在羊祜还没有彻底咽气的时候，抓紧时间问他，谁来接他的班？

羊祜说，我死了，还有杜预呢。老大您放心吧。

司马炎马上任命杜预接替羊祜的职务，主持对吴工作。从这个角度上看，司马炎灭吴的决心还是很大的。

只是因为那些反对意见，使得这个决心老是搁浅。

直到咸宁五年（公元279年），那个奉命造船的王濬再上书，要求搞定东吴。他向司马炎陈述了三个条件：一、万一孙皓死了，东吴立了一个伟大的领导人，那就不好办了。二、大船已经造好，现在只是泡在水里，不断地烂下去，等以后烂完了，拿什么"顺流而下"？三、现在他已经七十多岁了，随时都会死掉。要是他死了，谁来统率这个水军？

司马炎接到这个报告后，觉得跟羊祜讲的一样，而且再不打下去，一年接着一年，不光杜预、孙皓要死光光，自己也会老死啊。

他这么一想，就下了决心，向东吴进军。而贾充、荀勖、冯紞这几个热爱和平的家伙还是表示坚决反对。司马炎这时没有耐心了，把那个“怒”字大写在脸上。贾充他们一看，这才知道，再反对下去，后果会很严重，慌忙摘帽子趴在地下，表示与他在政治上保持高度一致。

山涛过后居然说：“自非圣人，外宁必有内忧，今释吴为外惧，岂非算乎！”在这家伙看来，一搞定东吴之后，定会出现内乱，所以为了保持大晋王朝国内的社会稳定，必须留下这个敌国。

幸亏司马炎没有听从他的这个理论。

咸宁十年（公元 284 年）冬，司马炎发布了对吴作战的命令：“遣镇军将军琅邪王司马伷出涂中，安东将军王浑出江西，建威将军王戎出武昌，平南将军胡奋出夏口，镇南大将军杜预出江陵，龙骧将军王濬、巴东监军鲁国唐彬下巴、蜀，东西凡二十余万”，目标东吴国的首都。

三国时期的最后一战，终于拉开了序幕。

司马炎做了这个部署之后，又任命“贾充为使持节、假黄钺、大都督”。可贾充大概一来怕打仗，二来怕离开权力中心，三又是历来的反战派，接到任命书后，居然还说现在不是打东吴的时候。老大一定要打，我也不多说什么了，但现在我的年纪大了，还当什么元帅？

司马炎一听，到了这时候还说这个话？你不去我就去。贾充这才知道，再推辞下去，问题就严重了，只得“节钺，将中军南屯襄阳，为诸军节度”。

转眼又到了新年，也就是太康元年（公元 280 年）。

这年正月，晋国正式向东吴开战。杜预率部向江陵进军，王浑向横江方向推进，都取得了压倒性的胜利。

二月初一，在成都过完大年之后的王濬和唐彬的大型船队顺江而下。一支对吴水军的克星从长江上游破风而来。

东吴人对上游还是有一点儿准备的，“于江碛要害之处，并以铁锁横截之；又作铁锥，长丈余，暗置江中，以逆拒舟舰”。东吴的高层认为，这些东西就可以挡住上游的来船了——当然，如果只是一些从事走私业务的船只，那是完全可以挡得住的，你不放，他们绝对过不去。可现在他们面对的是王濬。他已做了七年的准备工作。

王濬马上打造了几十个大筏，让军中的游泳健将驾驶在前开路。那些铁锥就被挂在筏底，一直跟着漂流下去，最后沉到江底。至于那些江锁，王濬的办法也很有效：作大炬，长十余丈，大数十围，灌以麻油，在船前，遇锁，然炬烧之，须臾，融液断绝。这一次火攻虽不如赤壁大战那样气势磅礴，但场面也是很可观的。这几个动作，都充分说明王濬的准备工作做得相当好。难怪他敢于夸口说，要是他死了，这仗就不好打了——换了别人，也许碰到这些铁家伙，要不就以为大晋国的船世界最大，怕什么铁锁铁锥？硬冲过去，王濬七年的造船之功可就全埋没了。要不一看，这么多的铁东西，木船哪能开过去？撤军，保存实力才是重要的。

王濬的部队从上游借水势狂奔而下，只用了五天时间，就先后斩掉吴都督留宪、夷道监陆晏，攻克曾被陆抗认为是东吴国第一战略要地的西陵以及荆门、夷道两城。至此，东吴西边的大门已经彻底被打开。

而此时，杜预派牙门将军周旨带了个八百人的突击队半夜渡过长江，袭击乐乡。周旨到对岸后，到处插旗，然后在巴山上人为纵火，制造紧张局势。吴国的都督孙歆一接到报告，就怕得要命——吴国居然叫这样的人当边防军的指挥官，其任务主要就是防止敌军渡江而来，可现在敌军夜渡长江，他除了害怕之外，没别的招数，更没有其他有效的行动，只有写信给江陵督伍延："北来诸军，乃飞渡江也。"把敌人来得这么容易说成是防不胜防的——这封信除把紧张情绪传染给伍延外，实在没有别的作用。

周旨得手之后，便埋伏在城外。

孙歆居然也不侦察一下那股"飞渡"而来的敌军到底到了什么地方，只是派部队去迎战王濬。

一想就知道，这家伙连周旨都对付不了，能是王濬的对手吗？才一接触，就全面败退下来。要命的是在退军途中，周旨的部队也跟着混进城中，他居然一点儿也没有发觉，还以为自己虽然打了败仗，但部队并没有什么损失，现在还有这么多的部队进城，也算不得丢脸。

在孙歆觉得这个失败中也还有闪光点的时候，周旨的小分队已经冲进他的司令部，将他一把抓住，回到江北。这家伙到被抓的那一刻还不知道自己为什么会被抓。

王濬的水军自出战以来，表现出强大的作战能力。在他大败孙歆之后，二月初八，又把东吴的水军都督陆景的脑袋砍了下来。东吴的看家部队就是水军，以前曹操就是败在水军上。现在水军都督都被人家砍了，结果如何，可想而知。

杜预向江陵发起总攻。那个刚收到孙歆的信的伍延，比孙歆还要倒霉。孙歆败得有点儿窝囊，但他本人只是成了俘虏，人却还能窝囊地吃喝拉撒。伍延却被人家一刀砍掉。“于是沅、湘以南，接于交、广，州郡皆望风送印绶。预杖节称诏而绥抚之。凡所斩获吴都督、监军十四，牙门将军、郡守百二十余人。”

吴国的大部分领土在几天的时间内，都归于晋国的版图。

司马炎下达了向东吴国首都进军的命令。

不过，在战争已向一边倒的时候，东吴国也取得了一次局部的胜利：俘虏了晋朝的八千人——要不这仗还真的没有看头了。

话说孙皓接到王浑部已经隆重南下的报告，急忙派东吴国的第二把手“丞相张悌督丹杨太守沈莹、护军孙震、副军诸葛靓率众三万渡江逆战”——这家伙到了这时，居然践行了一次“最好的防御就是进攻”的理论，派主力渡过长江去，要拒敌于国门之外。本来诸葛靓反对登陆作战，但张悌却硬要弃船登陆。诸葛靓也没办法——这个时候是谁的官大谁说了算，而不是行家说了算。

王浑想不到东吴国到了这个时候还能来这么一招，一时还不适应。

张悌渡江之后，马上包围了王浑部下张乔的部队。这时，张乔手下只有八千人。这家伙的算术很过关，知道对方有三万人，是自己部队的三倍多，无论如何也没法打。因此，在张悌还没有进攻的时候，张乔就举了白旗。

那个诸葛靓一看就知道，张乔这个投降是假的，是因为援军还没到达才不得不玩的。留下这八千人，等于留下八千个定时炸弹，因此建议张老大把这八千人全都活埋了。可张悌却是个纯粹的人道主义者，坚决不听诸葛靓的建议，硬是让这八千人转换身份，从晋军变成吴军，跟随大军行动。

东吴的这几个高层显然都不是打仗的料。他们收编了张乔之后，又遭遇扬州刺史周浚。这个周浚无论是智力指数还是武力指数或者是人气指数都算不了什么，要是碰上个稍微内行一点儿的，拿下他是没什么问题的。可双方摆开架势，之后，“沈莹帅丹杨锐卒、刀楯五千，三冲晋兵，不动”。敌人只是不动，那个沈莹就沉不住气了，马上退了下来，而且退的时候，又是无组织、无纪律、无秩序地退。这种退兵的结果就是混乱不堪。如果光沈莹的部队乱了阵脚，后果也许还不很严重。可只片刻工夫，全军都加入混乱的潮流。晋军的将军薛胜、蒋班都抓住这个机遇，向吴兵发起冲击。虽然，东吴的各级指挥官都向后退的士兵叫停，可现在能叫得停吗？

更要命的是那个张乔带着他的八千士兵，在吴军的屁股后捣乱，更加速了吴兵的溃败。

诸葛靓一看这个局面，就是“大势已去”的局面，带着自己的几百个手下要闪人。这家伙还算有点儿哥们义气，在闪人的时候，还记得老领导张悌，叫大伙过去拉老领导一起逃命。可张悌却硬是觉得自己已经到了该死的历史时刻，不管诸葛靓如何拉扯，他就是不走。诸葛靓没有办法，只得自己闪人。他才跑了一百多步，回过头一看，他的老领导，东吴国的最后一任丞相张悌已经被扑过来的晋兵砍死。

经此一战，吴国的家底也就消耗得差不多了。

而这时，晋军中的将领所表现的就不同了。尤其是杜预，是个真正以国家为重的人。当初司马炎向他们发布了一道命令：王濬经过建平时就受杜预的指挥，攻击建业时，就接受王浑的指挥。司马炎的这个命令是很有问题的，远不如他老爸有水平——他老爸在灭蜀时，即使看出钟会脑后有反骨，还是让钟会负灭蜀全责，一点儿不保留地让他带二十万大军过去。主要因为钟会是个主战派。

现在的主战派是王濬和杜预，而且王濬是经过了七年的准备工作，内心的坚决程度是无与伦比的。这些主战派之所以主战，原因还不是为了建功立业，名留青史。所以，只要有功可建，他们就会抢——蜀国一完，吴国可是最后一次机会了，现在不抢，以后还有什么可抢？而现在攻击吴国的主要力量就是那个从上游狂冲下来的王濬水军。只有他才是最有能力抢这个功劳的，他要不抢，他还是王濬吗？

杜预知道王濬这个心态，因此老早就给他写了一封信：老兄一路狂扁下来，已经把吴国扁成这个样子了。现在你就应当继续扁下去，按你的意思，打到建业去，把孙皓往死里扁。

王濬一听，杜预够朋友，就把这封信转给司马炎，胆气就更壮了。

王浑就没有杜预这个水平了，以为有了老大的文件，王濬来了之后，肯定乖乖地来到他的指挥部报到。

王浑不但可以节制王濬，同样也可以节制那个把张悌打死的周浚。周浚手下有个人叫何恽。这个何恽的官不大，但却是个有点子的人，他对他的领导周浚说，吴军在王濬的痛扁之下，已到了土崩瓦解的地步。现在咱们渡江过去，直攻建业，灭吴的功劳就全是老大你的了。

周浚一听，就知道这是个好主意。可这家伙是个遵纪守法、一切行动听指挥的军人，做什么事都得请示一下。他派何恽去向王浑请示。何恽一听，就知道这事黄了，但还是去了。

王浑果然还处于等王濬过来听从他指挥的高度快感中，似乎不指挥王濬一次，会使他终生遗憾一样。何恽还是把王濬不会过来听从他指挥的理由耐心地说了一遍，主要理由是：王濬一路杀来，所建立的威名已经足以让他有可以不听从你指挥的资本。现在老大不抓住时机打过长江去，以后还有什么机会。

王浑一听，你是什么人？在官场混，还新嫩得很，知不知官大一级压死人的道理？现在你赶快回去跟你的领导讲，做好所有的准备工作，等王濬的舰队开过来时，再会合一处，把规模做大做强，听我的号令，一齐出发，对江东鼠辈做最后一击。

在王浑做着把进攻舰队做强做大，不断在脑子里彩排着发号施令的动作时，王濬舰队已经在长江上狂奔而下，从武昌的身边飞掠而过，浩浩荡荡直抵建业。

孙皓叫游击将军张象把残余的江防舰队集中起来，还有一万多人。然后就叫张象带着这股部队去迎战王濬。张象带着部队逆流而上，看到敌人的船高大威猛，自己的船没法跟人家比，这仗要是能打赢，天下还有什么仗不能打？东吴的游击将军到了这个时候，当场宣布，决定投降，以保障一万子弟兵的生命安全。

孙皓接到报告，这个张象要是怕死不接受命令也就罢了，现在居然把自己最后的资本全部免费赠送给人家。让他去送，不如自己去还有个人情。

在孙皓觉得输光的时候，又有一个蠢材手下跑了过来。这个家伙叫陶浚，本来是奉命去讨伐东吴的一个叛军，可因为行动慢了半拍，才到武昌，就碰到王濬的大军冲击过来，便带着部队返回首都。孙皓一见，居然还有一支作战部队，真是天助也。立即命令陶浚当全军最高统帅，而且要加“持节”“假黄钺”，带着部队出战。

陶浚一听，只觉得热血沸腾。

他的热血沸腾过了头，对孙皓拍着胸脯：晋朝的船小得要命，一点儿不可怕。明天就做出成绩给老大看看。

这家伙信心十足，一手拿着孙皓给他的那根节杖，一手举着那把黄钺，只顾自己热血沸腾，哪想到那些士兵却理性得很。

他第二天起来，跑到军营里，要发布命令。可到军营一看，军营里已经没人了，看来半夜全当逃兵了。

陶浚这时才知道，自己成了光杆司令，自己命里不该当官，就是让你当了你也当不起。只得跑回去向老大如实报告。

孙皓远远地看到陶浚跑了过来，心里想：这么快就取得了胜利？早知这样，派你去不就好了？听我的命令，再接再厉，乘胜追击，干脆把司马炎也给搞定。可陶浚一抹汗，却说，玩完了，不是他们玩完了，而是我们玩完了。

孙皓叫道："什么玩完？去叫何植来……"可传令的人还没有走，就接到报告：司徒何植、建威将军孙晏悉送印节诣浑降。

孙皓一听，知道真的玩不下去了，玩不下去，投降还不行吗？刘禅能投降，自己为什么不能投降？马上决定：向以司马炎为首的大晋王朝投降。

他的工作效率很高，只一会就准备了三份投降材料，分别送给王浑、王濬、司马伷。

到了这时，居然还发生了一件差点让孙皓苟延残喘的事。

就在东吴全国上下都已觉得没有办法的情况下，晋国后方的大臣们都认为，取得这样的胜利已经不错了，不宜再冒险轻进了。只有张华认为可以继续进攻。那个代老大在襄阳前线的贾充也老是觉得东吴不该灭掉。居然又向司马炎报告："吴地未可悉定，方夏，江、淮下湿，疾疫必起，宜召诸军还，以为后图。虽腰斩张华不足以谢天下。"现在他觉得张华比东吴更加可恨。贾充的另外几个死党也在司马炎身边起哄，说只有退兵杀张华。哪知，司马炎这时清醒得很，说，为什么要杀张华？这是我的意思。杜预知道贾充上书后，也赶忙给司马炎写了一封信。谁知，"使至镮辕而吴已降"。

第四章 种下祸根的开国皇帝

胜利之后的争功

后方的大臣们都认为吴不可灭，但前方的人知道，搞定东吴容易得很，只是谁更接近这个历史性时刻而已。王浑和王濬更知道，现在他们最有名留青史的资格。王濬仗着他的舰队可以直捣建业，站在历史的最前台，接受孙皓的投降。而王浑却可以指挥王濬，要他把这个时刻让给自己。当王濬的舰队在长江上呼啸而下时，王浑马上通知王濬：到指挥部开会，以便统一部署。

哪知王濬却不理他，只派个通信员过去对他说了六个字：风利，不得泊也。这话简洁吧？在这个时候越是简洁，王浑就越是觉得他不把自己放在眼里，他这才知道，有时官大一级未必压死人，而是靠实力说话。自己在这个地方眼巴巴地等了这么长时间，现在却让老家伙夺去了头功。但有什么办法？他只得站在岸上看着江面。只见王濬的舰队两船相并，前后衔接一百多里，船上战鼓如雷，向建业发起冲锋，场面要多震撼有多震撼。历史性的时刻，就在他的眼前上演。本来他是主角，现在他却只能当观众。

孙皓这时已早有准备，用历史上最高规格的投降仪式向王濬投降：孙皓脱掉衣服，双手反绑在背后，还让人抬着棺木，来到王濬的指挥部里投降。为混乱了几十年的三国时代画上了句号。

王濬在画这个圈的时候，觉得他现在是天下最爽的人。

可现在王浑却觉得他是天下最不爽的人。

他后来就发起火来，觉得再也不能容忍王濬这么牛了。他一上火，居然决定向部队发布命令：攻击王濬部队，把这个老家伙往死里打。

王濬的别驾何攀知道后，对王濬说："现在只有把孙皓移交给王浑，这事才算完。"

王濬一听，好主意。反正历史性时刻已经过去，现在孙皓也没用了，留在这里还得安排人天天去照顾他的吃喝拉撒，还是把这些麻烦事交给王浑去做。既免了麻烦，又让王浑满足一下虚荣心。反正同是姓王的人，我们吃肉，也给他喝点儿汤。于是，就把孙皓免费送给了王浑。

王浑一接到孙皓，气虽然没有全消，但也找不到攻打王濬的理由了，而且在这个时候，进攻本国部队，后果是很严重的。因此，王浑放弃了军事行动，改用政治的手段——也就是采用污蔑的手段，向司马炎打王濬的报告，说这家伙脑后有反骨，不听指挥，等等——这家伙打仗时没什么创意，但网罗陷害的本事倒是不低。幸亏司马炎这时很清醒，加上人还算厚道，并没有把王浑说的话当回事，只是下了个诏书，进行了一次批评教育。否则，这两个人就变成钟会和邓艾了。

司马炎灭了东吴后，心情很高兴。他不是司马衷，他比谁都清楚灭吴的历史意义。为了让自己的心情超爽一次，他决定再举行一次受降仪式。

同是亡国之君，孙皓在这方面的运气就比刘禅差一点儿了。他只失败一次，却要经过两次投降仪式才过关。上一次是向王濬那个老头儿请罪，这一次是向司马炎鞠躬。这一次的规格比上一次大多了，而且地点是在金銮殿里，晋国在京的高层全都参与。

孙皓登殿之后，按程序向司马炎叩头。司马炎指着旁边的座位对孙皓说："不要客气，请坐啊。这个座位我老早就给你准备了。"

孙皓这家伙治国没本事，做皇帝做得很失败，但嘴巴却硬得很。他马上对司马炎说："我在南方也设有这个座位等老大去坐呢。"

贾充看到老大被孙皓顶了一嘴，觉得自己该出马帮老大挽回一点面子，就对孙皓说："听说你在南方挖人眼珠、剥人面皮，这算什么刑法？"这家伙是法学专家，一开口就来个"刑法"，以为这么一来，孙皓就无话可说了。

谁知孙皓转头看看贾充，想也不想就说："人臣有弑其君及奸回不忠者，则加此刑耳。"意思是说，谁干过杀害皇帝的勾当，谁就适用这种刑法。

贾充马上紧闭嘴巴，老脸红通通的，不敢再跟孙皓对下去了。

孙皓的心情却好得很。

做完这些事后，司马炎就大力表彰功臣。

当司马炎的手下还是很幸福的。那个王濬就是典型的例子。他得罪了王浑——那时王浑在朝中很有势力，他的儿子王济就是常山公主的老公，是当朝驸马，所以朋友很多，这时都跟他保持高度一致，要搞定王濬这个老头，天天努力在司马炎面前控诉他，说他不但功劳不如王浑，而且还犯了很多罪。如果是别人当老大，听到这么多的控诉，又因为他立了这么大的功，而且这个老家伙也天天把自己的功劳挂在嘴上，一见司马炎就摆谱，估计早就借机把他严厉地处分了。

司马炎听那些人讲得多了，就叫刘颂去调查一下二王在灭吴时谁的功劳大。这个刘颂也笨，以为老大肯定不放过王濬了，大笔一挥：王浑的功劳最大，是上功，王濬呢，勉强算个中功吧。

司马炎一看，刘颂，你忽悠别人也不要忽悠我啊，立即下了个文件，让本来是廷尉的刘颂降职去当京兆太守。刘颂这才知道，有时看不清方向是要付出代价的。

这事一闹之后，王濬便认真地总结了一下，突然觉得自己现在有点儿像当年的邓艾，而王浑却有点儿像当年诬陷邓艾的钟会，以至于王浑来拜访时，他居然下令卫士武装戒备，然后相见。

司马炎知道，灭吴的功劳王濬第一，因此不久又提拔了一下他，让他任镇军大将军。

司马炎大概也是历代开国皇帝中最厚道的人之一，就连对待那个诸葛靓也是不错的。诸葛靓本是诸葛诞的儿子，跟老爸一起反抗司马昭。那时诸葛诞为了得到东吴的援助，就把他派到东吴去当人质。他老爸玩完之后，他当然不敢回来，就把户口转到东吴，并当了东吴的官员。他以前是司马炎的朋友，两人经常在一起聊天喝酒，现在东吴灭了，司马炎就怀念起这个以前的哥们来。这家伙的姐姐是司马伷的老婆，因此，司马炎知道，他一定躲在司马伷的家里，就亲自跑过去要跟他重温一下以前聊天的情景。诸葛靓听说司马炎来了，马上就躲到卫生间里。谁知，司马炎对他的性格掌握得很好，又亲自来到卫生间，这样，司马炎当场就把他抓住，然后任命他当侍中。可诸葛靓却坚决拒绝，而且竟然“终身不向朝廷而坐”。

把东吴那片大好河山归到大晋的版图之后，司马炎觉得这天下已经太平。天下太平了，还养这么多的兵干什么，白白让一批年轻力壮的人在军营里大吃大喝，而且让地方政府手里有那么多兵，以后他的儿子能对付得了吗？于是，他宣布进行大规模裁军运动。具体文件如下：“昔自汉末，四海分崩，刺史内亲民事，外领兵马。今天下为一，当韬戢干戈，刺史分职，皆如汉氏故事；悉去州郡兵，大郡置武吏百人，小郡五十人。”一个大郡只有一百个兵，小郡五十个兵。

当然，这个政策同样招来很多反对声音。山涛也认为这样不行。可司马炎这一次却很坚决。他在发动灭吴战争时力排众议最后证明他是正确的，现在他再一次力排众议。可后来的历史证明，他这一次的力排众议，排得错了。因为，后来各地发生越来越多的群体事件，这些事件的参与者又变成匪徒，各地方没有武装，无法镇压，弄得天下到处是乱子。各地的政府不得已，只得又各自组织武装，那些地方第一把手的实力又雄厚起来。

花花公子的本相

司马炎搞定吴国之后，花花公子的习气更加泛滥起来。花花公子的习气一泛滥，满脑子里想到的就是美女。这家伙虽然没到过江南，对江南的其他东西也许不太了解，但也知道江南是出产美女的地方。太康二年（公元 281 年）三月，也就是说平定东吴才过了不到半年，他就抓紧时间把孙皓宫里的美女全都调到他的宫里。这个孙皓在其他方面比不过司马炎，但征集美女的水平可跟他有得一比——居然达五千人之多。司马炎一个不留地全叫了过来。这样，司马炎宫中美女的编制已到一万人——可以成立一个女人国了。

他面对这么多美女，突然觉得不知怎样下手。这家伙开动了一下脑筋，马上想到一个创意，赶紧叫人去做一架羊车，把该与哪位美女过夜的事交给羊来决定。

你想想，那些美女也是人，而且宫中只有这一个帅哥，其宝贝的程度绝不低于地球上任何一个濒危物种。如果肚里怀了他的孩子，那可是天大的喜事——因为这个孩子可是龙种啊。生下这个孩子，那可就顺了那句成语“母以子贵”，下半辈子可就吃香喝辣到死了。她们都想尽办法为自己争取机会，司马炎当然很高兴。

当然，现在不是司马炎一个人在高兴，杨骏他们也在高兴，而且比司马炎更高兴。

司马炎有个特点，就是对他认为是自己人的人最信任，最舍得放权。现在他的“自己人”就是新皇后杨芷的老爸杨骏。杨骏以前低调做人，历史上基本找不到他的什么光辉事迹，但女儿一当上皇后，立马就换了一副嘴脸，头扬得老高。司马炎把权力不断地交给杨骏去经营。杨骏手中的权力一多，觉得用不完，就又像司马炎一样，把权力分给“自己人”。他的自己人就是他的兄弟杨珧和杨济。三个姓杨的家伙，迅速组成大晋朝政坛“三杨”组合，什么事都由三人商量拍板，谁不听话谁倒霉。山涛找机会，把“三杨”的事跟司马炎说了很多次。司马炎这家伙不笨，也知道他岳父做得过分了，但他却一点儿不计较，依然开展他的工作，对“三杨”不说什么。你一看到这里，就知道，一个人走向昏庸的道路是多么的容易。

而且司马炎的昏庸不同于别人的昏庸，他是一个知道自己已经变成昏庸皇帝而仍然昏庸下去的人——估计这家伙觉得做昏庸君主比做个明君爽多了。

太康三年（公元 282 年），他在举办南郊祭祀活动时问司隶校尉刘毅：“朕可方汉之何帝？”他现在平定东吴，一统天下，很想听几句赞美的话。他这么一问之后，估计刘毅会把他说成跟刘邦或者刘秀差不多，至少也比得过汉武帝，让他好好地自豪一下。哪想到他问这话却问错了人，刘毅这家伙是个实事求是的人，一听到他的问话，一点儿面子也不给他，当场回答：“桓、灵。”简洁得让司马炎连续倒吸几口冷气。

但这家伙的胸怀还是不错的，他在倒抽了几口冷气之后，厚着脸皮说：“何至于此？”

刘毅马上摆开证据：“桓、灵卖官钱入官库，陛下卖官钱入私门。以此言之，殆不如也！”

司马炎一听，再说下去，估计要比纣王好不到哪里去了，马上找到了自己比那两个历史上著名昏君的长处来：“桓、灵之世，不闻此言，今朕有直臣，固为胜之。”你一听他说这个话，就知道这家伙对自己的要求越来越不高了。人对自己的要求一放松，后果是不言而喻的，而一个开国皇帝对自己的要求放松，那这个朝代的后果也是一样的。

这个时期是司马炎的转型期。当然他的转型不是向好的一面转，而是向奢华的一面转。他以前可是提倡勤俭节约的，而且做得很坚决彻底，太医院的医官程据献给司马炎一件色彩夺目、满饰野雉头毛的“雉头裘”，他马上把这件“雉头裘”带到朝堂，让大臣们看。那些员工都是识货的人，一看就知道这东西是稀世之宝。司马炎问大家：这东西好吗？大家都说此裘真好。可司马炎却当场点火，把这个东西烧掉，然后下文件：这东西触犯了他的不准奢侈的禁令，以后谁再犯，杀。可现在觉得天下都统一了，还那么吃苦做什么？这人活在世上，活一天少一天，再不享受以后就没享受的机会了。

本来，曹魏以来，大臣们大多都是世家出身，只是前一段老大要求节俭，大伙才不敢张扬，这时老大一开戒，大家都大大地松了一口气，呼啦一声，全都跟上，形成了一股潮流。那几个拔尖人物还放下事业，不定期地比试一下，看谁比谁富，谁比谁会享受。

做得最突出的就是王恺和石崇两人。这两个家伙的赛富，可谓是前无古人后无来者的巅峰对决。

王恺的官职是后将军。他当上将军可不是靠打仗来的，而是像杨骏靠女儿当到大官一样，靠的是他有个好姐姐。他的这个好姐姐是司马昭的大老婆，他就是司马炎的舅父。石崇的来历也不一般。他有一个好爸爸。他的好爸爸就是那个开国元勋石苞。石崇是他的第六个儿子。

在几个儿子中，石苞对这个小儿子的前途最为放心，他曾经说过，"此儿虽小，后自能得"。而且他说这话的时候，是在他给儿子们分遗产时说的，他说过之后，真的没有分给石崇。石崇虽然生活不愁吃、不愁穿，年轻时也不是那种只喝酒、泡妞的公子哥儿。《晋书》上说他"在郡虽有职务，好学不倦"，否则他老爸就不会那么看好他的。他有才气，胆量好。不但司马炎对他不错，就是杨骏对他也挺好，两人不断地提拔他。

这家伙对全国各地的财源都进行了一次深入的研究，觉得荆州是个发财的好地方，因此就申请当了荆州刺史。他当荆州刺史时，当然不是全心全意为人民服务的，而是"劫远使商客，致富不赀"。

石崇就这样通过个人的奋斗，终于成为全国首富。

石崇有钱了就把大量的美女弄到家里，据说家里最热闹的时候，美女人数有几千个，比司马炎后宫也少不了几个。只是司马炎靠的是手中无边无际的权力，而他靠的却是腰包里数不清的钱。那么多的美女，估计石首富自己都认不全，所以在这里就给你先介绍一个美女。这个美女在很长一段时间里，占领着石崇的爱，跟后来那个绿珠有得一拼。

这个女人叫翾凤。很多人一看到这个名字，就以为这个女人有名没姓，估计就跟貂蝉一样，是个虚构人物。其实这个美女是真有其人。她没有姓是因为她不是中国人，而是来自北方的胡人。那时，北方的胡人很多都南迁，跟汉族人打成一片，因此找个那边的美女难度并不大。石崇这家伙发财的本事不低，而审美的眼光也是超级高。他在生意上不光会长线投资，选美女居然也是搞长线投资。他发现翾凤时，翾凤才10岁。但这家伙硬是一眼就看出，这个10岁的小女孩长大了是个超级漂亮的美女，于是就花钱把翾凤抢购到手。五年之后，翾凤果然惊艳天下。

这个美女之所以越来越出名，不光长得漂亮，也是个金石鉴定专家。

原来石崇家里有大量的金玉宝石，而且大部分都是从海外进口过来的。这些走私品最大的特点就是真假难辨，很多人想要又不敢要。可翾凤却有鉴定这些东西的水平，而且水平很高，是石崇家里金石鉴定的首席专家，也是石崇发家致富的好帮手之一。史书上说她“妙辨玉声，悉知其出处”。她说了两句很经典的话：“西方北方玉声沉重，而性温润；东方南方玉声轻洁，而性清凉。”这几句话，让当时很多专业人士都不得不佩服她。石崇更恨不得天天把她含在嘴里，曾经在一个浪漫的夜晚对她说：“美女啊，咱要活一起活，死也要一起死。要是哪一天，我先死了，你还没有死，我也要等你啊。”谁都知道，这样的话都是些养耳的话，石崇就这样让这个有名的才女兼美女激动了大半辈子。

更难得的是，翾凤还是个管理人才。石崇发现了她这个特长，让她当了石府的管家。当然这个管家并不是什么都管，而是只管那一堆美女。这样翾凤就成了石崇家美女的负责人。而且这个负责人一干就干了二十年。

你当领导的时间一长，人家的心里就不满，就到处讲你的坏话，打你的小报告，何况管的又是一群个个都有忌妒心的美女？石崇家虽然有数千美女，就连石崇也知道，他养这些美女只是为了显示一下自己。几千人中，他真正喜欢的只是美女群中的一小撮。其他大部分的美女心中的怨气就特别发达，她们对石崇没有办法，就只有恨翾凤，一有机会，就大造翾凤的负面舆论。开始时，石崇也不当一回事，对翾凤的信任跟以前一样。可后来形势就不一样了，估计一来翾凤日夜操劳，一半时间睁大眼睛没完没了地鉴定那些走私品；二来得时时刻刻处理那些美女的争风吃醋——这可是连皇帝也难处理的事情啊，精力用得过多，美丽自然就不断地打折扣，不再像以前那么美了；三来石崇跟所有男人一样，都喜新厌旧，能这么久地宠一个美女，对他来说已经是一件难得的事了。于是，在翾风奔三的那一年，石崇就让她淡出了自己的生活。她以前的地位，正式被新科美女绿珠取代。不过，她最后的命运显然比绿珠好。在石崇玩完的时候，她的结局又无巧不巧地跟貂蝉一样。这个结局就是不知所踪。她虽然不知所踪，但她的一首诗却还是流传了下来：

春华谁不美，卒伤秋落时。
哽咽追自泣，鄙退岂所期。
桂芬徒自蠹，失爱在蛾眉。
坐见芳时歇，憔悴空自嗤。

不用多说，也知道这是她被石崇踢出“一小撮”之后写的一首哀怨诗。

这诗虽然字字哀怨，但才气横溢，别人读一次感动一次，可石崇却一点儿不为这首诗感动。他只是继续泡他的美女，继续大规模地去发自己的财，继续在财富界牛哄哄。

他连续几年是首富，而且时时刻刻又是那么牛气十足，那个王恺就有点儿不服，不断地向他挑战。

石崇绝不是只顾闷心发大财的保守观念，而是高调得很，当王恺要向他挑战时，他也不管人家是皇帝的舅舅，有老大撑腰，硬是来招接招，在中国历史上演了一出精彩的斗富大戏。

第一场比试，王恺出场表演的是用米浆来洗锅头。石崇一看，堂而皇之的一个后将军，搞得像个在饭店打杂的工仔一样，场面很不好看。他说，既然你都洗了锅头，我就当一回火猫。他搬出一堆蜡烛，说以后不准烧木柴了，煮饭全用蜡烛。

王恺知道这一轮是自己输了。他当然不服，要继续比下去。这一次，王恺用紫色丝绸夹道做了四十里的屏障。可他这边还没收工，石崇那边已用亮光锦绸做了五十里的夹道屏障，不但工程量超过了王恺，而且用料的质量根本不在一个档次。

石崇在装修房子时，把花椒拌在涂料里用来刷墙壁，弄得屋子里都是香喷喷的。这个花椒就是现在川菜里常用的那个花椒，现在看来是一点儿不值钱，可当时是从西域进口过来的昂贵的涂料，只有皇宫才能用来刷墙壁，所以皇后的卧室也叫"椒房"，现在石崇居然也有这个能力，说明他的富有已经跟皇家差不多了。王恺捂着鼻子到石崇的"椒房"里转了一圈，回到家里，一咬牙，这回一定胜你一场。他用胭脂当涂料，把墙壁刷得红红的，终于扳回一局。

不过，王恺还想扳回一局，但翻遍家底，却翻不出什么必胜的花样来。家底不足，但办法还是有的，他的办法是跑到宫中，跟外甥皇帝诉起苦来。司马炎一听，觉得舅舅比不过一个石崇，他自己的脸也无光，就决定帮舅舅一把，拿出一棵两尺高的珊瑚树，送给王恺。王恺一拿到这宝贝，就马上跑去找石崇。可石崇一见，什么话也不说，顺手操起一把铁如意，在王恺手中的宝贝上敲了一下，宝贝就变成了无数碎片，落在地上。

王恺一看，当场气得发差点儿发狂！你石崇也太不讲风格了，你没有这个宝贝，就把人家的敲烂……

石崇却笑了笑说，你不用气成这个样子。然后叫仆人们从后堂搬来很多珊瑚树，三四尺高的就有六七棵，至于像王恺那个规格的更是摆满了王恺的眼前。王恺这才知道，就是皇帝也比不过这个石崇！

还是有一些人看不惯这种拿财富来到处晒的现象，就上书司马炎要求净化一下社会风气，重新提倡一下勤俭节约之风。可司马炎一看到这个上书就扔到一边，自己都勤俭了大半辈子了，现在都四十多岁了，人生几何这道题都差不多算完了，再勤俭那不等于要穷到死？这种晒富有什么不好？这正好体现在自己的领导下，人民已经富有了啊。

他想到自己这道“人生几何”差不多算到头了，当然又想到自己玩完之后接班人怎么选，就问了一下张华：“如果我死了，谁可以托后事？”张华说：“明德至亲，莫如齐王。”齐王就是他的老弟司马攸。所有的人都知道，张华的这个建议绝对正确。哪知司马炎虽然认为同宗兄弟值得信任，可就是不放心把权力交给这个老弟。因为以前他就是从这个老弟手中夺了接班人的位子，怕这个老弟一旦权力在手，到头还不得把他的儿子废掉。所以，他可以把权力交给任何人，但绝不会把权力交给司马攸。因此，他一听到张华的话，心里就生气。

张华因为当时坚决站在杜预的立场上，主张搞定东吴，本来主战和反战都是为了国家，可贾充那一班人觉得主战派不给他们一点儿脸面，心里就一直对他们不爽。后来的事实更证明主战派是正确的，弄得连他们自己也觉得没一点儿脸面，总想找个机会把张华整一下，挽回一点儿脸面，这时看到老大对张华有些不客气，就由贾充的死党中书监荀勖和侍中冯紞向司马炎建议把张华调离出京，去“都督幽州诸军事”。司马炎也懒得再看到张华的脸，马上同意。

这时候，司马炎手下那些得力员工都已死得差不多了，只有这个张华还算个人才，而且他又没什么野心，是最佳执政的人选之一。司马炎也知道张华是个人才，重用这样的人肯定没有错，但硬是听从贾充他们的话，把张华调走了。虽然后来他又想把老张调回来重用一下，可这家伙这时却晕得要命，居然把这个想法跟荀勖交流了一下，那个荀勖一听，想都没想，就表示坚决反对，就没调成。这样，司马炎身边除了“三杨”以及贾充这一批人之外，几乎没什么可用的人。这家伙虽然为儿子着想，可到了现在，也没为儿子找到一个可靠的辅政人才。

从这一点上看，他虽然在政坛上混了几十年，但却没什么政治远见。

而且，他的儿子后来也因为他的这些短视付出了代价。

张华死后不到一个月，贾充就得了大病。

他也知道自己离死期已经很近了。不过，他现在对死倒不觉得很可怕，而是怕人家对他死后的评价。千万不要以为这家伙没有是非之分，他稍微一总结就知道自己这辈子干的坏事比干的好事多得多，因此，对于死后的谥号很担心。他的侄子贾模倒是看得开，说这个担心也是白担心，你做过什么，都掩盖不得。

贾充一听，什么话也说不出来，然后就眼睛一闭，死了。

贾充死后，按当时的惯例，得有个接班人来继承他的爵位。可这家伙却没有儿子。本来，他是有儿子的。那个儿子的名字叫贾黎民——名字取得不错，可就是命不长。这个儿子的短命是因为他的那个老妈，也就是贾充的老婆。这位老夫人叫郭槐，是个强悍的角色。贾充本来有一个老婆，姓李，是李丰的女儿，是个美女，可他的老爸却是司马氏的政敌，被司马氏当作一小撮反动分子杀了，李美女也因为老爸的原因被流放。贾充跟这个郭槐是二婚。别看贾充这家伙在外面牛哄哄的，什么事都做得出来，连皇帝也敢杀掉，跟政敌也敢于死掐到底，更敢发动一班死党，把他那个后来成为史上最丑的皇后女儿成功地推销给皇太子，让自己成为司马炎的亲家。可一回到家，在这个老婆面前，却变成了一只小绵羊。真想不到贾充二婚时居然选这样的女人做老婆。而且从她生的两个有名的丑女来看，估计年轻时这个郭氏也很丑。

史书上说，郭槐“性妒忌”。本来，这三个字是大部分女人都有的性格特征，但这位女士可能因为这个性格特征太过突出——而且那时的社会，又是名士风度横行的社会，很多男人们都借着向名士学习到处泡妞，所以郭大姐对老公就更加提防了。有一次，也就是贾黎民3岁的时候，贾充下朝回到家，那时贾黎民的保姆正抱着贾黎民玩。贾黎民看到老爸回来，就向老爸笑了一下。贾充觉得儿子很可爱，就上前摸了一下小黎民。

这一摸不幸被远处的郭大姐看到。这个郭槐不知是眼睛有毛病，还是因为其他原因，看到的不是贾充在摸儿子，而是贾充这个老色鬼正用那只手摸向保姆，当场气得发晕。她不能对老色鬼怎么样，就把倒霉的保姆叫过去，用鞭子活活将她打死。那时像她这样的人打死一百个保姆也没事，根本不用负什么法律责任，而且在她看来，死了这个保姆，还可以另请。哪知郭槐对保姆没一点儿感情，一生气就可以打死，可那个贾黎民却对这个天天抱着他的女人有着深厚的感情。在她死后，天天怀念着她，而且怀念得特别强烈，最后到“发病而死”的地步。郭槐这个儿子死后，又生了一个。

本来死了一个儿子，郭槐应当总结一下经验教训，要好好对待这个儿子才是。可她不管做什么事情，只照顾自己的心情。只要自己觉得不爽，孩子的性命也是小草一根，最终又让上一次的戏重演了一次：同样是老贾摸了一下躺在保姆怀中的小儿子的头一下，郭槐当场就气晕了，也不想想贾黎民是怎么死掉的，马上把保姆叫来，一顿暴扁，至死方休。贾充和郭槐这一对夫妻身上没一丝情义可言，可他们生出的男孩子却个个有情有义。这个小儿子看到保姆死去，便也像他的哥哥一样，怀念保姆一直怀念致死。这个儿子死后，两个人便再也没有儿子了。如果是别的男人，老早就把这样的悍妇休掉，重新娶一个。可贾充却除了自认倒霉外，没别的措施。

现在贾充就要死掉了，但贾家却再也找不到一个继承人，这对贾家来说可是一个不可估量的损失。因为如果没有继承人，贾充的爵位和经济待遇也就随着他的死而被彻底冻结。

郭槐就决定让她的那个外孙当贾充的继承人。

这个外孙后来也是个赫赫有名的人物，叫贾谧。

这个贾谧本来姓韩，叫韩谧才对。他的老爸韩寿也是个著名人物。不过，他的出名可不是因为打了什么大仗、做过什么可以彪炳史册的大事业，而是以风流名扬天下、流传万代的。韩寿也是世家子弟，他的老祖是魏国司徒韩暨。他没别的能耐，但“美姿貌，善容止”，是个大帅哥。贾充举荐他当了司空掾，每天负责拎着领导的公文包，跟在贾充的屁股后面。贾充也和很多世族一样，喜欢搞聚会。因此，韩寿也就经常得以参加贾充的这些活动。

你还记得那个贾午吧？她曾经是太子妃的第一候选人，可因为太瘦小，连嫁衣都撑不起，贾充一看，觉得让这个一点儿不性感的人嫁给太子有点儿过意不去，才让她的姐姐贾南风顶职去当太子妃。现在这个贾午年纪已经不小了，还待在家里。她也跟所有的美女一样爱帅哥。她常躲在屏风后面，偷看来参加老爸宴会的老少帅哥们。

不久她就发现了韩寿，一时惊得在那里目瞪口呆。

她长在贾家，当然也像老贾一样，有很强烈的占有欲。自从见了韩寿之后，就茶饭不思，从相思病发展到身体也病了起来，不管用什么药也治不好。后来，她实在忍不住了，叫身边的婢女去找一下这个帅哥。谁知接受任务的这个婢女刚好认识韩寿。

贾午一听，就叫她去找韩寿。

不知这个婢女做别的事怎么样，但做媒婆绝对优秀。她跑到韩寿的家后，当着韩寿的面把贾午的相貌吹得像天仙下凡一样，并说，现在她正疯狂地思念着你。

韩寿一听，原来贾充还有这么一个美女留在家里，要是搞定了她，不就成了他的乘龙快婿了？当他的女婿可比当他的秘书爽多了。马上就叫这个婢女帮帮忙。

贾午听说韩寿这么干脆，自己只有更干脆了。叫那个婢女去通知韩寿，这种事宜早不宜迟，晚上马上过来。两人开始偷偷来往。

后来被贾充发现了一些痕迹，他发现这些痕迹之后，并不张扬出去，只是把女儿的婢女叫来，做了一次问话。那些婢女一到贾充面前，哪还敢有什么隐瞒？把掌握到的第一手材料都毫无保留地提供了出来。

贾充这才知道，不是韩寿泡了他的女儿，而是他的女儿搞定了韩寿，这事就更不能讲出去了。他想了一想，跟老婆一商量，觉得这个韩寿不但轻功不错，而且人也确实是个帅哥，天天跟着自己，也没出现什么大错，做秘书很称职，想来做女婿也会很优秀，就决定顺了女儿的这个人情，让他们结婚算了。

于是，你好我好大家好。

韩寿就这样翻出了他人生中崭新的一页，从贾充身边的工作人员，变成了他的女婿。然后就生了那个叫韩谧的儿子。

这个韩谧当然比他老爸更幸福。他的老爸只成为贾充的女婿，得到了老贾那个不算漂亮的女儿，而他却一下就成为老贾的继承人。当然，还是要办个手续的。

在郭槐提出让韩谧当贾充的继承人时，贾充生前身边的工作人员韩咸和曹轸表示反对，理由是历史上没有一外姓人当继承人的先例。

郭槐是什么人，她能听别人的这个建议吗？什么外姓不外姓，我的外孙改个姓不就姓贾了？这样，韩谧就成了贾谧。那两个反对党却还是上书司马炎，顽固地表达自己的反对意见。可司马炎有时间给他们回信吗？

郭槐也给司马炎写了一封信，说这是贾充的意思。

司马炎对贾充算是给足了面子，一看这是老贾的意思，马上就签上同意两个字。不过，他签过之后，突然一想，这事不大好看，便跟着下了一道文件：“以后，除非谁的功劳跟老贾的一样大，第一代封爵而无子的，都不能享受这个待遇。”大家一看，谁的功劳能比得上老贾？除非有胆量把皇帝干掉。

在司马氏父子看来，贾充对他们立下了很大的功劳，心里对他的感激程度可以说是无边无际。司马炎只想到贾充对他们的好处，却根本没有想到这个家伙已经在他们身边埋下了几颗定时炸弹，只要一引爆，司马氏的天下就血肉横飞。

终于逼死亲兄弟

司马炎不光对贾充好，就是对贾充的死党也很看重。贾充最得力的死党就是荀勖、冯紞这两个人。由于司马炎近来都把精力投入泡妞中，他那个老弟的人气又大涨起来。荀勖和冯紞知道，照这个势头发展下去，司马攸就会掌权。这家伙一旦掌权，他们肯定没好果子吃。两人马上就找到司马炎。

先由冯紞发言："陛下诏诸侯之国，宜从亲者始。亲者莫如齐王，今独留京师，可乎？"

然后荀勖接着说："百僚内外皆归心齐王，陛下万岁后，太子不得立矣。陛下试诏齐王之国，必举朝以为不可，则臣言验矣。"两人的话，由浅入深，深入浅出，马上就戳到司马炎的痛处——现在他最怕的是他儿子以后的地位不保。

他照着荀勖的话下了一道对司马攸明升暗降、调离京城的诏书："古者九命作伯，或入毗朝政，或出御方岳，其揆一也。侍中、司空、齐王攸，佐命立勋，劬劳王室，其以为大司马、都督青州诸军事，侍中如故，仍加崇典礼，主者详按旧制施行。以汝南王亮为太尉、录尚书事、领太子太傅，光禄大夫山涛为司徒，尚书令卫为司空。"这个诏书里虽然给司马攸挂了很多头衔，但真正的意思是让他"都督青州诸军事"到青州上班。

这个诏书一下，果然很多人都强烈反对。先是王浑上书，要求让司马攸留在中央任太子太保，与司马亮和杨珧共同执政，形成三权分立，而且把司马攸跟周公旦相提并论。扶风王司马骏、光禄大夫李憙、中护军羊琇、侍中王济、甄德都跟着顶王浑的话，而且甄德和王济还叫他们的老婆到司马炎面前哭求留下司马攸——这两个家伙的老婆都是司马炎的女儿。甄德的老婆就是长广公主，王济的老婆就是常山公主。

因为，一来司马攸确实是司马家现在最有人气的人，也是最有水平的。二来现在杨家几兄弟在朝中已形成气候。他们都知道，这三个人一旦失控，他们的日子就不好过了，而且能控制这三个人的，也只有司马家的人。

本来，这些建议不管对司马氏还是对国家而言都是正确的，这些人以为这一次大家联合行动，加大力度，肯定能够说服司马炎。可司马炎这时的心中只为他的儿子着想，他很傻很天真地认为，只要保住儿子的地位，就能保住司马家的天下。而且他又很傻很天真地认为，现在全国所有的男女老少中，只有他的老弟司马攸才可以搞定他的儿子，别的人都没有这个能耐，并且这么多人同时拍砖，恰好证明了荀勖的预见是对的。司马炎一看到这么多的人都顶司马攸，就认为这些大臣都已站在司马攸那一边去了，心中就更有气，马上对反对的人大发脾气，并对王戎说：“兄弟至亲，今出齐王，自是朕家事，而甄德、王济连遣妇来生哭人邪。”把两个驸马都贬了一级，赶出宫廷。

到了第二年，也就是太康四年（公元283年）春，司马炎再叫太常来讨论一下，尊崇司马攸应该赏赐他什么器物。他知道现在司马攸的人气飙升得越来越快，而且也知道自己这么对待兄弟，容易让人想起曹丕对曹植的故事来，说自己跟曹丕是一样的，而且当时曹植远没有司马攸这么有水平（这里不是说文章水平，而是综合能力）、有名望，因此，就想了这个赏赐的办法来，以说明自己不是曹丕那样的人，而且赏赐的时候，不是自己说了算，而是让相关部门的人来讨论，民主得很。

以庾敷为首的几个博士都是司马攸的粉丝，一接到这个任务，觉得应该利用这个机会给司马攸讲几句好话，几个人商量了一下，就上书司马炎，用了大量事实论据和理论论据，说明现在应该让齐王回到中央，主持日常工作。

太常郑默和博士祭酒曹志的想法也跟那几个博士一样，一天在家里老是唉声叹气。曹志就是曹植的儿子。他说连司马攸这样有水平又是老大最亲近的人，都还被赶到外面，那么“晋室之隆，其殆矣乎！”他这么认为之后，也写了一封信给司马炎，表示坚决同意那几个博士的建议。

司马炎接到那几个博士以及曹志的信一看，全是司马攸留在中央掌权是合情合理又合法、利国利民利晋朝的言论——现在“司马攸、留在中央”这些字已经成为司马炎的敏感词，这几个字一跳进他的眼里，就恨不得当场杀人。他骂道：“连曹志也不理解我了。别人还能够理解吗？”司马炎更没有想一想，天下人都不理解的事，这事做得对不对？他对贾充那帮人的话很宽容，即使知道他们说的狗屁不通，也很少对他们怎么样，可在这个大是大非、关系到司马家长远的大计上，硬是弱智得很。司马炎这种选择性弱智，是导致晋朝后来大乱的决定性因素。

司马炎这次发怒，不像以前的发怒，骂完曹志之后，便骂那几个博士：

"博士不答所问而答所不问，横造异论。"意思是，我布置你们讨论的主题是什么？你们却去讨论这个事？谁给你们这个权力了？你们还把我的话当话吗？看来，不处理一批人，那些敏感词是永远删不完的。他马上就地免去太常郑默的职务。

在官场上永远少不了看老大眼色吃饭的人，一看到老大这种神态，知道投老大所好的时机已经成熟。尚书朱整等几个家伙知道再不抓住这个机会，别人就抢先了，连夜加班，写了一份弹劾曹志的建议书："志等侵官离局，迷惘朝廷，崇饰晋言，假托无讳，请收志等付廷尉科罪。"强烈要求扩大打击面。

司马炎一看，自己这一决定果然得到广大人民的拥护，再不多处理一些人，还真对不起广大人民群众了，马上下诏：免去曹志的职务，不过保留爵位，回家好好反省。其他的都集中起来交到廷尉那里，依法办事。那个庾旉的老爸庾纯是个滑头的人，当时他的儿子曾把那封信给他看，他一句话也不说。现在看到老大要严打了，马上就跑到廷尉那里自首。司马炎本来也不是个爱杀人的老大，就赦免了他。

廷尉那帮法官也都把这个案子当成重案要案来抓，工作效率大大提速，不几天就做出判决：旉等大不敬，当弃市。就是庾旉他们敢对老大不敬，应处死。报到尚书省时，尚书省的官员一看，全都死刑，好像有点儿重，但这是皇帝亲自抓的案子，还能说什么？反正又不是判自己，再怎么重也不关他们的事，大多数人都表示同意这个判决。只有尚书夏侯骏以及左仆射下邳王司马晃认为太重了。司马炎一看，也觉得有点儿过分了，但又不甘心。因此，判决书在他的办公桌上摆了七天，最后大概气也消掉了大半——何况人家也是为了自家兄弟求的情啊，这才懒洋洋地签上他的意见："旉是议主，应为戮首；但旉家人自首，宜并广等七人皆免其死命，并除名。"这七个家伙最后全都拣回了条性命。

这些事折腾了这么久，把司马攸也折腾得差不多了。他知道司马炎对他的防范远胜于对东吴以及西北那些少数民族的防范，因此，向来做事低调，郁闷过日子。其他亲王都按照有关规定，适当培植一些势力，但他却事事向司马炎汇报，很少使用自己的特权。可想不到司马炎还是不放过他，还要把他放到边远地区去，心里越想越不是滋味。这样一来，也就跟很多忠臣一样，身体就有病了。司马攸病了之后，向哥哥打了个报告，请求留在首都，看守老妈的坟墓。

司马炎却不同意，谁的身体没有病？病有什么可怕的？吃药就会好。他马上派自己的御医去帮司马攸治疗。从这里看，司马炎对这位老弟的不放心已经到了难以容忍的地步，首先他在怀疑老弟是在装病来骗他，就叫这几个家伙去证实一下，然后又可向人秀一下自己的兄弟情。

这几个御医的医术到底如何我们不知道，但这几个家伙要是去玩政治，肯定很得分。他们认为，现在老板正生司马攸的气，若帮司马攸治病，就是跟老大作对。因此他们只是到司马攸那里跑了一趟，在司马攸的身边转了一圈，便回去向司马炎说，报告老大，齐王健康得很。那个河南尹向雄还在为司马攸求情。可司马炎能听向雄的话吗？结果，司马攸还没有事，向雄就先“愤恚而卒”了。

司马炎再次催促司马攸动身。

司马攸知道再也拖不下去了，只得打起精神去跟哥哥告别。他是个要面子的人，平时很注意穿着，很注重形象，这时虽然已病得不轻了，但仍然装着没事一样，很潇洒地去跟司马炎告别。司马炎的智商不很高，但也不笨，如果司马攸真的病得不轻，他肯定能看得出的。但史书上却说他“疑其无疾”，这是那个写史的家伙为司马炎找的借口，或者是司马炎自己给自己找的借口，甚至可以说是司马攸帮司马炎找了这个借口。司马炎就假装自己弱智一下，他们说你有病，我就不信人家的这些谣言，呵呵，现在看看，你果然没病啊。这话的意思就是，以后出什么事，也怪不得我啊。

司马攸不久就有事了。他一出京就开始吐血。这血一吐得多，结果就只有死了。

司马炎听说司马攸死了，亲自去祭奠老弟。司马攸的儿子司马冏就当面向司马炎控告那几个御医诬称老爸没有病，这才导致老爸死掉的。

司马炎一听，马上就把那几个御医杀了——这几个御医以为自己在皇宫里久了，天天都跟政治人物零距离接触，察言观色的水平已经炉火纯青了，可以不用钻研业务而去玩一下政治了，到了现在才知道，这政治不是每个人都可以玩的。可司马炎觉得这政治好玩得很，他一面哭得很厉害，一面以杀几个医生来洗雪自己对兄弟的残忍。他别的本事不大，作秀的功夫却是很不错的。本来司马攸的死全是他一手造成的，现在倒好，大哭一通，表示自己“爱攸甚笃”，又杀了几个皇家保健医生，表示为兄弟报了大仇，让人家把自己与曹丕区别开来。如果他真的“爱攸甚笃”，他就会不听荀勖和冯紞的话，把司马攸逼到这个地步——现在这个世界上能把司马攸逼死的，也只有他这个全国第一把手了。如果说他因为昏庸，错听了那两个家伙的话，现在他也会把这两个家伙杀掉才对。

可在他努力痛哭、大作“哀恸不已”之秀时，那个冯紞就在他的旁边说：“王名过其实，天下归之，今自薨殒，社稷之福也，陛下何哀之过！”他一听，马上就收住了眼泪。如果他真的“爱攸甚笃”、真的“哀恸不已”，这时有人把兄弟之死说成“社稷之福”，他的心情能放下来？他不一刀把冯紞的头砍下来再灭其九族才怪，哪能马上“收泪而止”？他认为，老弟一死，确实是“社稷之福”，是司马氏之福。然而，历史证明，当他把司马攸这个司马氏最后一个有水平的人逼死之后，司马氏就走上了一条病入膏肓的大道，谁也拉不回头了。

而司马炎在他心目中的头号政敌司马攸死去之后，又一次觉得全身轻松，天下太平了，他就是马上死去，他的儿子也可以舒舒服服地把皇帝当到死的那一天，然后他的那个聪明的孙子马上接过权力棒，把他开创的大晋王朝从胜利走向胜利。

因此，他什么也不管了，就是很多大臣们上书建议改革用人制度，他都一概不理。

朝政是这样荒废的

原来，现在的人事考核制度是沿用曹魏时代陈群制定的“九品中正制”。当时陈群认为，吏部不能公平地遴选天下人才，所以就叫各地方政府设考选官（即中正），让这些中正负责考核本地的人才，然后让他们当官，特别有水平、有德行的就推荐到中央。在考核中，把人分为九个档次，这就是“九品”。谁是第几品，都由中正说了算。有一个例子，左仆射何邵死了，袁粲担任中正，前来参加追悼会。何邵的儿子何岐因为身上有病，不能前来迎接中正大人，弄得袁粲没人陪同在那里追悼，心里就生起气来。这家伙一出来，马上就宣布：“今年，我要把这个何岐的等级降到最下等。”王诠说：“以前何岐做了很多违法乱纪的事，你为什么不降他的等级？现在为了这点儿事就降他的级？”从这个故事中，你可以看到很多中正是不中也不正的。国家给了他们很大的权力，等于是种下了腐败的根源——只要你舍得巴结中正中，你就有机会。而且很多中正都推荐自己人去当干部，久而久之，官员中都是那些人的亲朋好友，弄得社会中就形成了魏晋时期“士庶制度”和“门阀制度”，直接导致了“上品无寒门，下品无世族”的社会现状。

有的大臣很清醒地看到，很多花花公子当上大官后，没当官的水平，就天天聊天，官场变成论坛，从中央到地方，所有的人都在崇尚空谈。如果空谈能治国，那是很不错的，可空谈能富国强兵吗？因此，左仆射和太尉司马亮、司空卫瓘都上书，要求进行一次政治体制改革。

司马炎看到他们的建议，觉得很正确，可就是没有行动。他大概觉得自己都五十多岁了，头发越来越白，哪有时间和心情去启动什么政治体制改革？现在什么都做完了，衷儿还有什么可做，那个可爱的孙儿还有什么可做。

大家一看，司马炎一点儿动作也没有，知道这个改革又是“胎死腹中”了，回家去喝酒聊天才是正事——反正这个天下又不是自己的天下。

司马炎这么折腾几年后，身体就弱了下来，最后干脆卧床不起。

司马炎的岳父杨骏看到皇帝女婿病到这个地步，知道他也活不了多久了，马上就启动夺权计划，以便在女婿死掉之后独掌大权，那时，什么事都是自己说了算，那多爽啊。

历史上像杨骏这样的人，当政治家不合格，但当政客，玩残害别人，做钩心斗角的技巧却十分上手。他知道，司马炎一死，高层肯定又要进行一次大洗牌。而现在能跟他有得一比的只有司马家族中的那个牛人司马亮，得想办法把这个家伙搞定，这叫提前洗牌。

司马炎估计自己也差不多到玩完的那一天了，也开始安排一下后事了。

太康十年（公元289年），十一月二十三日，司马炎再一次进行人事调整：以亮为侍中、大司马、假黄钺、大都督、督豫州诸军事，镇许昌；徙南阳王柬为秦王，都督关中诸军事；始平王玮为楚王，都督荆州诸军事；濮阳王允为淮南王，都督扬、江二州诸军事；并假节之国。立皇子乂为长沙王，颖为成都王，晏为吴王，炽为豫章王，演为代王，皇孙遹为广陵王。又封淮南王子迪为汉王，楚王子仪为毗陵王，徙扶风王畅为顺阳王，畅弟歆为新野公。

这个皇孙遹就是司马衷的儿子。司马炎之所以让笨儿子当太子，就是因为看在这个孙子的面上。司马炎到处为这个孙子打广告、造舆论，说他很像他的爷爷司马懿，搞得人气狂旺，全国人民都知道司马炎有一个笨儿子，而司马炎的笨儿子生了个聪明的小帅哥——这个小帅哥是大家的希望。为了这个小帅哥能健康成长，顺利接班，司马炎还是花了很多工夫的。首先是坚定不移地稳住儿子的接班人地位——怕其他儿子当了家，这个孙子可就没戏了，甚至就会变成司马攸。然后采纳王佑的建议，任命他的另一个儿子也就是司马衷的同母弟弟司马柬、司马玮、司马允“分镇要害”。司马炎对杨家也很不放心，怕自己一死，“三杨”会失去控制——他的这个担心，本来没有错，可错就错在既然有了这个担心，就应该彻底搞定杨家，让杨家的权势等于零。但他却没有这样做，只是任命王佑“为北军中候，典禁兵”，以防“杨氏之逼”，然后再帮孙子挑选一班人马组成孙子的小集团。

在司马炎为他的第三代接班人做前期准备工作时，杨骏也加紧扫除他以后的障碍。这家伙的政敌有很多，他可能数都数不过来，但他认为对他构成威胁的也就是那两个人，一个是司马亮，另一个是卫瓘。司马亮是司马家的牛人，刚刚被提拔了，一时还动不了。这个卫瓘还是可以搞一下的。原来司马炎就想把卫瓘的女儿娶过来，当下一任的第一夫人。可后来让贾家和杨家联手搞黄了，因此，这个卫瓘跟他们杨家已经有了一点儿过节。后来，这个卫瓘又吃错药，假装喝醉，指着司马炎的座位说："此座可惜！"

司马炎一听，就知道卫瓘这话不是酒话，但一想人家也是为了自家好，没有当场发作。他为了堵卫瓘这些人的嘴，就决定让太子试着处理一下文件。他以设宴为名，把东宫所有的勤杂人员都叫来，而"密封疑事，使太子决之"。可贾南风提前探听到这个消息，知道白痴老公肯定回答不了，而白痴老公要是回答不了，她这个未来的第一夫人就没有了。她也不是简单的人，知道试题之后，马上请人来替考。替考的交过卷来后，那个张泓一看，全是古文，这么多典故，深奥得要命，一个白痴能答得这么好？马上对贾南风说，你老公本来学习就不怎么样。现在搞得这么深奥，弄不好要露马脚的，"不如直以意对。"

贾南风一听，说"便为我好答，富贵与汝共之"。

张泓一听，哪有不做的道理？当时就重新写了一份答案，让司马衷抄了一遍，然后交给司马炎。司马炎"省之，甚悦"。他"甚悦"之后，又把答案给卫瓘看。卫瓘还能有什么话可说？这么多人在场，可司马炎只把答案给卫老看，就知道这个卫老肯定在这个事上多了一嘴。贾家的人一看，对卫瓘这个老家伙就个个恨之入骨了。

历史上都把这个事件说成是贾南风为老公作弊，但我认为，真正作弊的人不是贾南风，而是司马炎。如果司马炎真正想考一下儿子，可以当场随机提出问题甚至让卫瓘提出。可他却没有这样做，硬是先做好试卷，再让他来考，而且"密封疑事"之后，贾南风居然提前知道，这里面的疑问就多了。司马炎以前就曾用这一招，赢得接班人之位，因此对这一招肯定很精通，能让贾南风蒙住老眼？

这件事之后，天下人都知道司马炎对卫瓘的感情已不那么好了。

杨骏当然也知道。因此，杨骏就决定先把这个老家伙搞定。

要抓住卫瓘的把柄很难，但抓他儿子的却一点儿也不难。

卫瓘的儿子叫卫宣，是司马炎的女婿。这家伙爱喝酒，而且一喝就醉，一醉就出事。杨骏就抓住他的这个不良习惯，跟几个宦官联合起来，给司马炎打小报告，说卫宣天天喝醉太对不起公主了，不如让公主跟他离婚算了。

司马炎一看这个报告，马上就叫这对小夫妻离婚了事。

卫瓘一看，就知道这事是冲他而来的，他要是还不表示，只怕儿子的命都保不住了，马上打报告退休。

司马炎也干脆，当场签上意见：进瓘位太保，以公就第。

司马炎的病情越来越重，很多人都知道他离咽气的时候不远了，可这家伙到了这个时候居然没有立下什么政治遗嘱。要知道，全国第一把手的政治遗嘱对他死掉之后有着极大的影响，这种遗嘱都得在清醒的状态下做好，而且郑重宣布。可这家伙到了现在，居然一个字也没有发布。

杨骏看到这个情况，觉得好爽，趁机把司马炎身边的工作人员全部换掉。有一天，司马炎的病稍有好转，一看身边的工作人员居然一个也不认识，他稍用脑袋一想，就知道是岳父大人搞的鬼，马上把杨骏叫了过来——如果他在这个时候顺便处理了这个杨骏，后面的事也许就不会那么坏，可他只是对杨骏进行了一次批评教育，然后什么也没做。可杨骏这样的人能接受你的批评教育吗？

这时，司马亮还没有去许昌赴任。司马炎就叫中书起草诏书，要司马亮和杨骏在他死掉之后，当首席和次席辅政大臣，然后再选几个有能力的人当他们的助手。杨骏等的就是这一天，他马上跑到中书那里借来诏书看，然后做起偷鸡摸狗的勾当，趁人家不注意，把诏书偷了过去。

中书监华廙回头一看，诏书不见了，马上就知道是杨骏干的，他立即

"自往索之"。这家伙以为杨骏也是个老同志了，而且这诏书里也让他当辅政大臣，他肯定会还给他的。哪知杨骏却耍起无赖来，硬是不给。监华廙只是瞪着眼睛，想不到天下竟有这样的无赖。

正在这时，司马炎又昏迷了过去。

皇后杨芷要求司马炎让她的老爸辅政。

司马炎这时连说话都已经困难，只是点点头。

杨骏看到他这么一点头，心里高兴得很。

杨芷在司马炎病得不能说话的时候，马上把中书那一班人找来，说是传达老大的遗嘱。这个遗嘱就是：以骏为太尉、太子太傅、都督中外诸军事、侍中、录尚书事。要他们根据这个内容起草诏书。诏书做成之后，杨芷就拿过去给司马炎看。

司马炎一看，怎么没有司马亮的名字？就知道他的老婆做了手脚，可他现在话也说不出来，只是呆呆地对着那几行字。

老大不说话，就算默认了，老大一默认，这文件就可以发布。

这个诏书一发布，杨骏做的第一件事，就是催促司马亮赶快去新工作单位报到，不要老留在京城。

没几天，司马炎突然觉得自己能开口说话了，他的第一句话就是问人家："司马亮来过了吗？"

身边的工作人员说没有来。

司马炎就知道坏了事，心里一气，当场就不省人事。

到了四月二十日，大晋朝的开国皇帝司马炎就头一歪，彻底死掉了。这一年，他 54 岁。

虽然是开国皇帝，但司马炎的一生并不是战斗的一生。他靠祖父两代打下的基础，然后把老弟搞下去，成为开国皇帝，开始时倒也干得不错，比较称职，可灭吴之后，花花公子的本性暴露无遗，无心治理国家。他唯一的长处就是那两只耳朵可以装下难听的话。不过，他听得最多的不是正确的意见，而是贾充、荀勖那几个家伙的话，在关键时刻总是做出错误的决定。他最大的失误是确立了一个傻儿子作为接班人。他把那把龙椅留给了傻儿子，但却没有给儿子留下一个有水平的团队。现在他给司马衷留下的辅政人员一个是杨骏，这个家伙连他都知道不是个好人，但他还是让这个家伙当他儿子的监护人。另一个司马亮也不是什么大才。还有一个就是贾南风，现在一天到晚都在欺负着他的儿子，等他死后不搞鬼才是怪事，虽然他也多次想废掉贾南风，可硬是看在贾充的面子上，宽大了一次又一次。

一个领导人的周围全是这样的人，这个集团不大乱那就不太正常了。

第五章
乱世是这样开始的

杨骏掌大权

司马炎死掉的当天，杨骏把他的女婿皇帝的尸体放到一边，等待处理，把皇宫装修得喜气洋洋，所有的人都穿上节日的盛装，先让司马衷当上新任皇帝。司马衷就这样隆重登场。像所有新皇帝上任一样，当天就“大赦，改元，尊皇后曰皇太后，立妃贾氏为皇后”。这个贾南风终于当上了第一夫人。

这次换届，最高兴的不是司马衷，这家伙连皇帝是什么职业都搞不清楚，让他往那里一坐，他就坐下去，然后面对群臣发呆，因此，最高兴的人应该是杨骏和贾南风。

杨骏终于把大权彻底地握在手中，而贾南风终于当上了第一夫人。杨骏进入宫中，在太极殿中安居乐业起来。他善于搞小动作，因此也怕别人搞他的小动作，所以当司马炎的棺木从含章殿抬出来、杨太皇带领宫中全体女眷向司马炎最后一哭时，杨骏怕死，居然躲在殿内不出来，而且还“以虎贲百人自卫”。

司马衷当上皇帝之后，下的第一道诏书就是任命“石鉴与中护军张劭监作山陵”。大家都知道，司马衷大字不识几个，这个诏书都是按杨骏的意思做的。现在大事小事都是杨骏说了算的，皇帝只是个工具而已。

现在怕杨骏的人很多，但最怕杨骏的人却是司马亮。司马亮是司马懿的儿子，也就是司马炎的叔叔，可算是司马氏老一辈革命家了，本来司马炎对他很看好，想让他当首席辅政大臣，用来平衡杨骏，哪知司马炎做事拖拖拉拉，一件本该早就决断了的事，却硬是“明日复明日”，等到呜呼哀哉的那一刻也搞不定，最后弄成今天这个局面，一个好好的司马家天下，他才死了不到一天，就变成杨家说了算的天下。司马亮知道，因为他曾经是司马炎指定的顾命大臣，所以杨骏是不会放过他的。

按道理，司马亮应该出席他这个侄儿皇帝司马炎的葬礼，可现在大家左看右看，硬是看不到司马家辈分最高、官位最大的司马亮在现场。很多看不惯杨骏的人都希望能看到他，希望他在现场，当司马家的带头大哥，而且他现在的官是侍中、大司马、大都督、兼都督豫州诸军事，还假黄钺，头衔一大堆，不管哪个位子都是可以吓死人的。可这家伙居然不到场，却只是到司马家门外且在保护之下，放开最大的音量痛哭着。杨骏是在殿内看着送葬队伍走过去，人们可以体会到他那个冷冰冰的目光，而司马亮却一头花白地在那里大哭，让人觉得可怜。杨骏不敢出场，是怕人家暗杀他，司马亮不敢进来，是怕杨骏对他下手，都是一个“怕”字。

司马亮痛哭之后，就退到洛阳城外暂时住下来，然后给新上任的皇帝司马衷上书，要求等丧事结束之后再到许昌新单位报到。

这个报告，说是给司马衷，可处理这个报告的肯定是杨骏。

杨骏现在最提防的人就是司马亮，一接到报告，马上就请人来研究。有人说，估计司马亮现在要发动政变啊老大。要不，为什么一定要等丧事结束后才离开首都？这一定是缓兵之计。

杨骏一听到“政变”两个字，脑袋一转，对付这种人只有先发制人。现在他唯一的优势是皇帝在他的掌控之中，要下个搞定谁的命令容易得很。杨骏先去找他的女儿——新皇太后（这个称号，其实相当于新的寡妇，这种寡妇一般都在非常时期被人家利用，得以频频出镜，司马氏就曾多次利用那个郭太后）杨芷，叫杨芷把皇帝找来，让他抄好那份早就拟好的诏书，命令那两个负责修王陵的石鉴和张劭，马上停止工程建设，带领工兵们去攻打司马亮，务必把他捉拿归案，陵墓以后再修也不迟。

一看就知道杨骏不是一个干大事的人，去捉拿一个大司马，而且这个大司马又早已对他提防得要命，居然只派几个工兵过去，而且这队工兵的指挥官又不都是他的心腹之人。那张劭虽然是他的外甥，可石鉴却不是啊。

两人接到命令之后，张劭马上响应号召，叫部队放下工具，拿起武器，准备战斗。可石鉴却不动。他很冷静，认为司马亮是不会发动什么政变的，所以不能乱来。

在两人扯皮的时候，司马亮也得到了情报。

司马亮虽然是司马懿的儿子，但与他老爸的智商差距太大。如果他是司马懿，一接到这个情报，估计就会马上采取反制措施，未等人家的兵过来，就已经把杨骏搞定了。可司马亮不是司马懿，他叫廷尉何勖来，问他怎么办？

何勖倒是个干脆的人，马上对司马亮说："现在大伙都对杨骏有意见。只是缺乏一个挑头人。大家都把你当打倒杨氏集团的带头大哥，都盼望你出来带领大伙把杨家打倒在地。现在倒好，你还没有动手，反而让人家先动手了。天下哪有这个道理？你再不动手，人家都看衰你了。"

哪知，司马亮这个家伙年纪很大、官位很高，胆子却很小，听到何勖的话，觉得年纪都这么大了，还冒这个险做什么？看衰就看衰吧。看衰总比冒险好千万倍。他马上就收拾行李，连夜摸黑狂奔到许昌，觉得能躲就躲，躲不了再说。

司马亮逃跑之后，杨骏居然也没别的动作。这两个家伙也算是棋逢对手了。你想想，都以中央决议的文件指责人家搞政变了，可人家一离开首都，就没下文了，这种做法给人的印象，除了诬陷之外，还能做什么解释？

杨骏的老弟杨济和外甥李斌知道，这件事的后果会很严重，两个人都跑到杨骏那里，劝杨骏心胸要开阔一点，要主动跟司马亮搞好关系——这个司马亮都一大把年纪了，离死的那一天也不远了，何必跟他斗下去呢？现在最好的办法是，让司马亮回到中央，一同主持日常工作。这样，他就没话说了，别人也没话说了。

可杨骏能听这话吗？一个人掌权的感觉比两个人掌权的感觉好太多了。

杨济又去找石崇，让他出面去劝杨骏。可让他去劝杨骏让司马亮回来跟他一起分享权力，他能答应吗？

不过，杨骏也知道自己的名声好像不大好，现在得想个办法把这个形象好好打造一下。如果他从开始就改变一下工作作风以及人品问题，跟同事团结友爱，发布几个以人为本、富国强兵的政策，任用一批有能力的人，那么这个形象不久就会得到很好的改变。可他不是这样的人。他认为他的形象不佳，是因为他从来没有奖励过各级官员。因此，他决定在全国掀起一股奖励官员的新高潮。这家伙以为所有的人都和他一样，只要调高一级工资，提高一个级别，晋升一下职称，一定会高呼万岁，说杨骏是个好领导，一定拥护他。

想不到方案刚出台，左将军傅祗就表示反对，写信给他说，司马炎老大刚死，这可不是一件喜事啊。自古以来就没有老大死时做下属的就论功行赏的。

杨骏一看这个信，很生气。他到现在还以为自己是玩政治的高手，要不，哪能玩到今天这个份上？人家当权臣时，是一人之下，万人之上，现在自己，万人之上了，好像没有谁在自己之上呢。司马衷虽然是皇帝，只不过是个名誉皇帝而已，自己说过的话，他连个标点符号都不会改呢。你要是叫他改，估计他连这个皇帝也不愿做。

杨骏到现在只以为自己是靠玩政治玩到今天这个局面的，却忘记了自己原来是靠女儿爬到这个份上的，说得清楚点，目前他只是个外戚而已。在很多人眼里，外戚当权是最不顺眼的，而且历史多次证明，外戚当权，最后下场都很难看。外戚的“外”字，说明你是个外来户啊，一个外来户，乱发言，乱做主，人家是容忍不了的。可他没有想这么多，他以为自己现在跟以前的曹操、司马懿他们差不多。当然，他现在的权力跟司马昭差不多。可他忘记了，人家司马氏靠的是真本事，是打拼过来的，而且还培养了一大批敢为他们干掉皇帝的死党，他靠的仅仅是个女儿，权力基础薄弱得很，朝中的死党数来数去也没几个，就连本家兄弟都不敢跟他走在一起——那个杨济老早就跟他划清界限。而且他在掌权的第一天，居然连门也不敢出，这是哪门子的大政治家？

五月十八日，也就是司马炎死后不到一个月的时候，司马衷按照杨骏的意思，下诏：左军将军傅祗群臣皆增位一等，预丧事者增二等。二千石以上皆封关中侯，复租调一年。这个诏书下来之后，石崇和何攀仍然反对，说哪有这么大规模的奖励？比当初灭吴的奖励还要厉害。如果以后都按这个办法实施，全国人民岂不是个个都有爵位，不再有平民百姓了，到时全是贵族了，这不是太荒唐了？

杨骏一看，全是一群政治蠢材。我只管今天的事，以后的事管那么多干什么？

杨骏在奖励其他人之后，也提拔了自己一下：诏以太尉骏为太傅、大都督、假黄钺，录朝政，百官总己以听。他终于得以名正言顺地站在朝堂上，说话最算话了。

这家伙虽然没有大智慧，但智商也不算低，也知道司马衷那个老婆贾南风是不好惹的角色，要是被她一抢风头，这个局面将难以收拾，因此也得采取积极措施压制一下她。这家伙在处理这个事时，跟司马炎没有两样。司马炎早就发现这个贾南风不但丑得要命，而且人品巨坏。她自己没有生男孩，最怕宫中别的女人生下男孩，那她这个未来第一夫人地位的安全系数又小了一点，因此最看不得宫中其他女人怀孕。只要看到人家的肚子一大，就气得吃不下饭，日夜不停地开动脑筋，想办法把人家搞定为止。她还在当太子妃时，曾经“以戟掷孕妾，子随刃堕地”。司马炎“闻之，大怒”，曾下决心把这个女人废掉，而且已经派人去修金墉城，打算让她在里面待到死的那一天——这事对司马氏来说应该是一件好事，可贾充那一班还没有死掉的死党，硬是不停地劝老大，看在贾充的面子上，而且贾南风也还年轻，不懂事，杀几个宫女算什么？应让她改过自新，重新做人啊。后来杨芷也在枕边劝他留下贾南风——这个杨芷当然想不到，现在她留下贾南风，其实是在留下一颗定时炸弹。司马炎看到这么多人都在劝他，也就不再追究了。贾南风终于保住了这个第一夫人的位子。

本来，废掉这个皇后，杨骏现在有这个能力，而且也是件大快人心的事。可这家伙却没有这个胆识，做事做得也不彻底，只是以“其甥段广为散骑常侍，管机密；张劭为中护军，典禁兵”。想用这两个外甥来把那个贾南风管住。可这两个外甥也是两个蠢材——当初他叫张劭去干掉司马亮时就误过事，现在要让他来对付比司马亮厉害得多的贾南风，能对付得了吗？

为了防止贾南风在诏书上做手脚，杨骏还特意制定了个措施：凡有诏命，帝省讫，入呈太后，然后行之。这个措施就是让他最后把关。

这家伙很天真地以为，有了这几个办法，贾南风再怎么厉害也插不进手脚来了。

在这段时期，还是有很多人劝杨骏做人要大度点儿，要容得人一点儿。但杨骏不是司马炎，哪能听得进这些话。

杨骏掌了几天权，感觉越来越好，可别人只觉得他越来越危险，危险到什么地步？他提拔人家，居然也有人不愿接受他的提拔。他想提拔王章做司马，王章居然跑了不见了。王章的朋友看到他这样，问他得到提拔了还跑什么？

王章说，历史已经证明，一家出两个皇后，都没有好的下场。何况杨骏天天玩小聪明，你虽看他现在得意得很，好像是天下最牛的人，可这样的牛人，离全面崩溃已经不远了。谁跟在他的后面谁倒霉。现在我躲他都躲不起呢，怎么能接受他的提拔？我可以跟任何人打赌，没几天就可以看到他会死得很难看。

而杨骏那个表兄弟蒯钦做得更绝。他也跟王章一样，硬是把杨骏一眼看透，因此天天当着杨骏的面，只要有机会就炮轰这个大权在握的表兄弟。人家看到他这么多次不给杨骏脸面，怕杨骏一不高兴，他可就没命了，劝他要当心点儿。

蒯钦却笑着说，我认识杨骏比你们认识得早呢。他虽然人品不好，但也知道无罪的人是不该杀的。我得罪他多了，他最多只不过不让我再见到他而已。只有这样，我才能跳出他的圈子，跟他划清界限。要不，就会跟他一起得到灭族的苦果。

从这几个例子就可以知道，杨骏的圈子里还是有人才的，可因为他自己的原因，这些人都不愿团结在他的周围，都宁愿丢下官职跟他保持距离。可见这家伙做人做事的失败程度已到了极限。

杨骏当然不知道自己现在已经很危险了。

这年八月二十六日，司马衷决定确立司马遹为他的接班人，而且还为这个接班人配备了一个团队：以中书监何劭为太子太师，卫尉裴楷为少师，吏部尚书王戎为太傅，前太常张华为少傅，卫将军杨济为太保，尚书和峤为少保。这个团队相对于当时来说，还算是强悍的，都是当时的精英分子。

裴楷是裴秀的儿子，那个王戎不但是凉州刺史王浑的儿子，也是竹林七贤里的骨干之一，虽然是七贤里人品最差的人，但这家伙自小就聪明。有一次跟一群小孩在路边看到一棵李子树，树上果实累累，其他的小孩都抢着爬到树上摘果。可他却一动不动。那些小家伙摘到李子，才咬了一口，马上就大叫苦得要命，然后纷纷跳下李子树，看到他之后，问他为什么不上去？是不是早就知道了这个李子是苦的？他却笑着说，你看看，这个李子树是长在路边的，哪个过路的人看不见？你们不要以为人家都是蠢材，不吃这树上的李子，专门留下来给你们吃的。人家不吃，肯定是因为这李子很苦。要不，还能留到今天？这家伙不但聪明，而且抠门得要命。他家里有一棵李子树，结的果很甜，他居然拿到农贸市场去卖，而且在卖李子的时候，居然把李子里的核全都挖出来。人家一看，王戎不愧是竹林七贤的骨干分子，卖李子时连核都帮人挑走，这种服务态度实在太好了。可后来朋友问他为什么这么做，他却说，要是把核给人家带回去，以后人家也会有这种李子果啊，到时他能卖到好价钱吗？

这家伙不但是竹林七贤中最年轻的人，也是七条好汉中最吝啬的人。这家伙的脑子里全是发财的念头，没有机会也要创造机会去发财，而且按照他当时的条件，他要发财容易得很。很多人一发财，都要声色犬马一下，大钱从左手进来，也让小钱从右手流过去一下，可这家伙钱一进口袋，就不想让钱出去了，只要神志清醒，他都手执牙算自己的财产。他的女儿嫁给裴颜时，小裴夫妇刚刚成家，经济有点紧缺，就跟他借了点儿钱。才借了不几天，他的脸色就不好看了，女儿回家省亲时，他就板着脸对女儿。女儿当然知道老爸脸黑是因为自己没还他钱造成的。只得想办法，尽快还了老爸的债务。直到女儿连本带利地还了这个钱，老家伙才高兴了。他的侄子结婚时，按道理，作为叔叔是要送点礼的。他没办法，就送了一件单衣。那个侄子一看，戎叔叔居然送来礼品，虽是一件单衣，也算得礼轻情义重了，要好好珍藏。可婚礼一结束，王戎就跑过来，又跟他要回那件单衣，搞得侄子晕倒现场。这个叔叔不但在民间人气高，就是在官场上也混得不错，虽在西陵之战中，差点儿被羊祜“军法从事”过，但硬是活了过来，虽被免过官，但又把官当得更大，你有什么办法？这家伙生了一个儿子叫王万，是个大胖子，名气也很大，他也很看重这个儿子。他为了让儿子减肥，就叫儿子吃糠过日子，可这胖哥粗糠虽然吃了几大箩，但还是肥头大耳如故。他叫儿子坚持坚持再坚持，后来，坚持下去的结果是，肥没有减一点儿，这个儿子却死掉了。那年，王万 19 岁，死时，嘴里都还含着粗糙的米糠。他能成为竹林七贤之一，是因为他的老爸王浑跟阮籍是好朋友。阮籍常去王浑家喝酒，发现王浑的这个儿子聪明可爱，觉得人才难得，就把他发展进来，成为竹林七贤中最年轻的成员。他也因此人气大涨，比他的老爸还要出名得多。

现在让他当太子的手下，估计是要借助一下他的人气。其他几个像张华更是老一辈，以前司马炎都很看好他。杨济既是杨骏的老弟，也是杨家名声最好的一位。

可以说，杨骏在这方面的人事安排，还算是为太子着想的。

可现在为太子着想有什么用？现在为皇帝着想才是当前首要任务啊。要是眼前的事都做不成，还谈什么下一步？只怕还走不完这一步，你就玩完了。

杨骏帮太子组织了这个团队之后，还提拔了一下太子的老妈——谢玖，让谢玖当了个“淑妃”。可你是知道的，不管谢玖是什么级别的人，只要她的编制还在宫中，她的直接领导就是皇后——当然如果皇帝不是司马衷这样的人，皇后也只是有职无权的家庭主妇而已。可现在贾南风却是有职又有权。她没有办法不让谢玖当“淑妃”，但她却有办法让谢淑妃不好过，常叫她到别的宫里去住，硬是不让她跟儿子见面，弄得谢玖郁闷得很。

杨骏觉得做人事调整最能体现自己手中的权力。十月十六日，他任命那个石鉴为太尉。从这个任命上看，就知道杨骏也越来越笨了——居然忘记石崇曾经抗拒过他的命令，拒绝执行把司马亮抓获归案的事。这家伙太相信手中的权了，以为自己多加人家几级工资，以后人家就都拼老命团结到自己的周围来，最后都变成自己的死党。哪知，现在很多人都在忙着跟他划清界限呢。他又任命陇西王司马泰为司空。

接着，他还提拔了一个后来大大有名的人物——刘渊，让他当建威将军兼匈奴五部大都督。当然，这个建威将军没什么用，但匈奴五部大都督却实在得很，一下就让他成为匈奴的第一把手，手中的资本变得超级雄厚起来，最终得以向大晋王朝公开叫板。

刘渊的崛起

有必要说一下这个刘渊。

刘渊本来是南匈奴左贤王刘豹的儿子——早在曹操时代，就把匈奴分为五个部分，刘渊的老爸刘豹就是左部的第一把手。刘豹是栾提于罗夫的儿子，这家伙觉得姓栾提不爽，就把自己的姓改成刘姓——这个姓的来源，主要是因为以前刘邦以及他的子孙长期和亲得来的，刘家在边关吃紧的时候，就把一个美女嫁给匈奴的单于，说是皇帝的女儿。匈奴的单于一看到美女，而且是大汉皇帝的公主，高兴得就撤军了。所以，刘豹改姓刘还是有一点依据的，而且那时还是汉家天下，刘姓天下第一牛。这样，刘渊也跟着姓刘。只是到刘渊时，刘姓早就不牛了。虽然姓刘已经不牛了，但刘渊却不悲观，下决心有朝一日让这个“刘”字再牛起来。这家伙身上虽然流着匈奴人的血统，但从小就是个好学生，曾经天天去跟上党人崔游学习。他的志向很高，曾经对他的同学说，他鄙视随何和陆贾，他们俩只会写文章，却不会打仗，没一点儿战功，算什么人才。偶尔也鄙视周勃、灌婴，他们俩只会打仗，字不认识几个，是个大老粗。随何和陆贾碰到刘邦时期——那时可是立功的好时期啊，可这两个家伙却什么功劳都没有。周勃和灌婴在刘桓时期当政，那时是和平时期，这两个家伙却不知道重视一下教育，提高国人的素质。于是刘渊就一边学习经史知识，一边也学习军事知识，争取做一个能文能武的人，从这点上看，这在当时并不多见，因此，后来他取得那样的事业，是有理由的。他是匈奴的后代，身上的力气那是天生的，骑马射箭的本事是从小就练好的，而且他长得既帅又酷，全身上下朝气蓬勃，在洛阳当人质时，就跟王浑的儿子也就是司马炎的那个女婿王济混得很好。

王济做事并不圆滑，本来有个很好的出身，又是司马炎的女婿，要当个大官，并不用去拼去杀，容易得很。可这家伙硬是爱耍自己的个性，不但不会拍马屁，而且常讲一些上级领导不爱听的话，就是司马炎的最高指示，他也敢于顶撞。司马炎也想狠狠地批他一下。司马炎先把他的官罢掉，之后对和峤说：“我先把王济狂骂一通之后，再给他官做，他会服了吧？”和峤说：“王济要是肯屈服还叫王济吗？他总是坚持自己的原则，哪肯退让一点？”司马炎不信，把这个女婿叫来，狠狠地骂了一通最后问：“颇知愧不？”哪知，王济马上回答：“‘尺布’‘斗粟’之谣，常为陛下愧之。他人能令亲者疏，臣不能令亲者亲，以此愧陛下耳。”这几句话，全戳中了司马炎的痛处，司马炎一时无话可说。他对司马炎都敢于这么不客气，还想把这官做到多大？

不过，这家伙虽然狂妄，但对有水平的人还是很佩服的。他一直就很佩服刘渊，每跟刘渊聊一次天，那佩服就上一个新台阶。他不但自己佩服，而且还到处帮刘渊做广告，希望别人也跟他一样佩服刘渊。他常在司马炎面前说刘渊人才难得。司马炎一听，连王济这样的人都说人才难得，不知这家伙有多难得，就把刘渊叫来。一聊之下，觉得王济说得很正确。王济看到岳父大人对刘渊也很欣赏，又对他说："如果把搞定东吴的任务交给刘渊，刘渊肯定能够胜利完成。"

司马炎一听，觉得有点对，就再征求一下孔恂和杨珧的意见。这两个家伙也知道刘渊的水平，但他们的心里装满了民族歧视的情绪，自己不能灭吴，也没提出什么好的建议，倒是在回答这个问题时，说了一句大大有名的话"非我族类，其心必异"。他们的原话是："臣观元海之才，当今惧无其比，陛下若轻其众，不足以成事；若假之威权，平吴之后，恐其不复北渡也。非我族类，其心必异。任之以本部，臣窃为陛下寒心。若举天阻之固以资之，无乃不可乎！"听完后，司马炎又觉得大有道理，睁着眼睛，在那里"默然"。

刘渊认为自己完全可以重振一下大汉的雄风。他大概在做人质期间，看到晋朝的那些高人都没什么水平，就动了夺天下的雄心壮志。他老早就为自己以后的事业打下了理论基础，像刘邦一样，把自己出生的经历很好地创作了一下，然后到处宣扬。

刘渊创作的这个故事，抄袭了刘邦的框架，填上自己创作的内容，主要情节如下：

他的老妈天天都盼望自己生一个儿子，就跑到龙门，求老天送给她一个儿子。她才到那里，就有一条大鱼——这条鱼长得很畸形，头上居然生有两只角，一听他的描述，就知道这是一条还没有完全进化成龙的水生动物。如果光看到这鱼也算不得什么。偏偏这条鱼还"轩鬐跃鳞而至祭所，久之乃去"，在那里摇头摆尾了很久。旁边的"巫觋皆异之"，集体朗诵了一句话："此嘉祥也。"那几个"巫觋"可是人证啊。这家伙编的水平比刘邦有进步，以前刘邦的人证只有他的老爸，可信度打了一个折扣。而现在的目击证人是局外人，且不是一个孤证，而是几双雪亮的眼睛。

情节继续发展。

到了半夜，刘渊的老妈做起梦来。不过她做的梦却跟别人不同。她又梦见了那条鱼。如果光梦见那条鱼，这个梦也算不得什么。可她梦见那条鱼，从水生动物变成了人——这个进化过程，只是一眨眼之间。那个鱼人"左手把一物，大如半鸡子，光景非常"，然后把这个东西送给刘渊的老妈，说："此是日精，服之生贵子。"后来就真的怀孕了，而且这个孕期超长，居然有十三个月。据说刘渊生出来的时候，左边手掌里就印了刘渊的名字。

当时玄学正大行其道，刘渊这个玄之又玄的出生经历一传出去，很多人都觉得很奇妙。那些大名士其他事谈得多了，一听到这个传说，觉得谈起来会很精彩，就都充当宣传刘渊的志愿者。这时太原最牛的名士就是那个王昶。王昶一听到刘渊的故事，就说这小孩儿有出息。既然王昶都这样说了，其他人更加不甘落后。后来，那几个据说精通相法的家伙也出来露了一手，睁着老眼对着刘渊很帅的脸扫描了几遍，然后做出大惊的样子，半天才隆重推出那两句话来："此人形貌非常，吾所未见也。"这两句话空洞得无边无际，可人家就爱相信这些话。而且有事没事就到处传达一下，硬是使刘渊的人气不断地狂涨，弄得见过刘渊的人跟着说他"形貌非常"，没见过他的人，更以为这家伙是头上长角身上长刺的人呢。

后来，那个王浑又忍不住跟他见了一次面，一谈之下，觉得他还真有水平，于是叫他的儿子王济过来，让他以后交朋友就要交这样的朋友。刘渊就这样跟王济成了好朋友，同时也通过这条线跟司马炎认识起来。他以为，司马老大这样对待自己，觉得自己的前途光明起来了。哪知，在司马炎要重用他的时候，因孔恂和杨珧这两个人的一句"非我族类，其心必异"的话，就让他的前途渺茫起来。

后来，凉州被另一个北方少数民族鲜卑族的首领秃发树机能攻陷了。这个秃发树机能自泰始六年开始，就在凉州一带，带着他的部属，不断地制造流血冲突事件，常把那一带的官兵搞得很难看。这家伙的势力也没有多大，但晋朝派出的那几个太守硬是搞不定他，反而一个接一个地被他搞定，那个牵弘就是被他扁死的。这时秃发树机能居然把凉州也攻破了。司马炎的屁股也有些坐不住了，他把那个李憙叫来，问：“你看谁可以把这个秃发摆平？”

李憙说：“如果让刘渊带着匈奴五部的兵马过去，没几天就可以把秃发的头砍下来。”

又是那个孔恂起来反对，说：“要是刘渊能砍掉秃发树机能的人头，以后凉州的灾难会更加深重。”

司马炎一听，嘴巴一张，又不敢任用刘渊了。

刘渊的前途再一次在就要光明的时候暗淡下去了。李憙回来跟刘渊一说，刘渊的情绪马上就跌到了低谷。后来，刘渊的好朋友王弥“从洛阳东归”，刘渊在九曲为王弥摆桌送别。这家伙虽然长得一身肌肉，标准的男子汉，可这时却一把鼻涕一把泪，向王弥诉起苦来，诉苦的内容主要是怕以后就这样老死在这里。说到激动的地方，竟然“慷慨歔欷，纵酒长啸，声调亮然，坐者为之流涕”。如果光是坐着流涕也没有什么。可那时，司马攸正在那个地方视察工作，听到这个声音，觉得有点儿异常，马上跑过去看看，居然是刘渊在哭。

司马攸一看，就知道这个刘渊不是一般的人，知道留下这家伙，对他们大晋朝大大的不利，马上就跑过去找他的哥哥，说：“要是现在不杀这个刘渊，以后并州可就不稳定了。”从这点上看，就知道司马攸比司马炎厉害得多了——对有水平的人，能用就放手去重用，不能重用的就毫不客气地让他彻底消失。

幸亏司马炎历来不信任这个老弟，这时仍然坚持不信司马攸的做人原则，说，刘渊是少数民族的精英代表，是我们团结的对象，哪能说杀就杀？杀一个刘渊是小事，影响大晋形象可是大事。硬是没有对刘渊采取什么措施。

他不但没有对刘渊采取什么措施，反而还让这个刘渊又有了出头之日。正好在这个时候，刘渊的老爸死了。可刘渊的老爸一死，刘渊的运气就来了。司马炎叫刘渊收拾行李回去继承他老爸的遗志，接他老爸的班。

这样，刘渊就成了匈奴的左部帅。

这家伙确实有水平，手中一有权，并不像晋朝那些名士一样，一天到晚忙着享福，找一帮无可事事的人来耍嘴皮、喝喝酒，而是整治官场，到处招聘人才，弄得匈奴五部的人才去了他那里。后来，就连“幽冀名儒，后门秀士，不远千里，亦皆游焉”。一看这气象，就知道刘渊已经开创了匈奴的新局面。杨骏这时也在做收买人心的事，看到刘渊这么得人心、有人气，也想从中赚点儿人心，提高点儿人气，就大笔一挥，让刘渊当了“建威将军、五部大都督，封汉光乡侯”，为刘渊以后的发迹打下了坚实的基础。

原来曹操把匈奴一分为五，为的就是分化匈奴，收到了很好的效果。现在杨骏让刘渊又当了五部的头，使匈奴五部又一次团结在了刘渊的周围，力量得到重新整合，再想收服他们，可就不容易了。可惜，杨骏一门心思地为自己着想，哪能考虑得这么长远？一道任命书发了出去，他只觉得当大官好爽！

在他觉得民意不断地倒向自己、地位一天比一天稳固时，已经有人开始向他发难了。

杨骏的败亡

这个准备向他发难的不是别人，就是那个新进皇后贾南风。

现在大家都知道这个贾南风很厉害，而且前期命运很不错，靠了那个敢把皇帝拉下马的老爸，动员所有的政治资源，阴差阳错地成为太子妃。按她那个长相，能嫁出去就不错了，可硬是被贾充及其一帮死党经过一番密谋策划，然后四处打通关节，竟然让人大跌眼镜地被立为太子妃，而且当了太子妃之后，因为表现太过恶劣，又差不多被司马炎勒令退居二线，可贾充的那些死党一活动，司马炎的心又软了下来。也只有司马炎这样的人才让这么丑的人当他的儿媳妇，换作别的皇帝早就让人把她轰了出去，估计连推荐的人也一起惩罚了。可碰上司马炎，她算是生逢其时了。

如果她只是“短丑黑”，属于那种“我虽然长得丑，但我很温柔”的女人，也没什么。可她内心跟她的外表没什么差别，也是个权力欲望比天还大的家伙。她一当上皇后，就觉得自己跟皇帝是一家人了，皇帝的事就是自己的事，皇帝没能力去解决的事自己可以合理合法地去搞定。可现在朝中的大事小事都由杨骏说了算，自己却说不上一句话。这皇后当着有什么意思？如果是别人，肯定日夜不停地在皇帝老公面前喋喋不休。可她的老公实在笨，你再怎么喋喋不休，都等于对牛弹琴——当然，如果她的老公不笨，估计现在早就把她原装退货，恐怕连说话的余地都没有。所以，枕边“喋喋不休”的传统办法，她是永远不能照搬的，她只有靠自己的努力。

她知道，不管什么人，只要在官场上混，都得有政敌，都得有反对党。她决定找到杨骏的反对党，把这些人团结起来，形成一股反杨力量，把杨骏搞下去。而且她相信，杨骏已不得人心，会有很多反对党，只要去找，就一定能够找到。

贾南风办事的效率很高。没几天，就发现殿中中郎孟观、李肇两个人非常痛恨杨骏。这两个家伙也不是一般的人，当然也看得出贾南风的意图。没几天，几个人一碰头，就把自己的想法晒了出来，当场就结成“倒杨”同盟，决定搞定杨骏。从这个时候起，贾南风正式成为倒杨运动的核心人物。

杨骏那家伙做梦都没有想到，这两男一女正在密谋搞定他。而那几个家伙却是做梦也想搞定他。从这一点上看，双方的胜负就可以预料到了。

后来，贾南风又发展了另一个骨干分子。这个骨干分子叫董猛。你一看这个名字，千万不要以为这个家伙是个猛男。其实这家伙只是个黄门，说得通俗点就是个太监，是贾南风身边的工作人员之一，一天到晚为贾南风的生活跑腿。久了，贾南风也就把他发展进自己的圈子。因为，现在孟观、李肇这两个大男人，总不能一天到晚老跑到皇后的卧室里放下帘布共商大计啊，得有个联络员来传达信息。

三人小组的最高目标是杀掉杨骏，然后把皇太后杨芷废掉。三人小组都知道，若凭他们三个人的力量就能够杀掉杨骏，杨骏早就轮不到他们下手了。要搞定杨骏，需要强大的外援，而且这个外援不但要有强悍的实力，也要有足够的资格。

三人进行了一次评估，一致认为，目前只有司马氏家族的司马亮同时具备这两个条件。而且大家都知道，司马亮已经是杨骏公开的敌人。司马亮目前带着他的部队正驻扎在许昌，离洛阳近得很，早上决定行动，晚上就可以完成任务。

他们只想到司马亮的实力，却没有考虑到他的胆量和能耐。

司马亮天天恨不得杨骏死去。可当人家真的找到他，让他带领倒杨统一战线的力量去搞定杨骏时，他却睁着一双老眼，手指不断地捻着那几根白胡子，嘴里不住地说，这是个大事，是重大的事，这得从长计议，得从长计议……你们知道你们这是在做什么吗？这可是政变啊，政变可不是游戏那么好玩啊，玩游戏玩不好了，可以重来，这个玩不好了，就会天下大乱，大家的脑袋一起飞啊。这家伙向来被当作司马氏家族的中流砥柱，哪知这个砥柱却没一点儿承受能力。

人家一见他这么从长计议了大半天还在吞吞吐吐，就知道这家伙原来是个胆小鬼。等你从长计议还没长到头，人家就把你先干了。

贾南风他们看到司马亮不答应当带头大哥，知道这事更不能拖下去了，马上叫李肇跑到荆州，动员楚王司马玮加入倒杨集团。司马玮是司马衷的兄弟，也是司马炎当时为了制衡杨骏而任命为楚王、都督荆州诸军事的，也可以说是司马炎留给杨骏的一颗定时炸弹。那时，司马炎留下了两颗定时炸弹。一颗是这个司马玮，另一颗是淮南王、都督扬州诸军事的司马允。

谁都知道这两颗定时炸弹。

当然，杨骏也知道，贾南风更知道。

杨骏也很想把这两个人搞定，但他知道那个司马玮是司马家少有的猛男，而且手里又有部队，要是搞不定，麻烦就不是一般的麻烦。他曾多次想把司马玮调到京城，然后把他的兵权夺了。可老家伙却不敢行动，只是等了又等，以为总会等到机会的。哪想到自己的机会还不知道在哪儿，人家就已经找他算账来了。

司马玮不用李肇怎么动员，马上就答应把杨骏干掉。他给皇帝哥哥上书，要求到首都跟哥哥见一面。

杨骏一看，你小子终于自己来了。好机会啊好机会。他马上叫司马衷签上“同意”两个字。

司马玮又约了司马允一起去首都，干掉杨骏。

二月二十日，两人同时来到洛阳。

两人跟另外三人商量好之后，决定向杨骏摊牌。

他们向杨骏摊牌的时间选在三月初八。

这个政变跟其他政变很相似，也是选在见不得人的黑夜进行。由孟观、李肇两人去见皇帝，说杨骏现在要造反。

司马衷虽然笨，但也知道造反的终极目标就是搞定他，吓得张大嘴巴，口水直流，什么话也说不出。这个镜头早就在孟观他们意料之中。

两人马上说：“老大，现在只有先下诏把杨骏免官。”

司马衷能有什么主意？当然都听他们的。两人马上按步骤行动，宣布“骏谋反，中外戒严”，然后“遣使奉诏废骏，以侯就第”——这口气还是不算硬的，“以侯就第”的意思就是交出权力，保住待遇，退休回家，安度晚年。当然他们也知道，光有这道诏书还是不行的。玩这套把戏，杨骏比他们有经验得多。皇帝在手，只是让你披了一层合法的外衣。可很多事，光合法是没用的，最后有决定意义的还是手中的实力，也就是说，成不成功，还得靠枪杆子说话。

他们一边发下诏书，一边叫安东公司马繇带着殿中四百个士兵去把杨骏捉拿归案。然后叫楚王司马玮带兵驻扎在司马门，任命淮南相刘颂为三公、尚书，带部队负责保卫殿中。到了这个时候，就连杨骏的外甥段广也知道，自己舅舅到了最危险的时候。这个外甥本来是杨骏用来监控贾南风的，可现在这小子的表现实在太差了，居然一点儿办法也没有，只是跪着对皇帝说：“杨骏孤公无子，岂有反理？愿陛下审之。”这个理由本来也不错，可皇帝能有这个识别能力吗？

在司马玮他们按部就班地向杨骏采取行动时，杨骏还以为天下一如既往的太平，只等天一亮，又可以到殿上作威作福了。直到那份诏书送到他的手中，他这才知道，人家已经对他摊牌了。

这家伙不是乱世英雄，而是政坛的暴发户。他这个暴发户挖到的第一桶金，不是立了什么大功，而是因为生了个成为皇后的女儿，然后以此为基础，抓住司马炎的弱点，不断地搞点小动作，而当时其他人都忙着手执牛尾尘，到处耍嘴皮，而有心跟他为敌的又都是没水平没实力的人，无法阻挡他在政坛上的高歌猛进，等司马炎一死，就成了国家实际领导人。这家伙虽然小聪明不断，可就是没有大智慧，根本没有想到司马炎居然还留有一手——分封的那些亲王手中都有权有枪。而他虽然是名义上的最高军事领导人，可手里却没有几杆枪。这家伙很傻很天真地认为，自己掌控着皇帝的大印，还怕什么？却没有想到，很多时候，皇帝的公章确实是权力，可到了非常时期，还是靠实力说话的，皇帝公章是死的，只不过是个象征物而已。

而在这个月黑风高的夜晚，本来好好地掌握在手里的那颗皇帝的公章，也被人家拿到了。而本来被自己控制得好好的皇帝也成了人家的傀儡。杨骏突然觉得自己一无所有了。他这才知道，政治不是那么好玩的。

杨骏是个地地道道的小人得志之类的人物，自己当权时，觉得自己是天下最有智慧的人，别人的话都是没有水平的，都是没有政治眼光的，只有自己的决定是全世界最正确的决定。一旦跌入低谷，就觉得脑袋不够用，什么办法也想不出，于是马上就民主起来。

他半夜把很多圈子里的人叫来，把那个诏书拿出来给大家看，说发生了紧急事件，要大家开动脑筋，想个好办法来渡过难关。他手下还是有几个厉害的员工的，在关键时刻能提出一些出奇制胜的绝招。

这时，杨骏正在曹爽以前的豪宅里住着。现在，他跟曹爽的处境一样。当时曹爽有个桓范，向曹爽提出以武力跟司马懿对抗的建议，可曹爽却硬是不听，最后被司马懿连同一帮死党全都砍光。这时，杨骏也有个太傅朱振向他分析了当前的形势，同时建议："现在皇宫里突然发生紧急情况，而且已动用到武装力量，这伙人的目的主要就是要政变。而且大家不用讨论也知道这事不会是皇帝发起的，肯定是一小撮别有用心的人替那个贾皇后密谋策划，然后煽动一些不明真相的人起来闹事的。咱现在可以派人到云龙门那里放火。皇宫里的那些人从没见过这么大的火势，一定会被火势吓到。我们接着威胁他们，如果不交出挑头人，这火就会一直烧下去。我们再打开万春门，带领东宫的警卫团以及首都的卫戍部队，打着拥护太子的旗号冲进宫中，搜捕奸党。贾南风一定会怕得要命，到时主动权就全抓到了我们的手里，他们一定会乖乖地交出挑头人，老大就可以继续做你的老大。如果不这样做，我看后果很严重。"

连杨骏也知道这是个好办法，而且这个地方紧靠着武器库，要组织战斗是很方便的。可有时光有好办法，没有实施好办法的胆量和智慧也没用，跟没有办法一样。如果杨骏是一个见识过大场面的人，听到这个建议后，肯定会当场拍板：马上放火！准备战斗。可这家伙是个没经历过大场面的人，身上别的什么都不缺，唯独缺少处理突然危机的魄力。一听到这个建议，心里就先发毛了，一时不知说什么好。他看到所有与会人员都在用眼睛盯着他，知道现在他必须表态了，这才知道老大有时真不好当。他咽了几口唾沫，很虚弱地说："云龙门是当年魏明帝花了很多钱去打造出来的啊，要是一把火就烧掉了，这可是千古罪人啊。"

大家一看，你当权时作威作福，为什么不怕成为千古罪人？现在居然拿这话来搪塞我们？你可以搪塞我们，能搪塞贾南风吗？看来再跟这样的人混下去，不到天亮就都得通通去死。

侍中傅祗首先揭开逃离现场的序幕。这家伙找了个借口，向杨骏报告，说现在皇宫的情况到底如何我们都不知道。因此，请老大派我和武茂去了解一下情况。杨骏一听，马上就同意了傅祗的请求。傅祗绝对是个机会主义者，一看到杨骏傻乎乎地同意了他的请求，马上就对大家说："皇宫不该成为没人的空地。我是侍中，职责就是在皇帝的身边，而不是在这个地方，应该过去看看皇帝怎么样了。"然后走出去。其他人一见，就知道这家伙因为怕杨老大事败，要脱身而去，也都跟在他的后面。倒是那个武茂还在那里发呆。

傅祗是他的朋友，本来已经叫他一起出去，可跑了几步，转头一看，没见武茂跟上来，再一看，这家伙居然还站在原地不动。现在可不是发呆的时候啊。这家伙虽然是个机会主义者，但还是很够朋友的，便又跑回去，对武茂说："你还算是皇帝的人吧？现在皇宫内外消息断绝，皇帝的消息都不知道了。你难道一点儿不为皇帝着想？"这家伙说这个话还是有点儿水平的，好像都是在为皇帝着想，其实全是为了他们的前途做打算的。他原来觉得杨骏有市场，马上就当了杨骏的手下，现在看到杨骏这棵大树脆弱得很，马上就找借口改行，而且还叫武茂跟他改行，使得杨骏一下就变得孤单起来。武茂也不是菜鸟，一听到傅祗的话，当场就清醒了过来，像受惊的青蛙一下跳了起来，跟着傅祗逃离现场。

杨骏的另一个手下左将军刘豫正带着部队在门外，准备为杨骏负隅顽抗一下。他看到那个裴頠，就问："你看到杨老大了吗？"

刘豫就是个蠢材。

因为裴頠不但不是个老实人，而且他不是杨骏的同伙，心里老早就想把杨骏干掉了。这时他看到刘豫傻傻地向他问这个事，马上就说："我从西掖门那边来的时候，就看到杨老大坐着小车从西门逃跑了啊。你还在这里布防有什么用啊。"

刘豫一听到这话，马上问裴頠："那我该怎么办？"

裴頠说："只有去自首，争取宽大处理啊。"

刘豫一听，觉得裴頠的话十分正确，便把部队交给裴頠，跑了。

裴頠一看，哈哈大笑，然后向倒杨集团的高层报告了这事。只一会儿工夫，司马衷就下了一道诏书，任命裴頠代理刘豫的职务，让裴頠更加高兴了。一句谎话就提拔一级，这可是天大的好事啊。要是老碰到这个机会，这辈子可就幸福到头了。

任何敢于向当权者发动政变的人，办事效率都很高，而且很果断。在杨骏的部下纷纷跳槽的时候，"倒杨统一战线"的高层们已经组织好部队，雄赳赳气昂昂地向杨骏的老窝发起攻击。这些部队一面放火焚烧杨骏的住宅，一面还向住宅里交叉放箭，射得杨家卫队的战士们头都不敢抬。这样的战斗谁都知道，局势已经一边倒，连杨骏也知道自己这点儿兵，再怎么勇敢也挡不住人家的攻击。他这时才想到要逃跑。可现在他能逃到什么地方去？他现在觉得只有马厩那地方最安全了，就跳进马厩躲起来了。可不一会儿，人家的兵大喊大叫着冲了进来，问也不问一声，大刀一举，杨骏叫都来不及叫一声就死了。史书上说是“就杀之”，很简洁。四十三年前，曹爽就在这个地方被司马懿杀掉。那时桓范大骂曹爽兄弟，现在杨骏兄弟也跟曹爽差不多，如果桓范还在，估计下的评语也跟当时没两样。

这时，倒杨战线的前敌总指挥孟观过来，下令将杨骏弟珧、济、张劭、李斌、段广、刘豫、武茂及散骑常侍杨邈、中书令蒋俊、东夷校尉文鸯等都捉拿归案。而且断案迅速，只几天工夫，就定下罪名，皆夷三族。据说，受牵连的有数千人。杨珧和杨济比杨骏有水平得多，人气也比杨骏高，如果杨骏没有那个皇后女儿，这辈子的官是当不过这两个老弟的。杨珧早就预料到杨骏会完蛋，曾经跟司马炎打过赌，说杨骏以后一定没有好下场。他确实是个聪明人，先做了这个手脚，又舍不得跟哥哥划清界限，而是跟这个败家老兄分享权力，是脚踏两只船的办法。他开始跟着哥哥做事时还很小心，后来觉得这权力也太好玩了，胆子就越来越大，连算计司马攸的事也大大方方地参与进来，终于彻底地成为杨骏的好帮手。他虽然聪明，以为自己留了一手，不管老哥的后果如何，自己的这条命肯定会保住，说不定到时因为这一手，人家还会说他早就揭露了杨骏的阴谋，还给他记一等功呢。可他却想不到，现在处理他们的人是那个贾南风。贾南风丑得要命，但却能成为皇后，本身就是贾充不按常理打出的一张牌。而这个姐们更是不会按常理出牌。本来，当初司马炎好几次想把她丢到那个金镛城里当城主，那个杨皇后硬是多嘴，当她的保护伞，终于让她成功当上皇后。但杨芷也知道这个丑女不是什么好人，又经常把她叫来，做她的思想工作。那个贾南风听她讲一句就已经烦了，天天听她讲，就恨不得把她杀死。而且杨芷又是个做好事不留名的人，从不跟人家说自己多次救过贾南风。所以，这个贾南风并不知道杨芷是她的恩人，而是只把她当作仇人来看待。现在自己得势，当然就只会把杨家的人当仇人来处理了。

杨珧在被押赴刑场的时候对司马繇说：“我早就揭发过杨骏的阴谋，那个揭发报告就在宗庙的石柜里，不信你可以问一下张华。张华是个诚实的人啊。”

这事其实不仅张华知道，很多人也都知道，所以觉得应该像以前司马昭宽大处理钟毓的后代一样，宽大处理一下这个杨珧。

现在负责处理这个大案的人是那个安东公司马繇。

司马繇想到司马氏的天下被杨骏闹成这个样子，他们一群司马家的弟子个个被弄得跟二等公民差不多，恨不得把天下姓杨的全都拉出去砍掉，哪能让这个杨珧留下活口？这时，贾南风集团的几个人也跟着起哄，说不杀杨珧不能平民愤。司马繇这就找到了借口，一个祸国殃民、罪大恶极的人，不杀哪能平民愤。杀！

杨珧这才知道，脚踏两只船的办法有时也不灵啊。他又是个十分怕死的家伙，在刑场上努力挣扎，放声大哭大叫，弄得执行死刑的刽子手竟然没办法把刀对准他的脖子砍下去，最后为了完成任务，只得用刀劈开他的脑袋。

贾南风就连那个杨芷也不放过。

在事件发生的时候，杨芷知道他的老爸已经到了最危险的时刻，当然想把老爸从水深火热中救出来。她没有别的办法，只是把“救太傅者有赏”几个字写在绢帛上，然后用箭射出宫外。她以为有她的指示，就会有很多人遵照她的指示去救人然后回来领赏。哪知，这几个字非但救不了她的老爸，反而让贾南风抓到了把柄。贾南风一看到这几个皇太后的亲笔题字，冷笑一声，当场宣布：“太后同反。”杨芷就这样变成杨骏反动集团的核心成员。

倒杨战线在倒杨成功的当夜就加班加点儿地处理杨骏反动集团的一批首要分子，而主持这个事的就是司马繇。本来那个三十三年前的猛男文鸳跟杨骏并没有多少瓜葛，可因为司马繇是诸葛诞的外孙——文鸳父子跟诸葛诞本来是一条战壕里的战友，可后来却变成你杀我，我杀你的仇人了。虽然司马昭没对文鸳怎么样，但司马繇却一心要为外公报仇，一直没有机会。现在机会来了，他哪能放过？现在杀谁放谁是他说了算，而不是别人说了算。因此，在杨骏反动集团的名单上加上文鸳的大名，然后大喝一声，拉出去砍了。

这个黑乎乎的夜晚，司马繇突然变成全国最有权势的人。

他觉得好爽。

人在这个时候，大多都是这个心情。

不过，聪明的人都能想得到，这种权势是不宜两手抓两手都要硬下去的。因为，司马繇的权势是没有基础的，是薄弱的不能再薄弱的。王戎当场就知道司马繇如果再这样下去，不管是肉体生命，还是政治生命，统统都会很快结束。他就劝了一下司马繇："办完这些事后，最好丢掉这个权力。"这话的言外之意就是，要是不丢掉的话，后果会很严重。

可司马繇手中突然有了这个权势，心情好得不得了，哪肯一下就丢掉？好不容易爽一下，要是丢掉，可就要不回来了。

杨家兄弟以及这个集团的人都在一夜之间倒了大霉。可很多人却撞了大运。

换汤不换药

先不说那些倒杨的成功人士，就是全国那些犯人也跟着沾了光。

因为第二天，贾南风就叫她的皇帝丈夫下令大赦，接着改元。昨天是永平元年，一夜之间又变成了永康元年。这一年，有两个元年。第一个元年其实是杨氏元年，而第二个元年，应该是贾氏元年，这标志着贾南风这个"短丑黑"的女人登上了历史的舞台，成为中国历史上一道很不亮丽的风景线。而两家的招牌只有一个司马衷。

贾南风接着着手处理杨太后。

本来，她以前的命运全掌握在杨氏手里，现在倒了过来，杨芷的命运被她牢牢控制住。

贾南风不但是史上最丑的皇后，也是唯一当过杀手的皇后，当太子妃时，多次充当杀人犯。只是因为司马炎多次吃错药，没有把她杀掉，才留到现在的。这时，她大权在握，第一个想到要惩罚的人就是她的婆婆杨芷。这女人虽然长得丑，但也知道现在这个社会是男权社会，下什么命令还得让男人来盖公章，女人是不能站在前台上喊打喊杀的。现在是她老公拿着全国最大的公章，她当然是有办法让他盖公章的。司马衷马上下了一道诏书——大家都知道这道诏书是谁搞出来的：让右将军荀悝押送谋反嫌疑人太后杨芷离开原来的住所，到永宁宫暂住。说是暂住，其实谁都知道，这是在等候处分。贾南风开始时，估计胆气好像还不够壮，在处理杨骏反动集团时，还特意出了个"特全太后母高都君庞氏之命，听就太后居"的命令，让杨芷母女住在那个永宁宫。如果看到贾南风下了这个最高指示，就以为这家伙也学会了宽大，也领会了一点儿玩政治的智慧，正在从一个泼妇向一个女政治家转变着，那你就错了。

她本来是想学学那些政客，秀一下她的"宽大"，可她到底不是个做政治家的料。她在把那个庞氏跟杨太后关在一起的同时，又在背后叫手下把她的真实意图传达出去，叫大臣们起来上书，要求处理这两个女人。这风声一传出来，马上有一批在政治上与贾皇后保持高度一致的大臣们，联名上表："皇太后阴渐奸谋，图危社稷，飞箭系书，要募将士，同恶相济，自绝于天。鲁侯绝文姜，《春秋》所许。盖奉祖宗，任至公于天下，陛下虽怀无已之情，臣下不敢奉诏。"

一看就知道，这些大臣都知道贾南风肚子里的想法，只几句话，就把杨芷的罪状摆得一清二楚，而且还在短短的几行字里引经据典，说这种自绝于人民的女人，要杀要剐都不过分。老大虽然胸怀宽广，不想对她怎么样，但我们答应，人民不答应啊。

贾南风一看，心里就乐了，如果前几天我讲什么话，这些人能这样吗？到底是大权在握好做事啊。但她还想秀一下，又叫皇帝老公下了一道诏书："此大事，更详之。"

那些大臣当然知道，她是在作秀，因此也就陪着作秀到底——如果叫他们陪着去打仗，估计他们不会去，但陪作秀却是他们的拿手好戏、看家本领，要是无秀可陪，那倒是无可事事，好不容易抓到这个机会，他们当然愿意一陪到底。他们看到这个诏书后，马上在第一时间回应："宜发皇太后为峻阳庶人。"老大不杀她，但也应该把她的"皇太后"这个称号剥夺了啊，让她的身份转换为平头百姓算了。

张华有些看不过这些人的表演，现在朝廷所有的高层中，他属于最资深的那一小撮，因此有资格说一下自己的想法。他说："皇太后非得罪于先帝，今党其所亲，为不母于圣世，宜依汉废赵太后为孝成后故事，贬皇太后之号，还称武皇后，居异宫，以全始终之恩。"他同样引用了汉代废赵太后的故事来，想为这个杨芷保住一点脸面。可到了这时，大臣们都知道，现在的贾南风最恨的就是杨芷，而且知道贾南风是不会把张华的话当一回事的，现在按贾皇后的意思去做才是硬道理，因此也不管张华是个老前辈，都理直气壮地驳斥一下。领头的是左仆射荀恺与太子少师下邳王司马晃，几个人在一起进行热烈的讨论之后，形成文件上报："皇太后谋危社稷，不可复配先帝，宜贬尊号，废诣金墉城。"大家都同意这个方案，把杨芷的身份换成百姓。这一次，贾南风就同意了。这个金墉城本来是曹魏时期的冷宫，已经长期不用，都变成危房了。以前司马炎曾经把这个金墉城重新修好，本来是想把贾南风关进去的，可后来杨芷反对，贾南风才没有被关。现在倒好，司马炎就是打死他也想不到，他修复的这个工程，居然成为他老婆的牢房。杨芷更没有想到，她反对关进去的人，现在倒把她关进去了，这个社会实在太没有道理了。

办了杨芷之后，那些大臣又深挖下去，再向老大建议："杨骏造乱，家属应诛，诏原其妻庞命，以慰太后之心。今太后废为庶人，请以庞付廷尉行刑。"这个庞氏既是杨骏的老婆，又生出这个杨芷，实在是罪该万死。原来对她宽大，是因为她女儿还挂着太后的招牌，现在这个招牌没有了，为什么还要对她宽大？

贾南风又来个"诏不许"。那些大臣当然知道这个"不许"的内容是什么。这个“不许”是赤裸裸的要杀那个老女人的意思。于是在“诏不许”之后，大臣们来个“固请”。贾南风一看，既然大家“固请”，老大也没有办法了，“乃从之”。

杨芷一生中最为悲惨的日子终于来临。

这一天，是她老妈被押赴刑场的日子。她抱着她的老妈痛哭，还割断自己的头发，跪下来，以头触地，给贾南风上书，要求去皇后那里当牛做马，用来换取老妈的性命。可书送上去后，却没有得到答复。庞氏被拉出去依法办事。只留下无数悲痛陪伴着杨芷这个原太后。她这时肯定是一边悲痛一边后悔，自己当初能说话的时候，为什么去帮这样的人说情？难道当初不知道这个女人是个坏女人？她肯定知道这个女人不是什么好人。她还是太子妃的时候，手中什么权也没有，随时随地都有被废的可能，居然也动手杀人，如果这也算是好人，那天下还有坏人吗？杨芷当初在司马炎面前为贾南风求情，估计也是有自己的用意的。一来她觉得贾充已死，贾家的势力已走下坡路，让她将来当皇后，背后没什么靠山，自己的老爸可以当老大；二来杀的是别人，别人死多少都不关她事。哪想到，自己的老爸居然这么差，权力拿在手里还没有几分热度，就被人家彻底推翻，死得很狼狈，连自己也跟着倒大霉；以前觉得贾南风杀人家，不关自己事，现在看到她杀自己的亲人，这才觉得真有“痛如刀绞”的心情。可到了现在，有什么办法？如果说现在她的心“痛如刀绞”，那么这把搅心的刀也是她打造出来的。

那些办案人员还在扩大打击面，要把杨骏原来的手下全部捕获归案。可那个傅祗却不同意，说：“昔鲁芝为曹爽司马，斩关赴爽，宣帝用为青州刺史。骏之僚佐，不可悉加罪。”要是全都加罪，在座的谁没在杨骏的手下干过？那时，杨骏的官是总百官啊，谁没在他的领导之下？要是“悉加罪”，那大家都去死好了。

贾南风把杨芷折磨成这个样子，心里正爽歪歪，一听到傅祗这话，觉得自己的目的已经达到，再跟这些小人物过不去，有点儿对不起“皇后”这个称号，就真正地宽大一下这些人，叫司马衷下诏“赦之”，表示不再秋后算账。

这些人的性命可以延长到自然死亡的那一天，可杨芷的命运却越来越悲惨。本来，在开始的那一段时间，还有几个宫女在那里为她扫扫地、做做卫生、烧烧开水、煮煮饭，可后来这些身边工作人员全都被调走了，就让她一个人在她老公生前维修起来的金墉城里享受着没完没了的“孤苦伶仃”的生活。杨芷生于世家，从小就过着幸福的生活，后来成为皇后，那生活就更不用说了。现在突然要过这种生活，她能受得了吗？没人煮饭，她也不会煮，几天过后，这个晋朝开国皇帝的老婆就饿死了。贾南风在第一时间里得到这个消息，高兴得差点儿跳起来。不过，她也知道，杨芷才三十多岁，如果吃好喝好，这时肯定还漂亮地活着，现在她死去，是被她迫害的。她虽然心狠手辣，害起人来不择手段，但又不是个不信邪的唯物主义者，也跟很多人一样，坚信另一个世界里有鬼有神。因此，她怕杨芷死后会跑到司马炎那里告状。司马炎生前对她就不怎么有好感，只怕接到这个诉状后，会对她来个“严厉处分”，就叫人在埋杨芷时，把她以脸面朝下的姿势放进棺材，让她永远不得翻身，而且还加了很多陪葬的东西。不过这些陪葬品可不是什么金银财宝，而是镇鬼之类的符咒和药物。她认为，只有这样，才能让杨芷在地下老老实实，动弹不得。在杨芷要去当皇后时，很多人都认为，一门二后，没有好下场，可她老爸不信邪：如果当了皇后都没有好下场，那当什么才有好下场？现在居然应验了那些人的话。如果她不去接她堂姐的班，凭她的条件，要嫁个好男人也不是什么难事，现在还在好好地当她的夫人。可她的堂姐硬要她去当皇后，而且当皇后的目的居然是要当她儿子的保护伞。现在皇帝保住了，可保护伞却被折磨得饿着死去。

贾南风过完这些瘾后，在心情舒畅起来的同时，又觉得朝中的事好像不宜老自己出面，而且一个女人出面挥舞大权，那么多男人也会受不了，得找个人站在前台，当她的代言人。她找来找去，最后决定还是让司马亮和卫瓘出来。司马亮是杨骏的反对党，这是大家有目共睹的，虽然表现得软软弱弱，浑身没一点儿骨力，但他跟杨家集团的界限划得很清楚，而且是司马氏家族中资格最老的，连司马炎都对他很尊重，让他出来，大家还是可以接受的；卫瓘也被杨骏弄得提前跑回家过退休生活，这当然也是杨骏的死对头。她这么一决定，皇帝马上就进行了一次人事大调整：征汝南王司马亮为太宰，与太保卫瓘皆录尚书事，辅政。以秦王司马柬为大将军，东平王司马楙为抚军大将军，楚王司马玮为卫将军、领北军中侯，下邳王司马晃为尚书令，东安公司马繇为尚书左仆射，晋爵为王。封董猛为武安侯，三兄皆为侯。在这次事件中立功的人都提拔了一下。

这次调整，司马氏家族的牛人们都重新掌握了大权，好像大大地巩固了大晋朝的政权。可这些王都不是什么好人。那个司马亮虽然是司马懿的儿子，司马懿把这个儿子的名字取得跟诸葛亮一个样，可名字却跟水平实在是没有一点儿关系，其他几个人享乐的水平很高，但执政能力却不怎么样。尤其是那个司马玮，是司马家的猛男，又是这次事件的主角之一，现在心里全是得意劲。而且这类四肢发达的人往往头脑简单，最容易受不得刺激，唆使他去打架做蠢事算是找对人了，但根本不是什么治国的好料。那个卫瓘还算是个人才，也是政坛老手，当年在钟会和邓艾你死我活的争斗中能够全身而退，其水平大家是知道的。可现在不是以前，他夹在这些人当中，又能有什么作为？而且首席辅政大臣又是司马亮这个老家伙。

事实证明，司马亮这个家伙的水平也不比杨骏高明到哪里去。

司马亮跟所有的政客一样，都知道要巩固自己的地位，必须收买人心，让自己的人气旺起来。本来收买人心的办法有千万条，可司马亮却只想到一条，而且这个办法还是抄袭杨骏的创意。他一上台，没有出台一个富国强兵的政策，却把评定“倒杨”功劳当作工作的重中之重来抓，而且真正做到两手抓两手都要硬，然后对“倒杨”有功人员进行大力表彰。他认为，这样一来，人心就会像被风吹的草一样，一股脑儿全倒向他这一边。这家伙以及杨骏与其他政治家最大的区别就在于，大政治家眼里的人心是全国老百姓的人心，而这两个人却认为人心就是这一群靠挥霍国家财政过腐败日子的大大小小的官员。

其实，在晋代的很多执政大臣中，大多都是这样认为的，因此，司马氏集团只是在开国那几年中有点作为，之后，就全走下坡路。造成这个现象，主要是清谈之风盛行，掌握大权的国家高层天天想着如何才能让自己有名士风度，天天围着某个地方，一边喝酒，一边吹牛，而且吹的全是跟国计民生无关的东西，口才、艺术和酒量都得到了空前的提高。可治国却不是靠口才和玩艺术，更不是靠喝酒啊。

司马亮一口气把一千零八十一人封了侯爵，一下就刷新了历史纪录。

御史中丞傅咸这时多嘴起来，要求司马亮叫停这次表彰大活动，很啰唆地说了一大堆司马亮不爱听的话，意思是，这次封赏的规模搞得太过分了，以后大家会都希望国家发生动乱，这样就好得到封赏啊。这可不是个好的开头。本来司马繇那天这么干时，很多人就反感，大家以为你来了就会改正。哪想到，你比司马繇还要厉害。司马亮一听，心里说，你小子没立什么功，没得什么赏，就乱发谬论，因此对他的话一个字也听不进去。

司马亮跟很多没有水平的权臣一样，平时做什么决断时都吞吞吐吐，可一旦大权在握，这个天下轮到他说了算时，办事风格完全走向另一个极端，独断得很，完全凭自己的心情办事。在这个一切都没有确定的时代，最多的就是那些随大溜的跟屁虫，早上看到甲最有权，就跟在甲的屁股后大喊大叫，下午看到乙抢过了发言权，就又跑到乙屁股后面当拥护者，虽说城头变换大王旗，可这些人却一个也没换过。他们看到司马亮现在最风光，当然都跑到他的门前，叫他老大。

傅咸上次多嘴无效之后，嘴巴又痒起来，对司马亮说：“老大，以前杨骏当权的时候不把皇帝放在眼里，只任命自己的亲戚做官，大家都骂他骂得要死。现在老大接过权力，做法就应该跟他相反，平时不要张扬，碰到大事才亲自出马处理，那些小事，交给其他人去办就成了。可现在老大什么都管，大伙儿都到你的府上来巴结老大。这是什么风气？这就是投机取巧的风气，这种风气一形成，这个社会还是个好社会吗？再说说那个夏侯骏，什么功劳也没有，什么水平也没有，可突然就被任命为少府，一下就成了高官。大家都在八卦这件事，说夏侯骏是你的亲家，才升上来的。现在到处是这种八卦，对老大来说，不是一件好事啊。”

司马亮一看，你这个傅咸，到底烦完了没有？反正我就是不听你的。掌了权，不提拔亲信，难道要提拔反对党？杨骏虽然做得不对，但也不能凡是杨骏拥护的我们就坚决反对、凡是杨骏反对的我们就坚决拥护啊。你这些话也要不得。

在司马亮忙着当执政大臣时，贾南风也没有闲着。她作为“倒杨”运动的发起人，其最终目的并不是只杀掉杨骏、逼死杨芷，而是也想把大权抓在手中，过过瘾。她这时也开始大规模地提拔她的亲信，让她的族兄车骑司马贾模、从舅右卫将军郭彰以及姐姐生的那个儿子贾谧与楚王司马玮、安东王司马繇一起进入权力中心，分享最高权力。她通过这些人操纵权力，越来越觉得权力真是个好东西，加上她本来就是一个凶狠暴戾的人——这个特性在她当太子妃时就已精彩上演，现在握着权力的把柄，就更加天不怕地不怕了。

司马家的人对她的作为也有点儿不满起来，最终形成反贾派。

亮瓘的垮台

反贾派的头号人物就是司马繇。

这个司马繇也是个头脑简单的人，看到贾南风现在居然这么嚣张，所以就想把她废掉。他在想把贾南风废掉时，认为废这个贾皇后不需要什么难度，因此做得不太严密，自己还没有把方案做好，风声就已经传了出去，弄得贾南风也有点儿怕起来——史书上写“贾氏惮之”，这说明司马繇当时还是有能力把贾南风踢出皇宫的。而司马繇最大的败笔是出在他的老兄东武公司马澹身上。这个司马澹虽然是司马繇的亲哥，但两兄弟硬是弄不到一块，不知什么时候从兄弟变成了敌人。他天天跑到司马亮的面前打老弟的小报告，对司马亮说：“司马繇现在想杀谁就杀谁，想赏谁就赏谁，简直成了大晋国的独裁者。”这家伙别的水平没有，但打小报告的水平还是不错的，这么简单的几句话，直接就触动到司马亮的痛处。现在司马亮是首席大臣，那个司马繇要是成了独裁者，那他司马亮往哪摆？

司马亮当场就生气。

司马亮一生气，司马繇的后果就很严重。而历史后来也证明，司马亮的这一次生气，不光司马繇的后果很严重，而且大晋朝的后果也很严重。如果这个老家伙的头脑稍微一清醒，把这个形势一分析就应该明白，现在权力核心中有两股力量，一股是贾家的力量，另一股就是司马家的势力，而司马繇是司马家势力中贾家的反对党。他正好利用两股势力互相对抗，然后从中把握平衡，大权就会永远抓在他的手中。可这家伙只有权力的占有欲，却没有掌握权力的智慧，觉得这个司马繇不顺眼，对自己已经构成威胁，马上就决定把司马繇搞定。三月二十七日，皇帝下诏“免繇官”。接着，就有人跟着说司马繇曾经口出恶言，对老大不满，于是第二份处分文件马上下达，把司马繇流放到了朝鲜半岛上。

司马繇这块石头一搬，笑得最响亮的不是司马亮，而是贾氏集团的那几个人。

朝中的人一看，也看得出现在跟定贾家没有错，于是贾模、贾谧房前开始繁忙起来。

那个贾谧虽然紧跟贾皇后，但他却是个爱读书、勤学习的人，平时也爱跟有学问的人在一起喝酒风流，人气还是很高的。经常跟他在一起的主要有：郭彰、石崇、陆机、机弟云、和郁、潘岳、崔基、欧阳建、缪征、杜斌、挚虞、诸葛诠、王粹、杜育、邹捷、左思、刘瑰、周恢、牵秀、陈珍、许猛、刘讷、刘舆、刘舆的弟弟刘琨。一看这些名单，就知道小贾周围确实都是有名的人，有很多人都是在历史上有名的文学家。这些人加在一起，号称二十四友。而贾谧的这些粉丝中，石崇与潘岳的表现最为到位或者说是肉麻，每次看到贾和他的外祖母广城君郭槐出来，“皆降车路左，望尘而拜”。石崇是什么人？是当时全球首富，同时也是个有学问的人，以前敢于跟皇帝的舅舅斗富，连司马炎也不怕，可现在却对小贾这么毕恭毕敬，人家的车早已提速，狂跑到什么地方了，他还在路边“望尘而拜”。石崇之所以这么做，一来他知道司马炎的心地还是比较善良的，不会因为晒一下财富而对他怎么样，而贾家的人就不同了，你要是得罪了他们，他们要你的脑袋，那是根本不用找理由的；二来贾谧确实也有学问，是个值得尊重的小帅哥，要不能有这么多名人团结在他的周围吗？

如果贾谧老老实实地做他的学问，当他的名士，每天跟二十四友吃喝嫖赌、写文章，不参与贾南风集团，这辈子过得也许还不错。

在贾氏集团抓权力越来越上手之际，司马氏那边却不断地出现裂痕。

司马亮再次把一个弱智政治人物的垃圾眼光表现出来，就是不管怎么样，总觉得圈子里面有人要搞他。他在摆平司马繇之后，又觉得司马玮这家伙也是个碍手碍脚的人。

他跟卫瓘一说，卫瓘一听，也觉得司马玮是个凶残成性、喜欢当杀手的家伙，实在令人讨厌，就同意了司马亮的看法。两人决定，对这样的人最有效的办法就是剥夺他的军权。于是“以临海侯裴楷代玮为北军中侯”。司马玮一看到这个决定，当场大骂。

本来，司马玮再怎么大怒，司马亮他们也不用管。可他和卫瓘想不到的是，那个裴楷也是个全身都是软组织的人，知道司马玮在愤怒，就怕了起来，不敢接受这个委任状，弄得司马亮和卫瓘也被动起来。当然，两人并不甘心这么被动下去。他们经过一番密谋，又决定“遣玮与诸王之国”。让他到自己的封地去，爱怎么着就怎么着。可司马玮能乖乖地听他们的话吗？这家伙是“倒杨”运动的中坚分子，现在倒杨成功了，就想把他赶走，他越想越生气。

他是个猛男，手下也有几个脑子不错的跟班。

到了这个时候，他的两个跟班长史孙宏、舍人岐盛就出来劝他不要光会生气。现在不如投到贾皇后的阵营中，还怕司马亮和卫瓘这两个老头子？

司马玮向来跟这两个家伙讲得来，当场就采纳了他们的意见，去找贾南风，表达了自己跟定皇后的良好意愿。

现在贾南风正在笼络人才，打造贾氏集团，看到司马玮不用请就主动投奔过来，当然高兴得睡着了脸上都还挂着笑容，马上任命司马玮为太子太傅。这个职务是太子的老师，当然只能留在京城。两个老家伙白胡子对白胡子密谋了大半天，最后硬是被那个丑女一句话废了。从这件事上可以看得出，司马亮和卫瓘虽然头顶着第一号和第二号大臣的光环，其实也窝囊得很。

卫瓘是个老江湖，当初处理邓艾和钟会的事时显得很有水平，本来以他现在的权力，要搞定贾南风也不算什么难事——贾南风虽然又恶又毒，可智商和钟会、邓艾是没法比的，可现在他那些思维和手段都不知跑到什么地方去了。他搞不定司马玮，又想搞掉司马玮的死党岐盛。他跟岐盛没什么直接的仇恨，只是因为看到这个岐盛以前跟着杨骏，现在杨骏一倒台，马上又变成杨骏敌人司马玮的死党，认为这家伙的人品有问题，就决定把他抓起来。如果要抓这个岐盛，说抓就抓，估计也没什么事。可这家伙年纪一大，行动也缓慢起来，决定早就做出来了，行动却没有跟上。岐盛本来就是个最会见机行事的家伙，一知道老卫要办自己，就马上跟他的老搭档孙宏商量对策。这两个家伙的官职不大，但胆子却不小。两人商量的结果，现在只有借用贾南风来对付司马亮和卫瓘了。

两人只是司马玮的跟班，跟贾南风没直接的联系。如果按常理，他们肯定先找自己的老板，磨破嘴皮，浪费大量的口水，说服老板救一救他们。可他知道，这是不行的。虽然他们知道他们的老板比他们还恨这两个老家伙，但要叫这个老板搞定那两个老家伙，老板是不会听他们的。这两个家伙搞小动作还是有一套的。他们很快找到那个叫李肇的人。李肇是积弩将军，同时也不是什么好人。只几下就被那两个家伙蒙住。岐盛和孙宏对他说，我们是来传达我们老板司马玮的意思的。我们老板得到确切的消息，司马亮和卫瓘两个家伙正在密谋废掉皇帝呢。可当他们说这话时，司马玮还不知道这个“情报”呢。

李肇一听，得马上向皇后报告。就免费当了那两个家伙的通信员。

岐盛和孙宏的这个谋划做得很成功，而且实施得也很到位，时机也把握得很好。

本来，贾家对卫瓘早就怀恨在心，而且这个“怀恨在心”的原因天下人都知道。当初，司马炎本来是想让卫瓘的女儿做他的儿媳妇的，而且很多人都知道他的这个意向，以至于谁是“太子妃”在一段时间里，已没什么悬念了。哪知，贾充却突然横插一脚进来，而且贾家的竞争团队也实在太强悍，只几天时间，大伙上下一致，四处出击，硬是说服司马炎改变了那个早已是板上钉钉的决定，让贾南风成为最后的赢家。卫瓘在这场竞争中，居然毫无作为，最后老老实实地接受这个结局。这一场“太子妃”争夺战，其实跟司马炎从他弟弟手里抢走继承人的方式一样。卫瓘的心情肯定是超级郁闷，但到了现在还有什么办法？这家伙觉得自己输得也太窝囊了。于是，这家伙忍无可忍，最后居然借着酒醉对司马炎说了那句“此座可惜”的话，差一点儿把太子废了。如果太子一废，贾家以后就没有任何机会了。只是司马炎却不怕“此座可惜”，硬是让司马衷把太子一当到底。

贾氏集团从此就把卫瓘划成阶级敌人。贾充老早就告诉他的女儿，卫瓘这个家伙差点儿坏了我们的事。

后来，贾充集团的几个骨干曾联络杨骏对卫瓘进行报复。这几个骨干分子打击起异己分子来，确实做得很绝，居然能叫司马炎让自己的女儿跟卫瓘的儿子办了离婚手续，然后让卫瓘退居二线。到了这个非常时期，在大家的要求之下，贾南风在权力没有抓牢的情况下，只得让卫瓘重新出山。但贾南风是什么人？她能让她的敌人在她的面前挥舞着权力的大棒吗？要是让这卫瓘和司马亮这两个老家伙再当权下去，她还有什么前途？

这时，她一听到李肇的报告，机会来了。当场决定举行第二次政变——很多人靠政变上台，可一辈子也只进行一次政变，她才当皇后没几天，竟然连着主导了两次政变。

她找了个机会，叫皇帝写了个诏书，交给司马玮：“太宰、太保欲为伊、霍之事，王宜宣诏，令淮南、长沙、成都王屯诸宫门，免亮及瓘官。”

当诏书送到司马玮手中时，证明岐盛和孙宏事先不找司马玮决定是对的。因为这个猛男在半夜接到这个诏书时，觉得这事好像也太严重了点儿。他知道他的那位老兄是不会有搞政变的想法的——估计司马衷连什么叫“政变”都不知道呢，因此，他想去亲自问一下他的皇帝大哥。贾南风大概早就料到他会这样，因此派去送信的太监也是个得力的人。这家伙看到司马玮要去核实诏书，马上就说："这事本来是机密的事，老大才叫我半夜送诏书过来啊。你要是再进宫一问，这还叫什么机密。"司马玮本来就是个四肢发达、头脑简单的人，刚才能想到核实一下这个诏书，那还是智力超常发挥了一下，这时一听到这话，马上就觉得自己刚才吃错了什么药，别的不去想，却去怀疑自己的哥哥？而且他对司马亮和卫瓘愤恨的程度，并不在贾南风之下。既然现在皇帝哥哥叫他搞定这两个老家伙，他为什么不搞定？他们早就在搞自己了，自己忍到现在，也对得起他们了。

于是，一场更为火爆的政变导火索在这个夜里被点燃。

司马玮知道，光靠自己的实力还不足以打倒那两个家伙，因此也学贾南风来个"矫诏"，命令自己的部队做好战斗的准备，还向都城内外的三十六通报："二公潜图不轨，吾今受诏都督中外诸军，诸在直卫者，皆严加警备；其在外营，便相帅径诣行府，助顺讨逆。"而且还以皇帝的名义出台了一个政策："亮、瓘官属，一无所问，皆罢遣之；若不奉诏，便军法从事。"一下就瓦解了两个人的部属。然后派孙宏和岐盛带兵去"围亮府"，派侍中清河王司马遐去逮捕卫瓘。

当然，如果他司马玮的对象不是司马亮，而是司马懿，那他的这些部署也没什么用。可司马亮跟他的老爸差得太远了。当孙宏和岐盛带着部队来到时，司马亮的帐下督李龙向司马亮报告："外面发生紧急情况，请老大赶快调兵镇压。要不就来不及了。"

司马亮是杨骏的敌人，可在这事上，他学习杨骏学得很到位，明明听到外面喊杀连天——就连李龙也知道要调兵来对付人家了，可老家伙却摸着白胡子在那里摇摇头说，不能乱调兵啊。你以为调兵是开玩笑的？

可孙宏他们一点儿也没开玩笑。这个事件本来就是由他们搞起来的，目的就是要搞定司马亮和卫瓘，这时哪能不全力以赴？在司马亮摸着胡子说"你以为调兵是开玩笑的"的时候，他们已经叫士兵们爬上司马亮家的围墙了。这些士兵都是爬墙的高手，只一下就全站在围墙上大喊大叫。

在这样的情况面前，司马亮把他的软弱表现得淋漓尽致，明明知道人家是来要他的性命的，却只是说："我忠心得很，你们为什么这么对付一个忠心耿耿的人？你们这么做，有皇帝的诏书吗？”

孙宏和歧盛当然知道他忠心得很，可他们并不是来考核他是不是忠心，而是来要他老命的。两人对他的话一点儿也不关心，只是叫士兵们冲，谁抓住司马亮，就给谁记一等功。

长史刘准对司马亮说：“老大，政变，又见政变。这是典型的政变啊。现在府中力量还雄厚得很，老大要是下个命令，大家一齐上，拼掉老命，还可以挽回啊。”从刘准这话看，司马亮家中的武装力量还是不弱的，如果拼命抵抗，拖得时间，事情也许还有些转机。因为，司马亮、卫瓘虽然不是什么好人，当了这些天的权，也没做出什么好事来，但贾南风却更加让人恶心。所以，在人们的心中，双方一比，司马亮和卫瓘还是得分的。

可司马亮本来就是个没有血性的家伙，听到“拼掉老命”这几个字，身上都在发毛，面对刘准的建议，同样不听。到了这个时候，越是怕死越是要死。

李肇的部队先冲了进来，一下抓住司马亮。

司马亮到了这时，居然还在表白他的忠心：“我之赤心，可破示天下也。”他的手下绝对想不到，他们的老板到了生死关头，居然以为忠心可以救他的命。

司马亮表白了他的忠心之后，他的境遇就往更悲惨的方向转移。

李肇把司马亮和他的儿子一起抓了起来，叫士兵们拉出去砍头。

这次政变的时间正好是六月，天气热得要命。士兵们把司马亮拖到一辆车底——他原来是坐在车子里的，现在只能坐在车底了。这家伙长期享福，生活条件很好，因此身体很肥，最受不得热。很多人看到这么一个老头儿坐在车底，全身是汗，觉得很可怜，就跑过去给他扇风——如果在前几天，这几个做好事的人能这么扇司马亮几下，肯定当场就发达了。这老家伙被放到车子底下，一直到第二天，居然没有人肯下手杀他。

司马玮一听，这家伙居然还得点儿民心，要是再等下去就不好办了。马上下令：“谁砍掉司马亮的脑袋，就奖给谁一千匹布！”大家一听，拿刀向司马亮的头上砍去，而且不止一下。作为司马炎认为的司马氏最牛的强人司马亮这辈子最大的特点就是怕死，可到头来却死得悲惨，死得难看。那些眼里装满一千匹布的人砍完他的头后，像抛皮球一样把他的脑袋抛到宫门北墙外，五官全部被损坏。

卫瓘的情况也跟司马亮差不多。

当司马遐带兵前来逮捕他时，他的手下也劝他不要做束手就擒的人。如果一定想去死，也要辨别一下这诏书的真假。如果是假诏书，那不是太冤枉了？如果是真的，那时死也不迟啊——做别的事，迟了会吃亏，唯独死得迟一点儿不是坏事啊。因此，当前的首要任务是先组织力量对抗一下，保住大家的性命，然后再顾别的。

可卫瓘这家伙的脑子已经彻底退化，退化得跟司马亮一个样。他听了这个分析之后，却摇摇头说，使不得啊，兄弟。

没多久，人家举着兵器冲了进来。带兵进来的人叫荣晦。他原是卫瓘的帐下督，有一次做了违法乱纪的事，被卫瓘恶狠狠地批评了一通，然后开除公职。这家伙对卫瓘就这样怀恨在心。本来，他认为以他的社会地位，要对卫瓘怎么样是不可能的。哪知道这个世界真是“一切皆有可能”，现在他居然能带着部队去执行逮捕卫瓘这个全国第二号有权的高级领导人的任务。这家伙一冲进卫家，就叫兄弟们冲杀。

司马遐本来不想杀人，他得到的命令是来逮捕人的。可荣晦已经发疯，他哪能禁止得了？荣晦一连杀了卫瓘一家老少九个，这才罢手，连叫报仇的感觉真爽。

至此，在杨骏集团倒台之后形成的亮瓘体制也彻底玩完。司马炎曾经想把最高权力交给他的叔叔司马亮，想让司马亮来当他儿子的监护人，同时也是压制杨骏的主要力量。可他的这个老叔水平实在太差，还在他活着的时候，就完不成权力的交接手续。后来虽然在杨骏挂掉之后成为最高领导人，哪知，权力在手仅仅四个月，又克隆了一次杨骏人生的最后时光，死得更惨。从这个事上足可证明司马炎太缺乏政治眼光了。才登基第二年就定下了接班人，而且比谁都知道这个接班人是接不好班的，早就应该为他打造一支强有力的辅佐团队才是王道。可三十多年的时间，司马炎打造出的团队居然是杨骏和司马亮以及司马玮之流，天下不乱，那是没有道理的。司马亮当权只当了四个月，没做出什么丰功伟绩来，更没有带领全国人民走上幸福的道路，却以他的生命为代价，开启了一个历史上著名的时代。

接着政变

这个时代叫“八王之乱”。

而他是八王中的第一个大王。

杀了司马亮之后，楚王司马玮的鼻梁又高了起来，认为这一下该自己当老大了吧？皇帝是他的老哥，而且他老爸让他当楚王的目的就是带兵保卫他的哥哥。现在他确实参与了杀杨骏事件，又主导了杀司马亮运动，让人家知道，谁敢跟他作对，就把谁消灭。

这家伙只顾在那里想象着以后如何作威作福，那个岐盛却不这么认为。这家伙的官不大，但看问题的眼光比司马玮雪亮多了。这家伙早就知道，这两次动乱的策源地不是在司马玮的办公室里，而是在贾南风的椒房之中。司马玮只不过是那个女人利用的一个工具而已。而司马玮却不知道自己是个工具。他对司马玮说：“老大，趁着现在的机会，把贾谧、郭彰一起端掉。贾皇后没了帮手，这天下以后就是老大说了算。机会难得啊，老大。”

哪知，司马氏家族近来好像都感染了“犹豫症”，就连司马玮这个猛男也逃不脱。他听到岐盛的建议之后，只是瞪着很威猛的眼神看着他，摇摇头，没有拍下板子。如果他这时果断一点儿，连贾南风也一起搞定，然后把大权抓住，重用几个得力的手下，把一切责任都往贾家的头上倒过去，稳住局势还是可以的。因为，贾氏集团那一伙人，其实是没有什么人心的，而他又是司马炎作为拱卫他老哥的地位才封的楚王。因此，他痛扁几个贾家的死党推翻贾氏集团是一件得分之事。可这家伙也不是政治家，只会跟他的叔祖作对，然后就只会做当家做主的美梦。

这时，人家却已经把手伸了过来，用突袭的方式，将他往死里整。

你知道，现在决定搞掉他的主谋是谁吗？

如果你以为是贾南风，那你绝对是错了。

提出搞定司马玮这个建议的是张华。

这家伙近来一直很低调，沉闷地站在旁边看热闹，看到杨骏和司马亮、卫瓘风光之后，又一个跟着一个玩完。而这些人玩完之后，他认为，他可以出场了。

但出场也要出得像样，不能从某个角落里慢吞吞地出来，而是应该有声有色地闪亮登场。

这家伙是政坛老手，政坛老手玩吸引人眼球的事向来是拿手好戏，因此他要来个闪亮登场还不是小菜一碟？

现在最能引起轰动效果的就是把风头正盛的司马玮搞下去。

张华这时的官职是太子少傅，只相当于太子的副班主任，手上没什么实权，当然没什么力量把又威又猛的司马玮搞定。但他知道，要搞定这个司马玮还是不难的，那个贾南风完全有能力摆平这个猛男。

张华找到董猛，让他去告诉贾南风，说：“司马玮连杀两个执政大臣，现在大权拿在手里，成了老大，在他眼里皇帝都不算什么了。这种人当权，后果是很严重的。应该趁他的权力没有得到巩固时搞定他。否则，以后要收拾他就难了。”

贾南风是什么人？她连续发动两次政变，为的就是掌握权力。可每发动一次政变，成功之后的胜利果实却让别人摘走，心里郁闷得很。眼看这一次又让司马玮这家伙成了最大赢家，心里当然不高兴。只是她还不敢乱来。这时，听到张华的这个意见，觉得很对。

这时，首都乱成一锅粥，谁也不知道现在到底谁是老大，更不知道明天天亮的时候会是什么样子。

贾南风知道，自己还没有出面搞定司马玮的资格。但她知道张华有这个资格，因此就请张华出面。

张华要的就是这个效果，马上进宫报告皇帝：现在是打倒司马玮的时候了。

皇帝早在半夜里就被皇后拎着耳朵讲清楚了，不管张老说什么，你只要同意就行了。其他的都没你的事了。

张华听到皇帝说同意之后，便马上行使刚刚到手的权力，叫殿中将军王宫举着“驺虞幡”出去，来到司马玮的军中，向各级指战员宣布：“楚王矫诏，勿听也！”现在宫中已经没有几个兵了，要用武装去搞定司马玮已完全没有可能，所以张华只能用这个“驺虞幡”。你不知道什么叫“驺虞幡”吧？千万不要以为这东西有什么法力，可以让司马玮一看到，就像被打败的妖怪一样现出原形。这东西其实就跟街头那些江湖骗子的锦一样，只是一面旗子。但这个旗子是皇帝的信物。晋皇帝的宫中有两个信物，一个是叫“白虎幡”，另一个就是“驺虞幡”，形式都是长条的旗帜，如果上面绣着白虎的就是“白虎幡”，这个锦旗是用来督战的。那面绣着驺虞的就是“驺虞幡”。驺虞是什么东西？这是一个传说中的动物，又叫“驺牙”。据说，这家伙长得像老虎，看上去凶得要命，但它的性情慈祥得很，从不吃有生命的东西。所以，这面旗跟“白虎幡”是反义词。它一出现，就表示皇帝现在不让打仗了，要化干戈为玉帛了。谁再不放下武器，谁就是造反。现在是稳定压倒一切，不是造反压倒一切。

广大指战员现在正晕得很，不知道局势将往哪个方向发展，一看到皇帝已经出面，都放下武器，全跑了。

这时，司马玮这个家伙居然也没什么反应。他号称猛男，可到了这个时候，跟杨骏和司马亮居然没什么两样。如果他这时稍有点儿头脑，马上把王宫抓起来，逼他讲出幕后黑手，然后带兵杀过去，谁也挡不住他。因为，现在他是全军最高统帅啊。哪知他只是瞪着威猛的眼睛，看着大伙丢下武器跑了，最后，现场只有他一个人站着发呆，连个表示“路过”的人都没有。

司马玮想不到自己要权有权，要枪有枪，好像已是说话最算话的人了，哪知人家一面锦旗就可以把他搞定，脑子空前发晕，不知该怎么办才好。那个岐盛和孙宏到了这个时候也没话说了，下场可想而知。

在司马玮崩溃的时候，张华派出的士兵已经军容整齐地到来。司马氏家族的头号猛男这时表现得万分老实，乖乖地让他们绑住。如果这家伙稍微强悍一点儿，抵抗一下，结果完全不会是这个样子。因为城内的军队指挥权都稳稳地拿在他的手中，而那个垄西王司马泰也是他的同党，曾打算集合部队过来支援他——幸亏司马泰手下有个叫丁绥的祭酒提醒他，现在局势不明朗，老大要是没有分清楚就带兵过去，后果会很严重的。司马氏家族到了司马炎之后，就已变得没一点儿原则，在关键时刻拿不出果敢的气魄，往往一听到人家的分析之后就犹豫不决。司马泰听了丁绥的话，就又按兵不动。否则，他带兵杀过去，首都又会大乱一场，“八王之乱”说不定就会变成九王甚至十王之乱了。

司马玮和孙宏、岐盛同时被抓获归案，交送司法部门，过了不几天就被宣判死刑，立即执行。司马玮打死也没有想到他会落得今天这个下场，完全是由于这两个胆子巨大的死党背着他搞小动作搞出来的。这两个死党当初信心满满，以为把事情闹大之后，老板会不得不听他们的话，当上全国最高领导人——而且这个可能性很大。可他们却没有想到，他们的老板在关键时刻却扭扭捏捏起来，最后弄了个人头落地，还连累到三族的男女老少跟他们一起赴刑场，实在是太窝囊了。

其实最觉得冤枉的是司马玮。这家伙到现在还带着张宦官送到他手里的诏书，而且一直带到刑场上。到了刑场，他从怀里摸出那张“青纸诏”，流着两行男子汉的眼泪对监斩官刘颂说：“我好歹也是先帝的亲生儿子，想不到却被人冤枉到这个地步。这个天下还有道理吗？”这家伙自己被杀时，就觉得自己很冤，自己可是先帝的宝贝儿子啊，可他用一千匹布鼓励人家杀司马亮时，哪会想到，司马亮是先帝的叔叔啊。

刘颂看到那张“青纸诏”，当然认得出那是皇帝的招牌字体，可他又有什么办法？这家伙这时还有点儿良心，觉得有这个猛男真的有点儿冤枉了，再想到堂堂皇帝的弟弟，就这样被一刀砍死，心里有些过意不去，头也抬不起来。可今天他的任务是来监斩的，而不是来处理冤案的，你要是放过司马玮，皇后娘娘可不放过你啊。他挥挥手，叫开斩。司马玮有天大的冤枉也只有去跟老爸投诉了。估计他老爸接到他的投诉之后，也只得紧闭着嘴，无话可说了。本来他老爸以为他的这个猛男以后会是司马衷的“保障有力”，哪知司马衷还活得好好的，这个“保障有力”的猛男，却先被人砍下了脑袋。至此，司马炎寄望的几个人全都丢了脑袋，话语权落到了那个贾南风手里。

贾南风在接连发动两次政变之后，终于把压在她头上的杨骏、司马亮、司马玮三座大山彻底推翻。她像一条从水里冒出头的牛一样，深深地舒了一口气。中国历史就在她松出的这口气中，走向了一个更加动荡的时代。

第六章
丑皇后当道

贾皇后的幸福时光

贾南风刚掌权的时候，似乎很想当个合格的政治家。在杀了司马玮之后，二话不说，先为卫瓘和司马亮平反昭雪。

卫瓘的女儿在司马玮死后，就上书给有关部门，要求公布他老爸的谥号——这个谥号是政府对高级领导人的评定，是一件很严肃的事，是政府部门对死了的领导人的盖棺论定。虽然贾南风对卫家的人个个都恨，可她现在想到自己是政治家了，政治家要有政治手段啊。政治手段是什么？就是本来没什么立场，但必须在表面上做得立场坚定。现在既然宣布司马玮是个夺权的野心家，卫瓘和司马亮就是被他迫害致死的，就得恢复他们的名誉，为他们平反昭雪。

于是，贾南风就叫皇帝下诏：族诛荣晦。先把这个家伙的头砍下来，处理了荣晦之后，便马上给卫瓘和司马亮平反。这个平反实在是太容易了，只是下了一个文件：追复亮爵位，谥曰文成。封瓘为兰陵郡公，谥曰成。但这样做却有很大的社会意义，可以骗到很多民心，大家会以为，这个社会风气就要好转了，大家就要生活在一个清明的社会了，日子会越来越好。

可这个社会并没有真正地好起来。

贾南风做完这几个自以为很政治的动作之后，第二步就完全暴露了她的嘴脸。

她的政治嘴脸也跟她的相貌一样，是个“短丑黑”的家伙。她马上提拔她的亲戚们，在很短的时间内组成了贾氏集团。其中贾模为散骑常侍，加侍中——这个官职你可能见过多次了，好像没有大司马之类的官显赫，但这个侍中侍的就是皇帝，也就是天天都在皇帝的身边转。如果皇帝是个精明强悍的人，那这个侍中只不过是个参谋。可现在皇帝是“精明强悍”的反义词，这个侍中就完全可以把皇帝控制在手中。所以，这个官不是最大的，但却是最有权有势的。这时，贾谧更加活跃，而贾南风对他也很看重，什么重要的事都是由他们先商量再做决议。贾谧认为，要是朝上全是姓贾的当权，这话说不过去啊，还得找个“德高望重”又有水平的老家伙来撑一下门面。

两人挑选了大半天，最后一致认为，可以利用一下张华。张华出身贫寒，不像那些世家，每个人都有背景和利益集团，一旦掌权，就会形成一股强大的力量，不好管。这个张华就他一个人，而且他的水平是摆在那儿的，资格也早已量化得很清楚，人又没什么野心，完全符合执政的条件。两人又把这个想法跟裴頠做了沟通。裴頠表示举双手赞成。于是，就进行了一次人事调整：以华为侍中、中书监，頠为侍中，又以安南将军裴楷为中书令，加侍中，与右仆射王戎并管机要。这一次调整之后，还真的让人们有所期待，而且这几个人也真的照顾到张华的老脸，对他还是很尊重的。所以，这个以张华为核心的组合，还真的让晋朝有了一个短暂的平静期。

贾南风当然不是治国的好手，她只是一个历史上数一数二的泼妇加悍妇。如果让她去出台一个富民政策，她会觉得烦得要命。因此，她只是拿着大权，而把治国的大事都交给别人。

她把治国的事情交给这些人之后，便利用手中的权力开始了她个人风流无比的生活。

这个晋朝的皇后看到她的家公司马炎一个人居然拥有一万多个美女，风流得死去活来，而她却只有一个老公，而且这个老公还是个脑残人士，哪能让她感到满足？且皇后风流这个事又不是她开的先河，汉朝的开国皇后吕后早就做了榜样。所以，她觉得自己有这样的机会还不风流，那这辈子岂不枉为女人，更是白做了这个皇后。

其实当上皇后，想风流还真不容易，宫中的男人除了皇帝之外，就是那一群太监。毕竟这事只能做，不能张扬啊。不过，她发现宫中还是有几个男人的。这几个男人就是那几个太医。于是这个皇家医疗保健小组的成员就成了她的首选目标。

不用想就知道，以贾南风的工作作风和手段，要泡这几个靠她吃饭的太医，实在算不上什么难事，那是说干就干的事情，只要她愿意，这几个太医都得当政治任务来完成，要是想保持操守，就保不住那颗脑袋——何况现在的太医令就是程据。这家伙有着丰富的行贿经验，当年就敢于给司马炎送那件"雉头裘"，被司马炎当成腐败典型当场烧掉，后来就老实多了。他知道，现在宫中最有权的人是贾皇后，正想着如何巴结一下这个女人，找个什么东西向她行贿一下，哪知她却找上门来，高兴得差点泪流满面。

不过，过了没多久，她就对以太医令程据为首的这几个太医不感兴趣了。她叫那几个资深宫女到宫外用她们那双富有经验的眼睛，专门为她物色大帅哥。这几个宫女十几岁就进宫，但因为相貌不出色，所以职位比较低，除了端尿倒屎时见到皇帝之外，从没跟皇帝有过接触，而且也从来没能出宫一步，眼看年纪都到了这个份上，恐怕就要老死宫中不能看到外面世界了，哪能想到现在居然能够出宫去微服私访，帮领导挑选帅哥。而且看样子，这个业务有长期开展下去的趋势，当然都愉快地接受了任务。

这几个老宫女的工作果然做得不错，每天都能给贾南风带进去一个帅哥。

贾南风一到晚上就跟帅哥泡在一起，觉得这辈子还真过得不错。贾南风享受完帅哥之后，就叫人把这些人统统杀掉。

不过，有一个帅哥却意外地活了下来。

这个帅哥是首都的一个小干部，平时没什么腐败机会，靠领全国最低工资养家糊口，谁也不把他放在眼里——很多同事还笑他，老兄，长得这么帅，还没泡过妞，也太不像男人了吧？

再次验证了那句“是金子就一定会发光”的名言，小帅哥的相貌终于在埋没了这么久后，被那几个眼光老到的宫女发现了。

这个黄昏的天气跟往时没什么差别，风该吹的时候就吹，该停的时候就停，谁也不在意。小帅哥在时而有风时而没风的大街上走着，一个老太太（据后来帅哥回忆，这个老太太面容慈祥，跟邻居的老婆婆一样亲切）来到他的面前，对他说，帅哥，有一件事想请你帮个忙。

小帅哥那时当然不知道，他跟这个老太太的见面，是一次历史性的见面——因为这次见面，让他成为皇后传里的一个人物而被历史记住。他看到老太太的面相很和善，而且那时正是他无聊的黄金时期，觉得有点事做也好，就对老太说，能帮忙的，我尽量帮你的忙。

老太太说，我家有人生病了，请来师傅。师傅说，必须到城南边请人来帮忙才能搞定。当然，任务完成后，会给你报酬的。

小帅哥听到报酬两个字，眼里就光芒万丈起来，马上把一股急人之难的表情展现出来，对老太太说，救人要紧，马上出发。他跟老太太上了车。可刚一上车，有人就把车帘放下来——后来他回忆时才发现，那车的车帘很厚很重——然后他发现车里还有人，那几个人在他上车后，就把他装进一个箱子里。他这时才知道，自己上当受骗了。不知这些人要把自己带到什么地方。但到了这个时候，他还能下来吗？他在箱子里怀念着他在大街上行走的生活，觉得原来的生活也不错啊，比要去死好千倍万倍。

车还在走着，给他的感觉是漫长得很。

后来，那个箱子打开，有人叫他下来。

他一下车，看到的全是好房子，跟书里说的“雕梁画栋、朱栏玉砌”没一点儿差别。他壮着胆子问人家，这是什么地方？

那个老太太很和蔼可亲地告诉他，这是天堂啊。

那些人叫他过去，在里面洗一下澡，全面清理一下身上的污垢，而且这水也是香喷喷的，洗过之后，他觉得不用照镜子也知道自己现在已经容光焕发、神采奕奕、从小帅哥成长为大帅哥了。那些人又让他换上新衣服，然后又好饭好菜地招待他，叫他一定吃饱，好开展工作。

一看到这里，就知道小帅哥已经来到皇宫了，现在正被送到贾南风的寝宫里。这小帅哥长得可爱，贾南风觉得不错，一连用了他几天，感觉非常满意，居然发了平生第一次慈悲，没有叫人拉下去砍后埋掉，而是送给他几套衣服，叫人把他完整地送回家去。

这家伙想不到泡完妞还能得到衣服，高兴得睡不着觉，第二天就穿着去上班。

刚巧贾南风有个远房亲戚夜里被偷了东西，报了案。如果是别人报的案，谁也没时间理这个案，可这是贾皇后的亲戚啊——虽然是远亲，可你知道有多远？所以上级部门要求官衙全力以赴、彻查此案。有人举报小帅哥身上穿有名牌，这个小帅哥家里穷得要命，恐怕全家的财产折合起来，也买不了那条裤子呢。他刚刚失踪了几天，现在突然一冒泡，就有了这么好的名牌。结论是：不是偷的就是抢来的。于是小帅哥被叫去问讯。那个贾皇后的远房亲戚也要求旁听——人家当然允许。

小帅哥把他的遭遇全部说了出来。

那个问话的人再问他：那个女人长得什么样？

小帅哥说：年可三十五六，短形青黑色，眉后有疵。

大家一听，这不是传说中贾皇后的形象吗？而且贾皇后这些日子以来，拐帅哥进宫的八卦已经满天飞，成为全国人民茶余饭后的共同话题。大家更知道，现在的八卦比新闻还真实，马上就推断出，这个小帅哥就是传说中的面首。这些人平时断案的水平如何不得而知，但这次他们的推断却精确得很，那个远房亲戚也不再要求追回被盗之物了，小帅哥最后被客客气气地礼送出门。

贾南风虽然在皇宫中闹得不亦乐乎，天天爽歪歪，按人们的说法是，已经荒淫无度到不可救药的地步了，但因为大政方针有张华把关，政局还是比较稳定的。国内基本没什么群体事件发生，大臣之间也暂时相安无事，没出现互相搞小动作的问题。

不过，这些平静只不过是表面现象。

庸才轮流上岗

赵王司马伦对张华就很不满。

这个赵王是司马亮的同父异母兄弟，也是现在司马氏家族中最有资格的老前辈。他认为，司马亮死了之后，应当由他来统领全局，代表司马氏带领全国人民在幸福的大道上高歌猛进，哪知现在大权却落入张华的手中。张华这个人，没一点儿贵族血统，怎能当什么国家领导人。他越想越郁闷，越郁闷就越生气，恨不得把张华一刀砍死。可生气归生气，现在大权在人家手中，你能怎么样？

司马伦虽然是司马氏的老前辈，跟司马懿那一代的距离最近，但他的智商却离他的父辈很远。如果是他的父辈们，生气了也只有他们自己知道而别人绝对不知道。这个司马伦一生气，虽然极力忍住，不想让别人知道，但没几天，就弄得所有的人都知道了。

张华是政坛老人，当然知道司马伦恨他，所以就特别提防这家伙，而且提防得有点儿过分。有一次，军械库失火，张华第一时间想到的是司马伦要趁火发动政变，因此，他居然下令让部队先布防再救火，弄得可以装备二百万部队的武器全部销毁。从这一点上看，张华虽然是当时最有声望的领导人，但因为周围全是权贵势力，他虽然是权力圈儿里的带头大哥，却时时担心被别人搞下去，不得不时时提防——如果是司马懿之类的人物，老早就会把司马伦之流摆平，可张华永远也做不到这一点，而且这家伙年纪也大了，内心也在打稳定压倒一切的主意——如何平安度过这一辈子才是王道。

张华虽然想“稳定压倒一切”，可这个想法就是个苟安的想法，如果有这个想法就能“稳定压倒一切”，那治理这个国家也太容易了，也就不用说什么“治大国若烹小鲜”了。因为现在这个高层面对的不是一般的人，而是这些手握重兵的皇家亲戚。由于司马炎的安排，这些亲王现在已经变成放置在神话大地上的火药桶，正在不断地酝酿着准备裂变。

张华想把问题搁置一下，可司马伦却不断地谋求如何巩固自己的势力。他是司马懿的第九个儿子，但也跟司马亮一样，一点儿没有继承司马懿的智慧，在司马氏冲上权力顶峰时，没一点儿作为，只是因为挂了司马氏的名，才当上了国家高级领导干部。而这家伙居然还干过小偷的勾当，差点儿被押赴刑场，执行死刑。当时他还在当琅玡王。却“坐使散骑将刘缉买工所将盗御裘，廷尉杜友正缉弃市，伦当与缉同罪”。有关部门坚决要求对他进行严惩。司马炎也认为这个判决是对的，但想到这个人是自己的叔叔，就下诏免了他的罪。

司马炎放过他这一马之后，还不断地提拔他，先是让他改封赵王，迁延平将军，督邺城守事，接着又提为安北将军。司马炎死后，皇帝又提拔他当征西大将军，而且还有个特别的待遇，就是授予他“开府仪同三司”，享受国家领导人的待遇，任务是镇守关中。

本来，这些年，西北一带那些少数民族就年年闹月月闹天天闹，只要有时间有精力，他们就闹，都杀了几任太守了，因此，镇守关中是当前一项最重要的任务，如果再上纲上线地讲，那是关系到国家前途命运的大事。坐镇关中的首要任务，就是让那个地区保持安定团结的稳定局面。可这家伙坐镇关中之后，因为人品问题，爱赏就赏，爱罚就罚，跟当地干部群众的关系闹得很僵，群体事件的规模比以前更大，尤其是羌族和氐族这两个少数民族，在匈奴人郝度元的带动下，都拿起武器，专门跟政府对抗，这些群体事件闹多了，肢体冲突也是屡见不鲜，而且人数众多，一冲而上，是要气势有气势，而司马伦这些人虽然鱼肉人民的手段高超，搞内部斗争很有水平，打仗却是百分之百的外行。如果他自己外行，放手让人家去打，也还算是个好领导，可这家伙做外行充内行的事却做得很到位，经常以否定人家的意见来表示自己高人一筹，人家打上来了，他却还在那里瞎指挥。结果是，在与“暴民”对抗的过程中，完全找不到感觉，弄得北地郡的第一把手张损在战斗中死掉，那个冯翊郡太守欧阳建也被扁得四处乱跑，好不容易才找到安全地带。欧阳建一气之下，也不管这个司马伦是赵王爷还是当今皇帝的叔祖，硬是写了一封长信，向中央告状，要求司马伦下台。而此前，那个雍州刺史解系早就对他不满，多次向中央告他的状。

大家一看，这个司马伦只能在那里制造麻烦，还是把他调回来吧。于是作出决定：免去司马伦征西大将军的职务，重新任命他为车骑将军，回中央工作。任梁王司马肜为征西大将军，都督雍凉二州诸军事。

解系和他的弟弟一见把这个老家伙搞下去了，以为是自己告的状起了作用，就决定继续深入地告下去。

不过他们也知道，想把司马伦搞定是做不到的，但把他的主要谋士搞下去估计没有问题。因此，他们就上书要求把司马伦的那个得力助手孙秀杀了，说司马伦之所以到了这个地步，完全是因为孙秀在其中搞的鬼，现在那些少数民族最恨的就是这家伙，只有杀了这个人，才能平息那些人心中的怨气，否则，别的措施都是治标不治本。杀一个孙秀，就能把西北之乱从源头搞定，效益远远大于成本。

原来，司马伦手下有一个顾问叫孙秀。

孙秀后来大大的有名。他之所以有名，是因为他搭上司马伦这架战车，在后来的乱世中表现了一下。

孙秀是个标准的小人，可那个社会就是这样，小人往往容易得志。这家伙是五斗米教的信徒，先在司马伦的手下当差，是个标准的从基层做起的领导干部。不过这家伙能够一步一步地爬上来，并不是靠别的本事，而是靠吹牛拍马，硬是把司马伦拍得舒舒服服，然后不断地提拔他，一直让他当上自己的首席顾问。司马伦对别人的话从来不理，但对孙秀的话，却连一个标点符号都不修改一下就听进去了。

解系他们知道，司马伦笨得很，只要把孙秀搞定，司马伦就是一只纸老虎。

张华对司马伦早就不放心，老早就把这个家伙当成自己的政敌，当然也知道司马伦的骨干谋士就是孙秀，觉得解家兄弟的这一封信来得很及时，也就决定把这个孙秀处理了。不过，这家伙是个老滑头，自己想杀孙秀想得要命，却硬是不想出面做坏人。他把那个他刚提拔的司马肜叫来，说，给他一个任务。

司马肜说，什么任务？还要你老人家亲自布置？

张华说，就是把那个孙秀杀了。现在西北一带乱成这个样子，都是他弄出来的。这种人不杀不足以平民愤。现在那些暴民的主要诉求就是要杀这个人。杀了他对你只有好处没有坏处。

司马肜也是个头脑简单的家伙，听到张华这么一说，不就是那个孙秀？好像是赵王手下一个跑腿的，跟赵王也没什么亲戚关系，杀就杀。而且杀了这个家伙对自己在那里的工作有帮助啊。他马上拍着胸膛说，保证完成任务。

张华很满意地笑着等司马肜的消息。

那个孙秀还真不简单。这家伙跟很多小人一样，都有一个自己的圈子，而且这种圈子里的人，个个都讲朋友义气。孙秀就有一个朋友辛冉。这个辛冉正巧在司马肜手下当差，而且这家伙也跟孙秀一样，跟司马肜的关系很不错。当司马肜要派人去把孙秀抓起来，就地正法时，辛冉对司马肜说，老大，孙秀杀不得啊。

司马肜说，为什么杀不得？

辛冉说，老大啊，你以为杀了孙秀，氐人就不造反了？西北年年都在乱，那时孙秀并不在这个地方。现在是张华要杀孙秀，他自己不想动手，却让你来背黑锅。你想想，如果赵王派人来你这里抓一个身边工作人员去杀了，你会是什么感觉？别上了张华的当啊。他要杀，让他去杀好了。

司马肜一听，觉得有道理。不杀就不杀了。得罪赵王也不是什么好事。

司马肜放过了孙秀，他以为自己只不过是放过了一个赵王府的下人，什么事都没有。当然，他不会因为这个事受到组织的处分，但孙秀后来的作为，给他们司马氏造成了极大的伤害。

司马伦就这样，带着他的军师孙秀回到长安上班。

张华他们天真地认为，让司马伦回到长安，就不用怕了。

哪知，那个孙秀跟其他小人一样，不管在什么地方，只要觉得有利可图，总是不断地动着脑子，非要做出一点什么事来，才觉得生活有意思，这个世界才精彩。他这时眼珠子一转，马上就把当前的形势进行了一次全面评估，认为现在全国最牛的人不是张华，更不是皇帝，而是那个全国最丑的女人贾南风。然后他马上对司马伦进行了一次当前政治形势的情况分析，得出结论，谁抓住贾皇后谁就是抓到权力的牛鼻子。因此，老大当前工作的重中之重是要聚精会神防备张华，一心一意巴结皇后。只有这样，老大你才有出头之日。

司马伦打仗不行，但对这种业务还是很内行的，觉得孙秀讲得太有道理了，马上按计划行动，走贾谧、郭章的门路，跟贾南风接上了头。

贾南风看到司马伦居然也向她伸出这个橄榄枝，自觉地团结到自己的周围，让自己这个核心又多了一层力量，而且这个力量不是一般的力量，是司马氏现在最高辈分的牛人。这个司马伦虽然人气不怎么样，但他的身份太值钱了，把这个老头抓在手里，比抓一个帅哥还要好得多。她高兴得满脸都是笑。她只顾往好处想，只认为人家是来团结在她周围，却没想到司马伦为什么要投靠过来？为什么以前他从不表态，而现在才表态？她更想不到为司马伦出这个金点子的人是那个叫孙秀的家伙，是历史上有名的小人。把一个天天听小人话的人拉到身边，结果如何？不用猜也能猜得出。

司马伦看到自己巴结成功，心里很有成就感。孙秀却不满足，说老大如果只巴结，没有得到实惠，还不如不巴结。

司马伦说，那还要怎么样？

孙秀说，伸手要官啊。难道车骑将军就够大了？老大现在是司马家的老前辈啊，就当个车骑将军，也太没有志向了。

司马伦觉得有道理。

于是，他就上书要求录尚书事。这个录尚书事，就是主管政府机要部门，也就是处理政府日常工作，得了这个位子，就等于一头扎进了决策中心。人家还没有研究决定，他的第二个要求又来了，要当尚书令，那是政府最高行政长官的职务。

大家讨论司马伦这个要求时，张华、裴頠表示坚决反对，说这家伙刚刚把西北地区搞得像一团麻，给国家造成了巨大的损失，不处分他已经对不起全国人民了，哪还能提拔？那以后谁想提拔自己都把地方搞乱一下？乱得越大，就爬得越高？

这么一来，其他人也没话说了。

司马伦原以为，自己这两个要求肯定能得到满足，正在家里一边喝茶一边等着委任状的到来。哪知，到头来却什么也得不到。因此，司马伦对张华和裴頠气得要吐血。但权力在人家手里，他除了郁闷和生气，也没别的办法。

虽然换了征西大将军，但那边的形势还是乱糟糟的，而且比以前乱得更加严重。

那个郝元度接连痛扁了几个太守之后，突然发现自己原来是个打仗的料，找到了感觉，就继续把动乱进行下去，直接就跟雍州刺史干上了。这个解系原来老骂司马伦不会打仗，现在轮到他自己上阵，一接触，才知道这仗真不好打，几个回合下来，就被郝元度打得变成了缩头乌龟。

郝元度连续取得几场胜利，就成了那一带氐、羌同胞们的兴奋剂。大家一看，原来政府军就这个样子？郝元度可以做到，我们为什么不可以？当了这么久的观众，也下场来干两场。成功了，那这辈子就什么也不用愁了，不成功，也算是重在参与。于是秦、雍一带的氐、羌民众都起来造反。现在晋国的政府军，个个都是吃粮当兵的正规军，貌似不可战胜。赦元度的队伍全是刚放下农具，临时拿起武器的民众，按道理，这种比赛根本没什么悬念。可到头来，就是让你大跌眼镜。几次对抗，政府军硬是被打得没有脾气。氐、羌同胞们见政府军这么容易欺负，这一次更下定决心把这个事业做得更大更强，居然推举那个齐万年来做皇帝。

齐万年当了皇帝之后，马上派自己的"政府军"包围泾阳。

晋国接到情报后，知道得派得力的高手过去对付这个齐万年了。

他们决定派周处过去。周处是历史上浪子回头的典型。他现在是御史中丞，主要工作是督察各级官员。这家伙做事只讲原则，不顾情面。这种人虽然对得起国家，对得起老百姓，也对得起自己的良心，可就是对不起那些有权有势的人，而且这些有权有势的人常常掌握你的命运。周处却一点儿也不管，只要你做了违法乱纪的事情，他就按有关规定弹劾你。就连那个司马肜也被他弹劾过。这时，大家觉得他可以对付齐万年，就决定改派他“建威将军，与振威将军卢播俱隶安西将军夏侯骏”。本来重用周处是没有错的，可却让周处去当夏侯骏的部下，一切行动听他的指挥，是最大的错误。要是夏侯骏能指挥打仗，还用周处做什么？而司马肜又是什么人？把周处安排到他的手下，他能让周处好过吗？

中书令陈准就看出了问题的严重性，当场提出：“骏及梁王皆贵戚，非将帅之才，进不求名，退不畏罪。周处吴人，忠直勇果，有仇无援。宜诏积弩将军孟观，以精兵万人为处前锋，必能殄寇；不然，梁王当使处先驱，以不救陷而之，其败必也。”

他的这一大堆话，可以说是一针见血地指出了这个任命的软肋。而且提出的办法也是很可行的。他让孟观当先锋是很有眼光的。孟观就是那个打倒杨骏的得力干将。这家伙是贾南风的亲信，也是个会打仗的好手。如果他当先锋，司马肜和夏侯骏肯定不会对他怎么样，一定会听他的话。可周处能做到这一点吗？那两个家伙正恨不得把周处送给齐万年，要杀要砍全凭人家的心情，哪还会当周处的坚强后盾？他们要是能跟周处成功合作，他们还叫司马肜和夏侯骏吗？西北的局面还会这样吗？

可高层领导却固执得很，说这也怕那也怕，还能做出什么大事来？不就一个齐万年，有什么了不起的？

那个齐万年听到这个情报，高兴得差点儿给晋朝皇帝写一封感谢信。他对部下说：“这个周处当过新郡太守，是个文武全才的牛人，要是放权让他过来，我就得提前跑了。现在可好，让他当那两个蠢材的手下，他再怎么牛也得死。”

从这点上看，这个齐万年也是不简单的。

对这个人事安排，齐万年高兴，司马肜更高兴：你这个周处想不到也有今天？敢弹劾我，现在你死定了。我打齐万年打不过，但整死你却容易得很。

你想想，临阵跟敌人决战的时候，主帅是这个心态，这仗还用打吗？而且敌我双方的主帅都有一个共同的愿望，那就是都想要周处死。

决战是在元康七年（公元 297 年）的正月开打的。

齐万年现在已经没什么顾忌，带着部队一路赶来，觉得胜利已经在望，只要一伸手就可以抓得住。

他现在带着七万部队驻扎在梁山，牛哄哄地等着周处前来送死。

司马肜和夏侯骏一看，收拾周处的时机已到。两人这次知己知彼，知道对方的部队有七万人，也知道周处是个能打仗的人。如果周处是在敌方的阵营里，他们肯定跑了。可现在周处就在他们的手下，正在等他们的作战命令呢。所以，他再厉害，再会打仗，也可以收拾他。没办法打败齐万年，但要他死却容易得很。

两人马上召开军事会议，当然这个会议只是司马肜的一言堂，根本不给其他人发言的机会。他一来就进行军事部署，命令先锋周处带部队向齐万年的部队进攻，务必把敌军全部扁光，活捉齐万年。

周处刚听到这一番话，觉得这个司马肜原来是个好同志，虽然恨自己，可在关键时刻，在大是大非问题上还是顾全大局的，看来传言是不可信的。他这么认为之后，跟所有的军人一样，马上热血沸腾起来，说保证完成任务。

他在表完决心之后，突然看到司马肜和夏侯骏相视笑了一下，他觉得这笑容不是好笑，而是传说中的奸笑，马上警觉起来，问，给多少部队？

司马肜说，五千，绝对不少半个士兵。

周处一听，气得当场狂晕，说，才五千？敌人可是七万啊？

司马肜笑着说，我们也知道敌人有七万。可那七万全是业余部队啊，现在拿刀的姿势还保留着拿锄头的姿势呢。人家不是说以一当十吗？

周处说，老大，这不是开玩笑，要是让我带五千部队孤军深入，跟人家七万人对抗，肯定全军覆没，一个也回不来了。我并不怕死，可这死得也太不值得了。何况，咱们现在有的是部队，以咱们的力量，完全可以把齐万年打得找不到方向。我不明白，为什么要让五千兄弟先去送死？

司马肜说，这是军令，没有什么解释的，你去也得去，不去也得去！

周处知道，这家伙下决心要他去送死了，也不说什么了。要是依照他以前的脾气，恐怕他会马上把这个司马肜杀在现场，可现在的周处不是以前的周处。现在的周处完全是好人一个，他宁愿丢掉性命，也不干违法乱纪的事。如果晋王朝重用提拔这样的人当权，这个晋朝的天下，一定会很不错。可晋朝的当权者别的本事没有，但残害忠良的事做得很到位，偶然有一个周处，也要把他往死里逼。

周处没有办法，跟那个卢播经及刚被扁得抬不起头的解系，带着五千部队挺进到六陌。

他正准备让士兵们吃完饭再发起战斗。

可司马肜却派人来催他们赶快进攻，说兵贵神速，不要耽误战机，耽误战机就等于丢掉胜利。周处没有办法，只好叫兄弟们拿起武器，向敌人进攻。

齐万年一看，司马肜真是个好人，做得比他想象的还要好，也命令全军向周处的部队进攻。

双方大战的过程证明，齐万年对周处的看法是正确的。周处指挥的五千还没有吃早餐的部队在齐万年数万兵力的围攻之下，居然从早打到晚，而且“斩获甚众”。如果这时，司马肜顾全一下大局，突然派出援兵冲上来，估计齐万年就会撑不住，带头跑得除了性命什么都可以丢掉了。可是，司马肜却只在后方等候消息，从早等到晚，居然还没有听到周处光荣牺牲的消息，心里想：说不定周处这个家伙真的能把齐万年打败了，当初应该只给他三千兵才对。

周处的部队越打越少，越打越艰难，后来，弄得“弦绝矢尽”。那些全身是血的战士问周处：老大啊，都打到现在了，我们的救兵怎么还不来？好像大部队离这里也不远啊，就是蜗牛的速度也该赶到了。

周处说，他们现在的速度是死人的速度。

士兵们一听，现在只剩下他们几个人坚守阵地，迟早都要死光的。老大，退回去吧。咱打到现在，也对得起人民了。

周处知道，就是能活着回去也会被司马肜军法从事，不如在这里战死，马上说："现在就是死也不退。"说着，他挥剑冲向敌人。

结果周处死了。

于是，齐万年高兴，司马肜更高兴。

可司马肜高兴之后，却没有对付齐万年的办法，只是带着大部队高挂免战牌，被动地守在那里，看齐万年作威作福，力量不断壮大。

中央接到这个报告后，派人对司马肜进行了一次诫勉谈话，其他的就什么也没有，周处就白白死了。

二王的榜样

正在这时，司徒王浑死掉，王戎就当上了司徒。他是竹林七贤里年纪最小的，又是七贤里官位最大的人。七贤里他和山涛都当了大官。山涛虽然也是名士出身，平时也常参与名士们的聚会，表演一下名士风度。可他玩过之后，还知道做点儿实事才是为官之本。他举荐的人中，也有不少人才，并讲究德才兼备，具有为人民服务的水平。可王戎却完全不是这样。这家伙对自己的钱财很看重，天天计算家里的收支，对国家的事却一点儿也不关心，好像这个大事跟他无关。当然，他位列三公，要处理的日常事务肯定有很多，如果认真起来，还真的要日理万机。可这家伙却全不管，对下属表现得无比信任，什么事都让手下的人去处理，自己却到处去玩，只做自己高兴做的事。

如果是在别的朝代，这样的三公早就被批，然后被开除公职了。可晋朝就是晋朝而不是别的朝代，重用的就是这样的人。

如果光他一个人这么做，其他人都努力工作，这个晋朝也不会是以后那个模样。偏偏这家伙又是主管人事的。他的人才观跟山涛一点不一样。他考核人的标准就是看你的名气如何以及你清谈的水平到什么程度。你名气越大，他就觉得你越有水平，就提拔你。你的清谈水平厉害，他也不会遗漏你这个“人才”。

人家知道他的这个标准，个个都练了一张好嘴皮子，做到随时随地都能对答如流，然后去找他跑官要官。有一个例子，一次，阮咸的侄子阮瞻去找他要个官来玩玩。他二话不说，当场出题考他：“圣人贵名教，老、庄明自然，其旨同异。”

阮瞻答：“将无同。”

如果是别人，估计还会问一下，为什么相同？可王戎一听，觉得这是不可多得的人才。是人才就不能浪费，不能埋没。他马上任命阮瞻为司马徒府的秘书。阮瞻只用了三个字就当上了领导干部，因此很多人就把小阮叫“三字掾”。

这时，他的堂弟王衍也做到尚书令了。这家伙的清谈爱好比王戎更高一个档次。他也像王戎一样，当了这么多年的官，从不知道当官的职责是什么，好像当官就是为了占公务员编制、领工资，然后天天去聊天。他的主要聊友是河南尹乐广。这家伙是个公认的大帅哥——当初山涛第一次见到他的时候，就说：“这个老娘是怎么搞的啊，居然能生出这么帅的人来。”因此，他除了聊天之外，就是想办法提高自己的人气，王戎天天计算自己的财产，而他天天关心自己的人气涨了几个百分点。所以不久他就迅速走红，成为全民的超级偶像，个个都觉得做人就要做到王衍这样。因此，在他的影响下，全国又掀起一场学名士、尚清谈的高潮。这家伙还有一个爱好，就是跟他的弟弟王澄一样，喜欢评论他人。不过，很多人都认为，这两个人物评论员对人的评论还算不错，比较客观公正。

王衍因为爱惜相貌，喜欢潇洒，因此很注重形象，不学竹林七贤那一套，但他的老弟王澄却一点儿不一样。他跟那个阮咸、阮修、胡毋辅之、谢鲲、王夷、毕卓这几个家伙都全盘继承七贤的传统，一天二十四小时都想泡在酒里，而且喝醉了，就先跳脱衣舞，再醉下去，就表演集体裸奔，觉得好玩得很。胡毋辅之有一次在家里狂喝，喝得他的儿子都忍不住了，大声叫他的名字：“彦国，都老成这个样子了还喝这么多？你难道真的不要命了？”如果是别人听到儿子直呼自己的名字，这时候肯定会借着酒意把这个儿子痛扁一顿，就是不痛扁也要把他狠狠地教训一场。可这家伙不是别人，听到儿子敢叫自己的名字，心里就认为，儿子已经长大了，也可以喝酒了。他马上叫儿子：“你想喝就进来喝，在门外大喊大叫做什么？”

那个毕卓做得就更加狼狈。这家伙是吏部郎，主管精神文明这方面，也算是不错的职位。可这家伙有天晚上喝得差不多了，回到家中，突然闻到浓浓的酒香，马上精神起来，顺着香气追过去。原来是邻居刚酿出新酒，这酒肯定是好酒啊。心里一有这个想法，就恨不得跑到那个酒坛里泡个半死不活才过瘾。但他知道，都大半夜了，谁还会开门让他进去喝酒？后来他忍不住了，就在半夜时，偷偷跑到人家的地窖里，偷酒来喝。谁知，人家早有防备，他才喝上几口，连“好酒”两个字都来不及吐出嘴巴，人家就大叫抓小偷，跑了过来，一把将他抓住，捆在那里等天亮了扭送官衙。可第二天天亮的时候一看，原来捆的人是吏部郎兼老邻居毕卓。弄得人家都有点儿不好意思起来，可他的脸一点儿没有变化，只是说，还没喝够。

按道理来说，这事无论怎么说也是丑闻一件，传出去会被人鄙视到死的那一天。可他居然像没事一样。大名士乐广听说这件事后，也是笑呵呵地下了一个评语：“名教内自有乐地，何必乃尔。”你看看“何必乃尔”这句话，就知道老乐对毕卓的这种行径采取的是完全宽容的态度。

人家看到权威人士都这样认为了，也就算了。人家是名士，做做小偷，那是体验生活，是名士风度，这种小偷不是一般的小偷啊。

不过，还是有人对这种社会风气看不过眼。

这个人就是裴頠。他的老丈人就是大名鼎鼎的王戎，估计平时受够了王戎的苦，对名士已经很恶心，觉得社会风气被这些人带动得彻底堕落，不好好地扭转一下，那就不得了，因此写了一篇文章对这种风气大力批评了一通。这篇文章就是那篇《崇有论》，严厉批判了社会上流行的崇尚虚无的风气，认为这种虚无的风气继续流行下去，就要国将不国了。但这种风气已经到处流行，一篇文章哪能改变得了？

晋朝的国运已越来越衰，而清谈之风却越吹越大。

齐万年闹事，晋朝还没有办法搞定，四川又发生了难民潮事件。这个难民潮本身并没有产生什么严重的后果，但却导致了后来的李特事件，李特就是靠着这些难民起家的，就像当年陈胜靠那几百壮丁揭竿而起一样。这些难民们后来在李特的煽动下，从难民变成不明真相的群众，再发展成为与政府作对的反政府武装。

李特的老祖原是张鲁的手下，后来曹操搞定了张鲁，李特的老祖带了本部落五百户人又投靠曹操。曹操让他当了将军，并要他带自己那五百户人家全部异地安置到略阳。这些人到略阳后，就成了那里的少数民族——巴氐人。李特的这个老祖叫什么名字，历史上并没有记载。倒是他的这个孙子，后来大大出名。

李特开始也是个普通的官员。不过因为这家伙长得“身长八尺”“雄武善骑射”，不但具有猛男的造型，也有猛男的本事，而且还“沈毅有大度”，这几个条件一配合，就是个成大事的人才，而且很多人也预测到这家伙以后不一般。

按现在晋朝的人才观，像他这样不善于到王戎、王衍那里灌水，不会说“将无同”这几个字，估计这辈子只能当基层干部了。

他命运的转折点是齐万年轰轰烈烈的时期。

齐万年不断地和朝廷对抗，而晋朝却老搞不定齐万年，这就使得关中一带老是处于战争状态。在这个状态下，到处都炮火连天，到处都杀人如麻，而且又是碰上灾年，属于天灾人祸并发时期，老百姓还能好活吗？大伙没办法，只得组织一家老少，跑到没有战争的地方去。逃跑的人一多，就形成了一股强大的难民潮。据有关部门统计，这个时期的难民有数万家，而且都朝四川方向浩浩荡荡地开进。

李特这时也变成了难民，随大家向四川盆地狂奔。

这一天，他们来到剑阁。

历史上没有记载这天是什么天气，但却记载了李特在剑阁说的一句话。

这时的李特已经是彻头彻尾的难民装扮，他这时已经很累，盘腿坐在剑阁的地板上，而且他坐的那个地方，也是剑阁海拔很高的地方，转头可以看清四面的地形。这家伙看着看着，想象力突然爆发，用干涩的嘴巴说了一句："刘禅有如此之地而面缚于人，岂非庸才耶？"在这种情况下，能说出这样的话的人，肯定会做出一番事业来，而且这个时候也是牛人出头的最佳时机。李特的脑子在这个时候已经开始转动，他的眼睛看完这个地形之后，开始打量他身边的数不清的难民。

他知道，如果放任这些人去逃难，这些人都是离死不远的难民，如果组织起来，这些难民是一股强大的力量。而且人混到这个地步是最容易组织起来的，只要编点小故事，就完全可以把他们忽悠住。

当然，李特不是马上就开展他的工作，头脑一发热就在那里一挥巨手，号召大家"为了幸福的明天，大家去战斗"。他知道，这还是要看机会的。因此，他跟他的兄弟开始在难民当中做思想工作，提高一下人气。

这些难民还是很文明的，也是很遵纪守法的。

他们到达四川地界后，并没有到处打砸抢掠，从难民变成暴民，而是打了个报告，请上级有关部门考虑到他们困难的情况，安排他们在这个地方安居乐业。可得到的结果却是"不许"。

这么多人拼命跑了这么多天，好不容易才到这个地方，现在最大的愿望就是在这个地方住下来，合法地度过这个困难时期。可政府却不让，不让之后那不是又叫他们回去？他们还能回去吗？他们现在有回去的力气吗？只怕路程还没走到一半，几万人就会死光光了。当然，晋朝的高层也知道数万户人在流离失所，这可不是一件小事，弄不好还会闹出更大的群体事件。一个齐万年闹事，现在这么多个脑袋想了这么多天，都还没有想出一个办法来，要是这几万人又受谁的挑拨都变成不明真相的群众闹起事来，那可就不好玩了。因此，他们还是派了那个侍御史"李苾持节慰劳"，就是让李苾代表政府来看望大家，希望大家在困难面前要坚定信心，战胜困难。只要有决心有信心，什么困难也不怕。可这家伙却只带来这些话，别的什么也没带来。不过，李苾还带有一个政治任务，就是监控这些难民，不要让他们进入剑阁。

难民们也知道现在这个社会的潜规则，马上派代表半夜去找李苾，展开贿赂工作。

这个李苾一看，这些难民原来也有钱有古董。他当场眼睛发亮，问人家，你们有什么要求？

没别的要求，就是想办法让他们到四川盆地。

李苾说，这好办。

他来到汉中后，马上向中央政府报告，难民太多，汉中一个地方根本养不活这么多人。最好的办法就是让他们进入四川，自谋职业，再养不活他们，那也是他们自己倒霉。

晋朝的中央政府也跟其他朝代的中央政府一样，对老百姓的报告一般都不当回事，但对政府官员的报告还是很重视的，一接到李苾的报告，马上同意李苾的建议。这些难民就这样得以到处流窜。有的人是自谋职业，当农民工，有的人干脆去做强盗，靠打砸抢劫维持生活，比当农民工好多了。李特看到这个情况，觉得形势对自己越来越有利，觉得这是在为自己创造机会。

一次流产的政变

而这时晋朝高层也调整了对齐万年的部署。

张华和陈准认为，司马彤和司马伦一个样，在那里干了这么久，非但不能把齐万年怎么样，反而让他的事业做得更大更强起来，还用这样的人守关中，估计过不了多久，齐万平就可以宣布定都长安了——因为，梁山一带离长安并不很远，而周处战死的地方，跟长安只不过隔了一条渭水，要是一不小心被人家攻破，这个国家就会一分为二，那么咱就是南朝了。而这家伙要是能把关中地区当成根据地，资本就会越来越雄厚，那时到底是他搞定我们，还是我们搞定他还是未知数啊。

两人这么一分析，大家也是越听越紧张，那该怎么办啊？总不能让关中变成他的势力范围吧？

张华说，现在只有派得力的人过去，把齐万年痛扁一次。要是让他继续嚣张下去，那可就不好办了。

现在这里居然还有得力的人？谁是得力的人？

大家都把眼睛四处瞄，每个人所看到的这几张脸，都是特长于清谈的脸，没有谁可以打仗啊。

大家都紧张地看着张华和陈准，怕这两个老家伙点到他们的名字。

张华说，有得力的人。这个人就是孟观。孟观“沉毅有文武才用”，他的本事，在打倒杨骏时已经展示过了，让他过去，保证能把齐万年扁得没有脾气。大家没什么异议了吧？以前，陈准就推荐过他。

大家一听，都集体松了口气，脸面恢复了原来的色彩，大家在王戎的带领下，鼓掌通过。

孟观就这样被挂帅出征。

这家伙不但有魄力，而且也不怕死。

齐万年只怕周处，以为周处被他打死了，晋朝就没有人是他的对手了，不管他们派谁来，都是前来送死的。这时看到孟观带兵前来，又一个不想活命的家伙来了。他命令手下人杀死这个孟观。

哪知道这个孟观却强悍得很，不但有不怕死的精神，而且也有不怕死的本事。他在喊杀连天的战场上，居然是真正的冲锋在前，冒着敌人的箭头向前冲锋。

有了这样的带头人，别的将领也就跟着英勇起来，而且他部队的人数也不像周处那里的人数那么少。

双方打了大半天，齐万年这才觉得有点儿不对头了。觉得自己的第一手材料太不全面，太低估孟观的实力了。看来回去后得把晋朝所有文武官员的材料全部收集，建立档案，没事的时候认真翻阅，真正做到知己知彼，打起仗来才有搞头。

这家伙的这个想法没有错，可错就错在他产生这个想法的时间太晚了。

因为现在战场的主动权已完全掌握在孟观的手里，齐万年想逃到安全地带已不可能做到了。他已经被孟观紧紧盯死。

齐万年终于彻底崩溃。

经过差不多一个月的激战，孟观取得十多场连胜，最后终于把齐万年的部队彻底打垮。

曾经牛了一年多的齐万年也被孟观的部队抓住。

关中地区暂时又进入稳定局面。

如果是别的朝代，在取得这样的成就之后，都会总结一下经验教训，对下一步的工作进行一些调整，号召大家珍惜一下来之不易的安定团结的大好局面。可晋朝的高层却不是这样的高层。暴民被搞定了，天下太平了，领导层却又不太平起来。

事情的起因其实很简单。你肯定还记得那个贾谧吧？

他现在是权力中心里比较活跃的人，跟他的那个大姨又合得来，觉得自己现在是天下第二了——第一当然是贾南风。他一产生这个感觉，就谁也看不起。如果看不起别人，估计什么事也没有，可这家伙连司马炎崇拜的太子都看不顺眼。他现在还有一个职责，就是陪太子读书。原来贾南风的老妈郭槐年纪大了，突然也像周处那样“浪子回头”——虽然回得有点儿晚，但也算是回了。她觉得她的这个女儿做得有点儿过分，认为女儿如果顽固地坚持到底，贾家会很危险的。她虽然多次对贾南风进行批评教育，可贾南风能听她的话吗？总以为老妈年纪大了，思维已经反常，跟现在潮流早已脱节，全面落伍，这些话可以听，但不能当一回事。

郭槐知道女儿不会听自己的话，就叫她安排贾谧去当太子的陪读先生。她以为这个安排，可以修补下贾家和司马家的关系。

这个老寡妇的出发点是不错的。

可贾谧的做法完全背离了郭槐的本意。

这家伙跟太子读了几天书，就觉得太子也是个菜鸟。

本来这个太子也是个聪明的人，而且他的这个聪明竟然惠及老爸。可他很好地实践了那句“小时了了，大未必佳”的名言。他现在是贪玩又好耍，从不努力学习。这个贾谧虽然不是什么好人，但在学习方面，还是做得不错的，而且天天跟一群有学问的人在一起，所以一看到太子这个模样，心里就发火。当然，如果他是一般的陪读先生，这个火他是不敢发的。可现在贾谧是什么人？连那些大文人都在发扬连续作战的作风猛拍他的马屁啊。而且朝中的大小事基本他都能说了算，是说话最算话的人之一，因此，他的生气是不用跑到无人的地方去生的，而是随时随地都可以。所以他跟太子在一起时，态度很不好，常常当着太子的面大发脾气，甚至大声教训。有一次他跟太子下棋，下到一半，两人因为悔棋争吵起来。他也不管自己对面的人是下一任国家第一把手，直接指着太子就大骂起来。

当时在场的还有那个成都王司马颖。这个司马颖是太子的叔叔，估计平时对贾家的所作所为就很不满，这时看到贾谧居然对太子表现出这个态度，当时也发起火来，站起来，指着贾谧也骂了一顿。贾谧对这个司马颖就怀恨在心，马上跑到贾南风面前说，不把这个司马颖赶出京城，他就没办法活下去了。

贾南风一听到小贾的话，就说，我还以为碰到什么大不了的事。不就是一个司马颖嘛，我一句话就把他摆平了。

她确实就是一句话，就把司马颖从首都调走了。当然，她还是讲一点策略的，她让司马颖挂了个“平北将军”的职务，并指定平北将军的办公地点在邺城而不是在首都。这个成都王先前很牛，后来也很牛，但这时看到这个文件，就牛不起来了，老老实实地带着满腹怨言去新单位报到。

贾南风这时也知道司马肜除了报复周处做得很出色外，别的事都做得很糟。现在齐万年已被搞定，关中地区迎来了稳定的局面，如果还让这家伙在那里当第一把手，估计又会像他的堂兄弟司马伦一样，闹出个什么群体事件来，因此，就决定把他调回中央工作。不过，这家伙回来的时候，被大大地提拔了一下：当上大将军，而且还录尚书事——司马伦不知道花了多少现金贿赂贾谧和郭章，然后顺着这条线再深入下去，贿赂到贾南风，就是想要个“录尚书事”，可因为阻力太大，居然录不成尚书事。这个司马肜在那里的名声并不比司马伦好，大家都知道他害了周处，可他居然还得到提拔。司马伦无话可说，别的人也无话可说——现在重用谁，不重用谁，不是按水平来算的，更不是按功劳来定的，而是谁跟贾家的关系好，谁的名气大，谁的官职就可以狂升。司马肜原先的职务由司马颙接替。

你一定会奇怪，关中是当时最富裕发达的地区，又是首都的西北屏障，稳定与否直接关系到首都的安全，为什么不选拔一个有能力的人当第一把手，而硬是让司马氏这些花花公子去当？这是有原因的。原来司马炎认为这个地方重要，就作了个规定，而且这个规定还当作永久性文件，放在宗庙的那个石柜里存档，谁也不能改动。这个规定就是：非至亲不得镇关中。张华那一帮人，固然不敢对司马炎的遗嘱进行修正，贾南风现在虽然牛，但也不敢牛到不把司马炎的话当话的程度，因此大家都死守这一条底线，换来换去，只能换司马氏的人去担当这个重任。在讨论这个人事的时候，大家把司马氏家族的人都摆到桌面上来进行挑选，比较来比较去，最后认为还是让司马颙去最合适。

司马颙合适的原因是，这家伙很慷慨，不把钱当钱，只要他认为你是条好汉，他就跟你结交朋友，吃他穿他住他都没有问题，根本不像司马氏的其他人那样，只知道收受人家的钱财，从不想拔一根毫毛送给人家。大家觉得他不错，就鼓掌通过他当镇西将军的决定。从这件事就可以知道，司马氏现在虽然人丁旺盛，但全是一群垃圾，连一个稍微像样点儿的人都找不到了。

贾南风风流事做多了，传闻也就越来越多，而她好像也适应了在绯闻中生活一样，做得更加深入，做得更加出格。贾模都看不下去了。贾模虽然生在贾家，贾南风也把这个堂哥当自己人，但他却是贾家唯一的一个有良心的人，并不像贾谧那样，仗着自己是全国第二家庭（第一家庭当然是司马氏家族）的核心人士，到处牛哄哄的，虽然大权在握，但别的事做得很少，唯独打击报复的事做得最彻底。贾模却预料到，如果贾家再这样下去就完了。他是贾家的人，要是贾家被人家来个秋后算账，这个账里肯定有他的一份，而且这一份占的比例会不轻啊，因此天天就把“忧心忡忡”的几个字塞在自己的心情里，越来越不爽。

贾模不爽，那个裴𬱟更加不爽。不过，贾模现在只停留在不爽的层面上，没有想到其他办法。那个裴𬱟就不一样，他觉得不爽起来，就找贾模和张华出来喝茶，然后提出解决贾南风的动议，让这个丑女人去金墉城当第一把手算了，然后让那个谢玖来当皇后。现在虽然贾南风把持朝政，什么事都是她说了算，但这个女人只是对权力的欲望很大，她在权力方面的操作程度却远远不行。她把权力交给她指定的这个决策小组来运行，通过贾谧来控制这个小组，然后她就像司马炎那样，把全部精力放到泡帅哥的事业上，因此，她手中的权，真正算起来，也是虚的。而且现在兵权全掌握在司马氏的手中，司马氏家族的那些大佬早就对她不满，要真正行动起来，把她赶到金墉城也不是什么难事——否则，贾模和她的老娘也不会那么恐惧了。

可张华和贾模却不同意。张华不同意大概是因为这家伙越来越保守，不想在有生之年出什么乱子，而且现在他是权力中心的人，讲的话贾家还是比较当话的，如果换了别人，估计他连现在的地位都没有。发动政变的目的就是想得到更大的政治好处，现在他觉得自己已经是站在政治生涯中的最高点了，已经没有再上去的空间了，为什么还要去冒这个险？而贾模的心情很复杂，这个贾南风和贾谧虽然可恶，可这两个家伙是自己的亲人，自己就是靠着他们才有今天这个地位的，因此，他也不同意搞定贾南风。

他们不同意搞定贾南风的理由，并不是贾南风的势力太大动不了，而是说：“主上自无废黜之意，而吾等专行之，傥上心不以为然，将若之何！且诸王方强，朋党各异，恐一旦祸起，身死国危，无益社稷。”主要是皇帝都没有这个意思，我们为什么去做？这可是人家的老婆啊，人家不愿离婚，我们为什么要强迫人家离婚？

从两人的这段话中，大家也知道，废掉贾南风并不是一件难事，至于后面那段“诸王方强”的话，则纯属借口，诸王虽然很强，但这些诸王大多都是菜鸟，而且这些诸王也恨不能生吃她的黑肉，都会觉得搞定她是一件大快人心的事。

裴頠说：“诚如公言。然中宫逞其昏虐，乱可立待也。”一听这话，似乎也很正确。他们怕搞定贾南风，天下会大乱，可留下她在宫中乱来，天下会乱得更快，而且乱的规模将更加大。

张华说：“卿二人于中宫皆亲戚，言或见信，宜数为陈祸福之戒，庶无大悖，则天下尚未至于乱，吾曹得以佑游卒岁而已。”一听这话，就知道张华这个老滑头先是努力撇开自己的责任，然后也说出了自己的心里话——反正现在动乱不会马上爆发，咱们努力维持现状，安然度过晚年就行了，以后发生动乱，那是以后的事，跟我们无关。

裴頠没有办法，只得和贾模遵照张华的指示，天天跑到姨妈郭槐面前诉苦，要求姨妈劝说一下贾南风。而贾模则时不时到贾南风前面，由浅入深，深入浅出地大搬道理，说皇后专权的下场并不好看。开始时，贾南风还不说什么，可说了几次，她就不耐烦了。贾模知道自己是说不动她了，只得郁闷地回到家里。最后“忧愦而卒”。

郭槐当然也还在劝自己的女儿，叫她好好教导太子，对待太子要像亲生骨肉一样——这个老家伙估计现在对当年逼死自己儿子的事觉得越来越过意不去，心情越来越沉重，所以就不断地把自己的教训传达给贾南风。

可贾南风却一点儿也听不进去。不过，她听不进去归听不进去，她还是清醒地知道，自己没有儿子，等皇帝挂掉之后，可就不好过了，说不定下场就跟杨芷差不多——如果司马衷是杨芷的亲生儿子，谁也动不得她一根毫毛的。

因此，她最大的愿望也跟现在很多人一样，就是生出一个儿子来。可别的愿望还好实现，这个愿望不是你想实现就能实现的。

她的老公还像以前那样很傻很天真地做着皇帝。他傻的程度估计你想也想不出。有一次，他跟身边的工作人员到华林园里搞春游，顺便烧烤玩乐，突然听到蛤蟆在水里叫起来。这家伙的智商远低于人类智商的平均值，但听力还是不错的，一听到那个声音，就知道是蛤蟆的叫声。他转头看看大家，没有人对这个声音有什么反应，马上就高兴起来，认为自己第一个发现蛤蟆的声音。他得意之后，问人家："你们说说，它们这么叫，那声音是代表官方喉舌，还是人民的呼声？或者是在反映它们自己的心愿？"一看这个问话就知道，如果这家伙的智商高一点，参加清谈活动，肯定是一个好手。可现在谁都知道他这话是标准的蠢材语言。如果是别的皇帝这么问话，估计旁边的人都不敢回答，都在猜测皇帝这话是什么意思。可现在他身边的工作人员都知道，这个皇帝是一个蠢得不能再蠢的家伙，因此想都不想，就这样回答："如果它们在官方的地盘里，它们的叫声就是官方喉舌；如果它们在自己的地里乱叫，那就是在表达它们自己的心愿。"

这几年，关中地区不但到处闹事，而且发生天灾的频率也高，算是天灾人祸加在一起，共同折腾着这个国家的老百姓。作为皇帝，人家只得把这些情况向他汇报，说，现在天下到处闹饥荒，老百姓没有饭吃，每天都有人饿死。他一听，马上说，这些人也太蠢了，没有饭吃，为什么不吃肉？好像不吃饭只吃肉，也不会饿死人啊。天下竟然有这么蠢的人，饿死活该。大家一听，都哭笑不得，都在心里骂司马炎，生了这样的蠢材也还罢了，居然还让他当皇帝？

不过，有这样的领导，对很多人来说是求之不得的。因为这样的白痴皇帝什么也不会管。皇帝什么都不管，权力就自然而然地落在有关部门那些人的手中。而且这些人大多都是腐败分子中的精英，一旦有权在手，时时刻刻都在卖弄着手中的权力，能发财时尽量发财，弄得整个官场都变成权力的交易市场，明码标价，做得公开透明。就连那个比较得点民心、偶尔会发出几句忧国忧民的话的裴頠也是个贪财的家伙。

可以说，晋朝到了现在，整个官场已没有一块干净的土地了。

太子终于堕落

这个现状，司马衷不知道，就是知道了，也根本没有办法管理。

这个现状，贾南风也知道，但她却一点儿不愿去管。因为现在最腐败的家庭就是贾家。她现在只关心自己的前途命运，关心着如何生出个儿子来，想办法把这个太子变成废太子，然后把废太子搞定。她本来还想等自己生了儿子之后再搞定这个太子。

可贾谧却等不了了。

前面已经说过，贾谧跟太子的关系越来越僵，双方的矛盾已到了不可调和的地步。贾谧对贾南风说，现在太子一点儿也跟我们弄不到一块。他当了皇帝，一定会像我们搞定杨骏那样搞定我们。到时候，估计我就会被杀死，你就会到金墉城。我看，不如想办法先把他搞定算了。

这个消息传到郭槐那里，郭槐多次把贾谧叫过去批评。可贾谧却一点儿也不接受。郭槐为了协调贾家和太子之间的矛盾，就想了个办法，想让太子娶贾午的女儿。这个郭槐虽然是个老太婆，但玩政治还算有一套，如果贾南风、贾午、贾谧这几个家伙不那么嚣张，把她的话当话来听，努力跟太子保持高度一致，然后团结一切可以团结的力量，也许贾家还不会崩盘得那么快。可这几个家伙也太牛了，完全不把她的话放在耳朵里，坚决不同意这门婚事。

贾南风怕老妈还为这事啰唆下去，就决定让老妈在这方面上彻底停止她的啰唆。

她马上要太子娶王衍的女儿做老婆。

大家都知道，王衍是当时的头号帅哥，生下的女儿肯定不会差到哪里去。而太子老早就知道王衍的大女儿长得可以，平时一想到这个“神仙姐姐”，口水就源源不断。他也是个好色的家伙，一听说贾皇后要帮他娶王衍的女儿做老婆，高兴得几晚都睡不着觉。这家伙只顾自己偷着乐，哪知贾南风却不让他好过，硬是不给他娶那个长女，而把那个幼女抬了过来。这也还罢了，为他讨了这个王家的小女儿之后，马上就帮贾谧讨那个“神仙姐姐”，使得太子狂晕之后，差点儿歇菜：自己是皇帝的接班人，居然被这几个男女玩成这个样子。

但这几个人要玩的就是你，你有办法，你就玩一玩他们。

可他知道，他现在玩不了贾谧。而贾谧他们玩了他一次之后，又在密谋策划把他继续玩下去。就连郭槐都知道她的这几个后辈在玩太子，而且她也知道，玩太子不是玩宠物，而是在玩火。她就在差不多死的时候，都还在告诫她的女儿："赵粲、贾午，必乱汝家事；我死后，勿复听入。深记吾言。"赵粲是司马炎的一个才人，现在也加入贾南风集团。从郭槐的这一番话上看，她对贾南风的作为了解得很清楚。

可贾南风她们还是不听，这几个家伙根本不相信什么"人之将死，其言也善"。他们在老太太死后，更加快了搞定太子的脚步。

本来，这个太子还算聪明，可大了就爱玩爱要爱得要命。贾南风他们当然知道他的这个特点。他们知道，以前司马炎曾经为这个孙子大造舆论，为他树立了一个光辉的形象。他们在决定搞定太子时，开了一次讨论会，讨论着从哪个地方下手比较好。最后一致认为，必须先把他的形象搞臭。具体的做法是：交给那几个太子身边的宦官一个政治任务，就是叫他们不管用什么手段，一定要让太子彻底堕落下去，堕落得越到位他们就越有功劳。

如果让他们负责把太子教导好，恐怕要了他们的命，他们也做不到。现在要他们把太子往堕落的方向带过去，那是小意思了。

这几个太监接受任务后，马上召开了专题研讨会，研究着从什么地方下手，可以让太子更好更快地堕落下去。研讨的结果是，一、先让他挥金如土，在金钱面前，人是最容易堕落的；二、培养他一个爱好，这个爱好一定要低俗，低俗得跟皇家的距离越远越有效果。这个爱好就是让他学学他的外公去当屠户。这个方案出台后，这几个家伙笑得脸都歪了大半天。

太子在这几个宦官的引导下，果然很快就玩得上瘾了。这家伙确实是个天才的商人，身上全是做生意的细胞。为了实现他成为大老板的伟大理想，居然在宫中开辟商场，做起生意来。他别的本事，史书上没有记载，但做屠户的业务却能精益求精。最后做到，人家一割肉，他用手一掂，就能掂出那块肉有多重，而且可以精确到两。这个业务一展开，他马上就忘记了自己是个太子，是未来国家元首的接班人，而是完全进入商人的角色，从太子变成了司马老总。

他除了做生意之外，就是狂花钱，挥金如土。本来东宫业务经费不少，过高级领导人生活是没有问题的，但他一摆老总的架子，金钱就花得飞快，一个月用两个月的工资都不够。他看到财政吃紧，就决定把东宫全面推向市场，扩大经营范围，把御花园里的葵菜、鸡、面等东西都贴上皇家专用物品，拿去卖，从中获利，解决一下经济困难的局面。这家伙也爱玩算命卜卦、阴阳巫术这类东西，满脑子都认为，自己的前途是由命运和上天摆布的，这也禁忌那也讲究，公文包里什么文件也没有，但一定有那本老皇历。他以为自己学会了这一套东西，就能够趋吉避凶了，哪知他的一切都在贾南风他们的监控之中。

在他过老总瘾的时候，贾南风他们启动宣传机器，曝光太子近来活动的每个细节，使得他的形象每天都在打折扣，精通阴阳学说的他却一点儿也预测不出来。就连太子洗马江统和中舍人杜锡都已经感觉出他的太子地位已经有点儿保不住了，多次劝他好好做人，保持声誉，重新树立形象，可他却一点儿不听，继续玩他觉得好玩的东西。杜锡是杜预的儿子，也是顽固性格，看到太子听不进去，就来月月讲、天天讲，最后太子也烦起来，在杜锡的座位上埋下铁针。杜锡只顾给太子做思想工作，哪知座位下还有这么一根针，一屁股坐下去，马上就深刻体验到“如坐针毡”的滋味。他的屁股一出血，太子的耳朵果然清静了很多——从这一点上看，如果这家伙后来真的像司马炎安排的那样当上皇帝，估计也不是什么好皇帝。而且这家伙脑袋好用，又是个自以为是天下最聪明的人，谁的话都不会听进去，以这个人品拿到大权，恐怕也不比后来的杨广好到哪里去。

在司马遹当老总越当越有感觉的时候，贾家“倒遹步伐”也越来越加紧。

贾南风甚至已经计划到下一个太子的人选问题。当然，她不会把其他妃子的儿子当人选，而是选了另外一个与司马氏无关的人。这个人虽然与司马氏无关，但却与她有关，然后她又想了个办法，要让这个人跟司马氏关联起来。

她首先宣布自己已经怀孕，而且百分之百地确定，这一次怀的与前几次有着本质的不同——前几次怀的是女孩子，这一次怀的是男孩——以前她生孩子，从来没有这么张扬过，但现在她觉得张扬的力度还不够。为了证明自己已经怀孕并即将生产，她命令有关部门紧急向她供应生产时用来垫床用的稻草和其他生产用具。她现在的目的是想让所有人都知道她已经差不多要生产了。其实她现在的肚子里什么也没有。不过，她的这个舆论并不是头脑发热才造的，而是为了让另外一个人成为她的儿子做的铺垫。这个人就是大帅哥韩寿的儿子，也就是贾谧的小弟弟。如果这个策划一举成功，那个韩寿的运气实在太好了——先是大儿子成为贾充的继承人，现在这个小儿子竟然又成为司马衷的接班人。等这个皇帝死后，他的小儿子就会成为全国第一把手，而他可就是太上皇了。而且按照贾南风的做事风格，为了不夜长梦多，立了太子之后，让司马衷意外死亡的可能性也是大得很。

韩寿这个小儿子叫韩慰祖，早已被偷偷抱进宫里，做好接替太子职位的前期准备工作。

贾南风虽然做了这几件事，而且以为自己做得很到位，谁也不知道。

但朝中很多人还是知道她在做什么，都知道司马遹已经到了最危险的时候了。

可司马遹却觉得自己老总当得好好的，宫中市场正繁荣昌盛，他的艺术修养和算命水平也接近大师级水平，哪知道人家的刀已经架到了他的脖子边了。

中护军赵俊对贾家历来没有好感，就“请太子废后”。可司马遹一听，觉得现在自己没时间去理其他事。左卫率东平刘卞也跟赵俊有着同样的心情，觉得如果不摆平贾南风，这个天下就会大乱。当然，他知道跟司马遹商量是没有用的，要谈必须找一个实力派人物谈。

现在的实力派人物就是张华。

他跑过去找张华，谁知话题才开个头，张华就说：“你讲什么，我一个字也没有听到。”

刘卞一听，原来张华是这样的人。

但这家伙还不死心，还是对他的老领导说："我本来不过是一个小干部，是你提拔我做到今天这个位子。我历来感激你，觉得你以前是我的领导，现在仍然是我的领导，将来也是我的领导，所以有什么想法就来跟你说，难道你还不相信我？"

张华转过他那张老奸巨猾的老脸，对这个老手下说："如果真的发生这个事，你准备怎么办？"

刘卞一听，马上产生了张华赞同他建议的错觉，很兴奋地说："现在太子宫中的死党很多，而且东宫的护卫队有四万人，大家都愿意跟太子走到底。现在你处在最关键的位子，大家都看着你，只要你一号召，下个命令，叫大家团结在太子周围，让太子进入中央决策层，谁敢不听？这时，把贾南风关进金墉城，只需要两个太监就可以完成了。"

刘卞的这个建议，过程倒很干脆利落。可张华在这方面是最不干脆的人，哪能听从他的话？马上就说："老弟啊，你的头脑太简单了。现在这个形势是什么形势？皇帝还在位坐得好好的，太子是皇帝的儿子啊。你叫儿子赶老爸下台，人家会怎么说？何况我又没有得到谁的授权许可，让我发号召下命令做这个事。这可是一件大罪啊。而且现在朝中贾氏的力量这么大，要是弄不好，被搞定的是谁还不知道呢。"

刘卞被老领导的这一番话彻底雷倒，知道张华的保守超过他的想象太多，马上无语，然后夹着尾巴走人。

他很相信他的老领导，以为老领导这么大力提拔过他，一定会保护他，不会把他的话宣扬出去。可他前脚一走，他敬爱的老领导就跑过去见贾南风，把这个经过从头到尾，一个标点符号都不遗漏地叙述了一遍。

刘卞回到家里没几天，马上就接到一份任免文件，免去他现在的职务，降了一个级别，让他去当雍州刺史。他一看到这个文件，就知道他的话已被贾南风全知道了。他更知道，贾南风知道了他的这些事，他以后会过得越来越惨。他越想越怕，最后怕得没有办法了，就拿起毒药狠狠地喝了几大口，死了。虽然史书上说是"贾后常使亲党微服听察于外，颇闻卞言，乃迁卞为雍州刺史”，好像是贾氏的情报部门窃听到刘卞的这些谈话，报告给贾南风之后，他才被处分的。可如果贾南风真的知道，这些反对党一有想法就去找张华商量，而张华居然从不检举揭发，她对张华还能客气吗？所以只有一种解释，就是张华出卖了他的这个老部下，换取自己能够继续在这个位子上干下去的资本。

贾南风看到这么多人都站在司马遹的立场上要跟她作对，怕再拖下去，会有更多的人站起来，那可不好办了。现在刘卞这样的人动员不了张华，如果司马氏家中的某个有实权的牛人出面，采取威胁和利诱的方针，难保这个老滑头不倒向人家那边去。她跟贾谧一商量，决定在近期内解决这个事。

不久，司马遹的儿子司马班有病。这家伙这时已彻底相信鬼神不信医。根据他测算的结果，儿子只有封到王爵，这病才好，因此就向老爸打了个报告，请老爸封这个小孙子一个王爵。如果他跟老爸关系好，而且又有这个理由，这个要求还是容易满足的。可现在，这个审批权不在他老爸那里，而是在贾南风那里。因此，报告送上去，回复倒很快，只有“不准”两个字。

司马遹没有办法，老爸不帮忙，他只有请高手过来，请老天帮这个忙，烧纸烧香，念一遍只有鬼才明白的咒语，要求老天发发慈悲，让他儿子的病好起来，身体生龙活虎起来。

他儿子的病还没有好，他又接到一个通知。这个通知是宫里发给他的，说是他老爸身体状况有些不好，请他赶快进来看一看，给老爸请个安，祝福一下老爸。

如果是别人肯定会问一下这消息的来源是否准确，然后拿下主意。可司马遹不是个政治斗争的高手，接到通知后，二话不说，马上就跟人家进宫。

来到宫中，却既见不到老爸，也见不到贾南风，而是被带进另一间房子。到了这个时候，司马遹居然还不警觉，还在那里很傻很天真地等着。

不一会儿，有个宫女进来。本来一个宫女，在历史上根本不会留下名字，可这个宫女却让历史狠狠地记住了。

这个宫女是贾南风的亲信，叫陈舞。

陈舞来的时候，带了一壶酒。她现在是在执行贾南风交给她的任务。只要她完成这个任务，贾南风的计划也算完成了一半。其实她的任务很简单，就是要司马遹喝下她带来的三升酒。理由是这酒是你的皇帝老爸要求你喝的。

一看这个理由就是个荒唐透顶的理由，皇帝老爸虽然傻，但也不会做出这个事来啊，自己病了却叫儿子来这里一点儿菜也没有地喝这么多酒？

司马遹一看，这么多酒哪能喝得下？这酒叫竹林七贤他们中的几个人来喝才对啊。他当场对陈舞说，自己的酒量不行，喝点儿意思一下可以，不能喝完。

可这个陈舞却突然牛起来，对他说："不孝邪！天赐汝酒而不饮，酒中有恶物邪！"司马遹如果稍微聪明一点，就绝对不会喝这个酒。这个陈舞在宫中算什么角色？放在平时，见到他连脸都不敢抬的一个最底层的人而已，是一个不管在哪个地方都没有发言权的奴才。可现在居然敢对一个已被确定为未来接班人的太子说这样的话。这是什么话？是找死的话。平时你就是打死她，她也不敢说出来，可现在她却说得底气十足。她的背后没有强大的靠山，她敢这么放肆吗？这个靠山是谁？不用分析就知道是贾南风。因为这个陈舞就是皇后的人。

司马遹如果这么一想，他完全有理由把这个陈舞猛批一顿。可这家伙这时软弱得很，听到这话之后，一点儿脾气也没有，就捧起酒来，空腹猛喝，只几下就醉得好像全世界都已经暗无天日了。

贾南风要的就是这个效果。

她马上实施第二个步骤，让那个史上最有名的大帅哥兼大才子的潘安登场。

潘安长得很帅，可在很多事上做得一点也不漂亮。其中被人家说得最丑陋的事就是这件事。这家伙在文学上很有水平，文章写得不错，而且因为长得帅，女粉丝多得要命。不管他到什么地方，美女们一听说他来了，就都放下其他事，跑过来看帅哥，虽不能来一腿，但养一下眼也大大的值得。他年轻时，爱“挟弹出洛阳道”，美女们看到他，居然结成“围潘”同盟，硬是把他堵在路上让她们“一次看个够”。那些年纪大的，入不了围，就向帅哥的车里抛果，不一会儿就把帅哥的车变成了拉梨车。这哥们长得帅呆了，人气在美女那里始终保持第一，但在政治上却跟“二十四友”一样，硬是跟贾家保持高度一致。

估计贾南风对他也很有好感，在这个关键的时候，交给他一个重要任务。这个重要任务就是当太子的枪手，写出一篇很简单的稿子。这篇稿子不需要什么文采，只几句话就行了。可潘帅哥一看主题，脸色立马从小白脸变成大白脸。

原来这个主题竟是对皇帝说，老爸你去死吧。天下有很多自杀的方式，你任选一个吧，你要不选，我就帮你选了。

潘安虽然不是政治家，却也知道这篇文章是可以让他去死的文章。他不想写，但他知道，他如果不写，马上就死定了，他刚才是两脚走进来，等他出去时，就是被人家抬着出去了。

潘安没有办法，只好满脸汗水地拿起笔来，写下这段文字：

陛下宜自了，不自了，吾当入了之。中宫又宜速自了，不自了，吾当手了之。并与谢妃共要，刻期两发，勿疑犹豫，以致后患。茹毛饮血于三辰之下，皇天许当扫除患害，立道文为王，蒋氏为内主。愿成，当三牲祠北君。

这段文字算不得文采飞扬，跟潘安的其他文章根本不在一个档次上。可这篇文章最后却跟他的其他作品一样，流传了下来。

潘安写完之后，无力地坐在那里发呆，连脸上的汗都忘记抹一下。

贾南风一看，就这样定稿了。她把这个稿子交给另一个宫女，叫她拿过去，让司马遹照抄一遍。

司马遹已经醉得什么也不知道了，这家伙在那里爽得一塌糊涂，自言自语地为自己大放赞歌，人家早已把他的“书法”作品当作证据拿走了。

贾南风接到这个证据，激动得全身发抖了几秒钟。她在这方面做得很用心，看了那几行字，写得也太潦草了，就叫人顺着笔画把那些难以认出的字修补好——她不是怕自己认不出那几个字，而是怕她的皇帝老公认不出。

然后她把那张“书法作品”送给她的老公看，而且还在旁边一个字一个字地解释了一下，使司马衷对整篇文章的每个字都有深刻的领会。

你想想，就是脑袋正常的人看到儿子写下这样的字，都会当场暴跳如雷，司马衷这样的脑残人士还能往另一面想吗？

这家伙一气之下，马上按贾南风安排的步骤，把所有在京的高级官员集中起来，在式乾殿召开了一次紧急会议，宣布太子要造反，证据就在这里。他叫董猛拿出那张司马遹的作品过来，让大家看一看，表示证据确凿、铁证如山，然后宣布:“遹书如此，今赐死。”

大家一看，居然出了这么大的事。老大要赐死他的接班人就赐死吧，跟他们无关。于是所有的人都互相对视，然后嘴巴紧闭，表示不会跟皇帝唱反调。

最后，只有张华站出来，说了不同的意见:“此国之大祸，自古以来，常因废黜正嫡以致丧乱。且国家有天下日浅，愿陛下详之。”

裴頠也怀疑这个证据有猫腻，认为，先查明传递这幅作品的人是谁，他是在什么时间、什么情况下拿到这个证据的。然后把这份证据跟太子的字比较一下，检验一下笔迹。否则，就是个假证据。他要求查明送证据的人，确实切中了贾南风的要害——如果把那两个宫女一抓，不用刑讯逼供，她们也会一字不漏地供出来，那贾南风不但这番努力白费了，而且连皇后的位子都有可能丢掉。

可她却硬是没有交出那个传递的人，而是只把太子平时的字拿出来让大家对照着检验笔迹。她这么一扬长避短，还真的渡过了难关。

大家一看，这真是太子的笔迹。

到了这个时候，连裴頠也被忽悠过去了，一句话也说不出来。

董猛又对皇帝说："长广公主要我转达她的话，说，这种事应该快速处理。可大家却在这里争吵，因此皇帝应该坚持原则，谁反对这个命令，就得军法从事。"

到了这时，居然借长广公主来这么宣布，要快速处理，这些大臣也知道，太子冤枉了。因此，大家就继续讨论，谁也不表态，一直讨论到太阳落山，还没讨论出结果来。

贾南风看到张华和裴頠都不服，知道再拖下去，情况会有变化，这才改变主意，决定暂时妥协一下，同意让太子继续活下去，但要"免太子为庶人"，结果是"诏许之"。贾南风虽然没达到预期目的，但也算取得了辉煌成绩。

这个决议一出台，贾南风马上就派尚书和郁去见司马遹，宣布这个决定。司马遹虽然精通阴阳术，天天对自己的前途命运进行预算，却从没有预算到今天这个结果。这时，他只好按照程序，脱下太子服，改穿平民的服装，叩拜诏书，然后走出东宫。

他脑子一片空白地走出了大门，一眼就看到门外停了辆破车。可现在他一句话也说不出来。他知道，现在这辆车的车主就是他。

他带着他的三个儿子以及老婆登上这辆破车，由东武公司马澹武装押送，到金墉城中当永久公民。

司马炎永远也想不到，他修复了这个金墉城，自己从未用过，倒是为贾南风提供了极大的便利——贾南风连用了几次，而且关押的都是他最爱的亲人。他更想不到，他最看好并指定的隔代接班人就这样被他多次原谅过的丑女人废掉，关进这个地方。

在司马遹一家分享痛苦的时候，王衍在第一时间上书，要求组织同意他的女儿解除跟原太子司马遹婚姻的请求，以便跟司马遹彻底划清界限，在政治上与朝廷保持高度一致。朝廷很快批复"许之"。贾南风的主要目的是要这个司马遹的小命，现在这个目的无法达到，那么让他越孤立也就越好，这时王衍这么做，她当然举双手欢迎。

不过，王衍的行为很恶心，但他的女儿还算不错。当朝廷派人拿着离婚证书给她看的时候，她跟她的老公在一起哭得很伤心，也哭了很久，才带着热乎乎的眼泪离开。

贾南风接着把她一直怀恨的谢玖拉出去杀了，连带着把司马遹的另一个老婆也就是那个司马班的老妈蒋俊也一起杀了。

贾南风把太子基本搞定之后，心头当然又松了一口不平凡的气。

可还是有人觉得这样对待太子，有点儿不公平。

西戎校尉司马阎缵内心不服，带着棺材来到皇宫前，向皇帝上书："汉戾太子称兵拒命，言者犹曰罪当笞耳。今遹受罪之日，不敢失道，犹为轻于戾太子。宜重选师傅，先加严诲，若不悛改，弃之未晚也。"他强烈要求给司马遹一个改过自新的机会，不要一棍子打死人。可天下人都知道，贾南风就是要一棍子打死这个司马遹的。阎缵上书之后，在宫门外等了好久，也没有回复，他没有办法，只得又把棺材带回去，白白浪费了拉棺材的运费，什么事也没办成。

但贾南风知道很多人不服太子被废，觉得不能让这个家伙留在京城了，既然不能要他的命，那就让他多受点儿罪，马上又着手做了个冤假错案，叫一个太监出来向有关部门自首，说是曾经跟太子合谋，打算害死皇帝。这个太监一自首，大家一看，就知道这个自首的内容是假得不能再假了，太子案大家都审了这么久了，从没有哪条线索跟这个太监有关联，现在他居然自动跳出来自首。谁都知道，参与过谋杀皇帝的行动，就是自首估计也没什么好果子吃，对于人家都不知情的事，还自动暴露，那是只有蠢材才这么做的。可这个太监一点儿不蠢，他知道他要是不这么"自首"一下，他就会当场没命。虽然大多数人都知道这个自首的内容是假的，但谁也不会说出来。

贾南风一看，没意见了，就请东武公司马澹再辛苦一趟，把谋害皇帝的司马遹带到许昌关押。命刘振负责看守这个家伙，不要让他跑了，更不能让他跟外界的人接触。而且还特别下了个命令：在司马遹出京的时候，不准任何人去送别。

可在司马遹离开首都的时候，他那些手下洗马江统、潘滔、舍人王敦、杜蕤、鲁瑶等几个人硬是跑到伊水边，等司马遹的那驾破车很响地到来时，都跑过去见了他们的老领导，一帮人在破车旁边痛哭了大半天，这才“哭终人散”。特别提一下这个王敦，他的老爸叫王览，是那个大名士王祥的老弟。王敦和他的弟弟王导，后来都干出一番事业来，大大有名。

那个司隶校尉满奋一看，这么多人来送别，马上签发逮捕令，把以上这几个人抓起来。然后送到河南和洛阳监狱里关押，等候处理。

哪知，他前脚一走，监狱的门还没有锁上，那个河南尹乐广就过来把这几个人都放了。他平时也喜欢清谈，也爱做点儿与众不同的动作来吸引眼球，增加点儿人气，别的就不管了。这时他觉得这几人敢这么做，估计人气肯定也跟着旺起来，眼睛一转，自己为什么不利用一下？也不管这个案件是贾皇后一手操办的，硬是把那几个顶风作案的家伙放走了。

当然，洛阳监狱里的那几个却还在关着。

都官从事孙琰觉得那几个人也太冤了，就对贾谧说：“现在把太子驱逐出京，是因为他犯了大罪。可他犯罪不等于他手下那几个人也犯了罪。他们过去跟他告别，是人之常情，我们就从严从重从快处罚他们，这种消息一流出，恐怕更突出了太子德行的深厚，起到的是反作用啊。不如放过他们算了。”

贾谧一听，觉得也有道理，既然太子已经搞定了，还跟那几个小人物过不去，也太不像样了，就下令统统放了，也显示一下自己的胸怀。

当然，谁都知道，一个人的心胸并不因为某一件事就能体现出来。贾谧虽然在这件事上表现了一下，可除了他那个圈子里的人外，人家都把他当作小人看待。

司马遹虽然娶不到王衍的大女儿，可他跟小王妹妹的感情也还不错。到了这个时候，他的老爸不把他当儿子，他的老妈已经挂掉，在他的心里也只有这个老婆是他最亲的人了。他到了许昌之后，就给他原来的老婆写了一封信，把事情的经过复述了一遍，为自己作了一次全面的辩解。他把信寄出之后，还在那间房子里天真地认为，他的老婆肯定会把这封信给她的老爸看，她老爸看到之后，说不定会帮他申诉一下，事情出现转机也未可知。哪知，他太不了解他的这个岳父了。

王衍是什么人？他跟他的堂兄王戎的智商高得很，连人家都知道他是冤大头了，他们哪能不知道？他的这个岳父大人一看到这封信后，马上就收了起来，不让一个人知道——要是让贾南风知道了，她肯定会把他叫过去，原来他们还有往来？他们的信件往来中，除了这些内容外，一定还有其他不可告人的内容。到那时口才再厉害也说不清了。

从这些事上看，那个司马遹虽然后期表现得很人渣，但比起贾南风这一伙来说，他还是得点儿人心的。只是这家伙水平也太差了，人家早已把刀子架到他的脖子上了，他的手下都看出风向来了，纷纷劝他先发制人，可他却对这些没一点儿兴趣，天天当他的老总，最后闹到这个地步才到处喊冤。可喊冤有什么用？人家就是要他冤下去，一直冤到死为止。

这件事，从元康九年（公元 299 年）下半年一直闹到永康元年（公元 300 年）年初。

贾南风动用自己全部的力量和精力，把司马遹彻底打倒。

不少人都以为，司马遹被废掉之后，司马家族中的权力之争应该告一段落了吧？

哪知，到了永康元年三月，尉氏的上空突然下起红雨来。那几个靠星象学吃饭的家伙，马上举目照遥空，然后说，通过他们的“慧眼”，清楚地看到了这么一个天象——妖星见南方，太白昼见，中台星拆。大家一听，参照过往发生过这样的天象一解读，所谓的妖星，就是彗星，这个星星一出现，地面上的人们就会发生武装冲突，到处制造流血事件；太白金星本来应该是在夜晚出来才对，可现在这家伙提前上岗，跟太阳抢镜头，这个意思就是皇后要出来控制皇帝了；那个中台星得了多动症，摇摆不止，就意味着上级领导跟下级发生冲突，造成不和谐局面。大家把这个解读跟现实一对照，估计这回的天象错不了。

当然，那几个天天领着财政工资去全心全意投入聊天的人倒没什么担忧。但那些大权在握，又天天日理万机的人可就不一样了。

张华的小儿子张韪也觉得有点儿不妙，就把他的这个感觉跟他老爸讲，劝他辞职。现在这个社会不确定的因素太多了。他知道他的老爸年纪越大，办事就越想前想后，老想稳定压倒一切，既想讲点儿良心，又想要做老好人，几面和稀泥，把政坛不倒翁当到两腿一伸的那一天。你想想，在这个你死我活的政治环境里，这一套行得通吗？能撑到现在已经不错了，还要赖下去，估计就没有好果子吃了。可张华却不听，对他的儿子说："急什么，那个天象幽远得很，谁也说不清，不如看看形势再说。"这家伙长期以来，就是耍这个"静观其变"的策略，而且玩得很成功，因此想继续玩下去，现在胡子全白了，头发也落得没有几根，估计这命也活不了多久了，只要再坚持一下，也许就可以安全度过危险期。而且现在宫中不就是贾南风在跳来跳去吗？这个女人虽然心狠手辣，杀起人来不用商量，但她现在只是把司马遹当作她的死对头，对自己倒是很尊重。而且在处理太子的事上，自己也讲了几句良心话——如果没有自己的那几句话，太子不当场被砍掉才怪。因此，即使是太子那一派上台，他们仍然会感激自己。

这家伙的老脑瓜这么转动了几圈，觉得现在朝中的形势虽然不妙，但自己的前途命运却"形势一片大好"。而且在乱的过程中，自己把握好政治杠杆，说不定又使得政治声望更上一层楼呢。

如果按他的这个分析，他的坚持绝对没有错。

可情节的发展并不按他的意志为转移。

他本来只以为贾南风的后党派和太子这一派在掐得你死我活，却没有想到还有第三股更暴力的势力已经形成，并马上杀进这个权力中心，把乱子的规模搅得更大。

说来还真不敢相信，这一次更隆重的政变的导火索又是由几个本来人气不旺、实力也很单薄的小人物点燃的。

图书在版编目（CIP）数据

晋朝那些事儿. 壹, 魏晋风度卷 / 昊天牧云著. —北京：中国工人出版社，2017.7
ISBN 978-7-5008-6761-6

Ⅰ.①晋…　Ⅱ.①昊…　Ⅲ.①中国历史—晋代—通俗读物　Ⅳ.①K237.09

中国版本图书馆CIP数据核字（2017）第174469号

晋朝那些事儿. 壹　魏晋风度卷

责任编辑　李　倩
责任校对　董春娜
责任印制　黄　丽
出版发行　中国工人出版社
地　　址　北京市东城区鼓楼外大街45号　邮编：100120
网　　址　http://www.wp-china.com
电　　话　（010）62005043（总编室）　（010）62005039（出版物流部）
　　　　　（010）62379038（社科文艺分社）
发行热线　（010）62005049　（010）62005042（传真）
经　　销　各地书店
印　　刷　北京美图印务有限公司
开　　本　710毫米×1000毫米　1/16
印　　张　15
字　　数　218千字
版　　次　2017年9月第1版　2024年1月第8次印刷
定　　价　36.80元

本书如有破损、缺页、装订错误，请与本社出版物流部联系更换
版权所有　侵权必究